彭凤兰　著

智趣化学

——生活化教学理论创新与实践

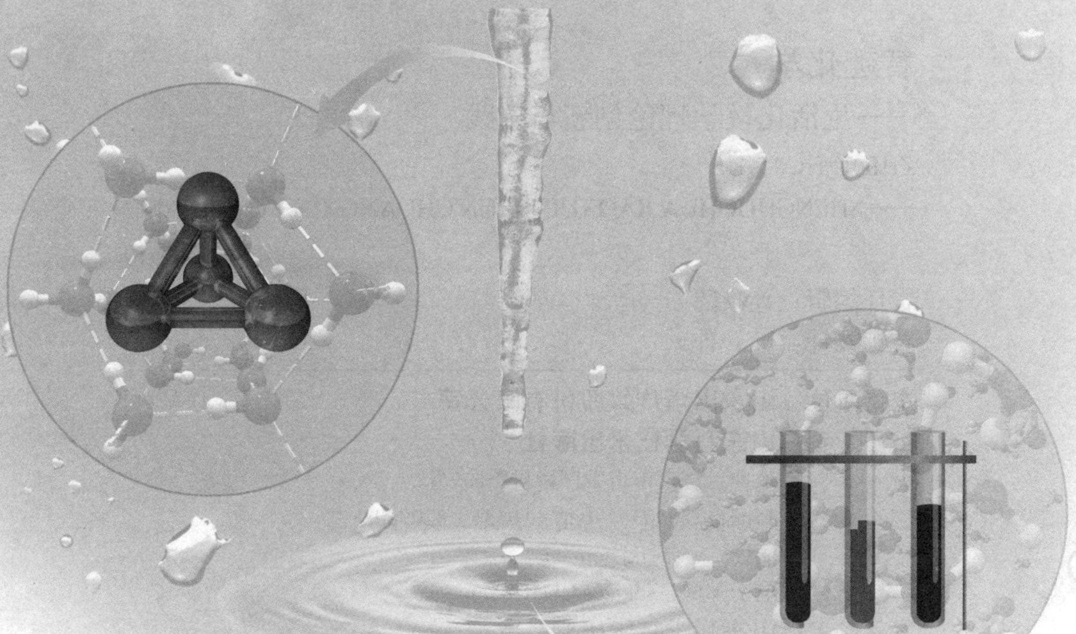

山东科学技术出版社
·济南·

图书在版编目（CIP）数据

智趣化学 : 生活化教学理论创新与实践 / 彭凤兰著. 济南 : 山东科学技术出版社, 2025. 6. -- ISBN 978-7-5723-2796-4

Ⅰ. G633.82

中国国家版本馆 CIP 数据核字第 20254VW033 号

智趣化学

——生活化教学理论创新与实践

ZHIQU HUAXUE

——SHENGHUOHUA JIAOXUE LILUN CHUANGXIN YU SHIJIAN

责任编辑：孙雅臻

装帧设计：孙　佳

主管单位：山东出版传媒股份有限公司

出 版 者：山东科学技术出版社

地址：济南市市中区舜耕路517号

邮编：250003　电话：（0531）82098088

网址：www.lkj.com.cn

电子邮件：sdkj@sdcbcm.com

发 行 者：山东科学技术出版社

地址：济南市市中区舜耕路517号

邮编：250003　电话：（0531）82098067

印 刷 者：济南普林达印务有限公司

地址：山东省济南市市中区二环西路12340号西车间

邮编：250001　电话：（0531）82904672

规格： 16 开（170 mm × 240 mm）

印张： 16.75　**字数：** 265 千

版次： 2025 年 6 月第 1 版　**印次：** 2025 年 6 月第 1 次印刷

定价： 49.00 元

序

投身教育事业的漫长时光里，我始终密切关注学科教学动态，一心推动教学理念与方法革新。收到《智趣化学——生活化教学理论创新与实践》这部书稿时，兴奋与欣慰之情难以言表。作为鲁科版教材主编，以及曾在山东省初中化学教研一线深耕多年、如今又在科学教育指导委员会贡献力量的教育工作者，我深知化学教学改革的痛点与难点，对能推动学科教学发展的创新成果满怀期待，而这本书，无疑带来了巨大惊喜。

化学，是一门源于生活又服务生活的学科，从日常衣食住行，到工业生产、环境保护等领域，化学无处不在。但在传统初中化学教学里，不少课堂过度侧重理论灌输，化学知识与生活实际间仿佛隔着厚障壁。学生在抽象符号和概念中艰难摸索，难以体会化学的趣味与实用，学习积极性受挫，教学效果也不理想。本书聚焦初中化学生活化教学，恰似一把钥匙，为化学教学改革开启新大门，极具研究与实践价值。

本书作者一直深耕教学一线，有着丰富的课堂教学经验和教研经历。这样的实践积累，让这本书有了深厚的教学土壤支撑，书中内容绝非纸上谈兵，而是作者在日常教学的摸爬滚打中总结出的智慧结晶。也正是因为作者长期身处教学现场，能真切地感受到学生的学习困境和教学中的实际问题，所以才能在生活化教学的研究中，精准地把握方向，提出切实可行的理论与方法。

本书开篇深入探寻生活化教学的多学科理论根基，梳理其源起与发展脉络，从哲学、心理学、教育学、社会学等多学科视角剖析，为生活化教学搭建稳固理论大厦。这一全面梳理，让我们明白，生活化教学不是简单的手段调整，而是基于多学科理论支撑的深刻理念变革。它遵循学生认知规律，契合时代对创新、实践型人才的培养需求。回溯思想渊源，能让我们更好地领悟其价值，坚定在教学中践行这一理念。

对初中化学学科特质的剖析，本书展现出深刻洞察力。作者挖掘学科独特魅力，把握知识与学生认知的契合点，细致分析课堂现状及教育发展趋势。尤为可贵的是，探寻化学反应背后的生活智慧，阐述生活化教学如何开辟教学新路径，让我们认识到，初中化学教学不能局限于书本，要引导学生关注生活中的化学现象，从熟悉场景中发现、学习化学，感受化学的奇妙与实用，激发学生的学习兴趣。

从教育智慧与哲学启迪层面，本书深度解读初中化学教学。从实践出真知的认识论探讨，到助力学生思维成长的教学方法，再到归纳演绎、模型构建、科学精神培育、绿色理念渗透以及化学反应中的哲学辩证思维培养等维度，为教学提供全面深入的指导。这些内容不仅提升教师教学水平，还能引导学生树立正确科学观与价值观，培养创新和实践能力。将哲学融入化学教学，让学生学会辩证看待化学知识与现象，对其终身学习和发展意义重大。

创新性构建REUW理论模型，并深入探索实施路径，是本书一大亮点。在教育改革背景下，构建科学有效的教学理论模型对教学实践至关重要。本书详细阐述REUW理论模型的诞生背景、理论溯源、内涵解读、建构历程以及与课程标准的契合点，为教师理解应用提供清晰思路。同时，通过工具革新、教研升级和试题创新等探索，为模型落地提供可行方法；开发新型评价工具重塑课堂评价，创新教研范式推动模型落地，以评价试题践行立德树人，紧密围绕教学关键环节，为提高教学质量提供有力保障。

实战演练部分，通过丰富教学案例展示REUW理论模型在初中化学教学中的广泛应用。新授课、复习课、项目式学习、跨界融合教学等不同场景案例，直观呈现模型实践效果。这些案例操作性和借鉴性强，为教师提供丰富教学参考。教师可根据教学实际，灵活运用案例中的方法策略，将模型融入日常教学，实现化学教学创新突破。

作为长期在教育领域耕耘的工作者，我深知教学理论创新与实践探索的艰辛。本书作者团队深入系统地研究初中化学生活化教学，不仅取得理论成果，还在实践中不断探索创新，积累丰富经验。这本书的出版，是对初中化学生活化教学研究的重要总结，是献给教育工作者的珍贵礼物。

本书为初中化学教师提供完整教学理论与实践指导方案，助力教师更新观念、改进方法、提升质量；也为学生化学学习开辟充满趣味与智慧的新道路，让学生在生活气息浓厚的课堂感受化学魅力，提高学习兴趣，培养综合素养。希望广大初中化学教育工作者认真研读，将理念方法运用到教学实践中，共同推动教学改革发展。期待作者团队继续深入研究，完善生活化教学理论与实践体系，为基础教育事业作出更大贡献。

卢　巍

2025 年 5 月于济南

目录

第三章

初中化学核心素养的哲学启示与实践智慧

第四章

REUW 理论模型的构建与理论创新

第五章

REUW 理论模型的实施路径与评价创新

第六章 REUW 理论模型的教学实践案例

第一章

生活化教学的理论根基与时代价值

第一节 溯源寻踪：生活化教学的起源与演进脉络

教育，作为人类传承知识、塑造价值观和培养能力的关键活动，其形态和理念随着时代的变迁不断演进。生活化教育理念，作为教育思想长河中的重要分支，主张教育与生活紧密相连，让学习在真实的生活情境中发生，使学生不仅能获取知识，还能培养解决实际问题的能力，感受学习的乐趣和意义。

一、古代萌芽：教育与生活的原始共生

在人类文明的早期，教育尚未从生活中分离出来，呈现出一种原始的生活化状态。无论是东方还是西方，教育活动都紧密围绕着人们的日常生活和生产实践展开。

（一）东方古代教育中的生活印记

1. 中国古代教育

在先秦时期，教育的目的在于培养能够参与社会生活、治理国家的人才。孔子所倡导的“六艺”教育——礼、乐、射、御、书、数，涵盖了道德规范、艺术修养、军事技能和文化知识等多个方面，这些内容都与当时的社会生活息息相关。例如，“礼”是维护社会秩序、规范人际交往的行为准则，学生通过参与各种礼仪活动，如祭祀、朝聘等，学习如何在社会中与人相处；“射”和“御”则是当时重要的军事技能，也是贵族子弟在生活中必备的能力。到了宋

代，朱熹提出“格物致知”的教育思想，强调通过对事物的观察和研究来获取知识，这体现了教育与生活实践的紧密联系。学生需要在日常生活中观察自然现象、社会现象，从中领悟道理，实现知识的积累和品德的修养。

2. 印度古代教育

古印度的教育主要以宗教为中心，婆罗门教的教育体系中，《吠陀》是主要的学习内容。然而，这种宗教教育并非脱离生活，学生在学习宗教教义的同时，也需要参与寺庙的日常劳作和宗教仪式，通过实践来理解和践行宗教思想。例如，在祭祀仪式中，学生学习如何准备祭品、进行祭祀流程，这不仅涉及宗教知识，还包含了生活技能和社会规范的学习。佛教教育同样注重在生活中修行，通过日常生活中的言行举止来培养慈悲心和智慧。

（二）西方古代教育中的生活元素

1. 古希腊教育

古希腊的教育以培养全面发展的公民为目标，教育内容包括体育、音乐、文学、哲学等多个领域。在斯巴达，教育侧重于军事训练，儿童从幼年开始就接受严格的体能训练和军事技能培养，以适应战争和保卫城邦的需要，这与当时的社会生活紧密相关。在雅典，教育更加注重人的和谐发展，学生除学习军事技能外，还学习音乐、诗歌、哲学等知识。例如，通过学习音乐和诗歌，学生能够表达情感、传承文化；参与哲学讨论，培养批判性思维和道德判断能力，这些都是生活中不可或缺的素养。

2. 古罗马教育

古罗马的教育在继承古希腊教育的基础上，更加注重实用性。学校教育的内容包括语法、修辞、逻辑等，这些知识的学习是为了培养学生在政治、法律、商业等领域的能力。例如，修辞学的学习使学生能够在公共场合进行有效的演讲和辩论，这在古罗马的政治生活和社会交往中至关重要。同时，古罗马的家庭教育也非常重视生活技能和道德教育，孩子们从小就学习如何管理家庭、参与社会活动，以及遵守社会道德规范。

这一时期的教育虽然没有明确提出“生活化教育”的概念，但教育活动与生活实践紧密结合，学生在生活中学习生存技能、社会规范和文化知识，为生活化教育理念的形成奠定了基础。

二、近代发展：理论体系的初步构建

随着社会的发展和教育思想的不断进步，到了近代，生活化教育逐渐从实践经验上升为系统的理论体系，众多教育家从不同角度对其进行了阐述和论证。

（一）西方近代教育家的理论贡献

1. 卢梭的自然主义教育思想

卢梭在其著作《爱弥儿》中提出了自然主义教育思想，强调教育要顺应儿童的自然本性，让儿童在自然的环境中自由成长。他认为，儿童的天性是善良的，教育应该避免过度的人为干预，让儿童通过亲身经历和实践来学习。例如，他主张让儿童在大自然中学习地理、天文、物理等知识，通过观察自然现象、参与农事活动等方式，培养儿童的观察力、思考力和动手能力。卢梭的思想打破了传统教育对儿童的束缚，强调教育与生活的联系，为生活化教育的发展提供了重要的理论依据。

2. 裴斯泰洛齐的教育心理学化与生活教育实践

裴斯泰洛齐提出教育心理学化的主张，认为教育应该依据儿童的心理发展规律进行。他强调教育要与生活紧密结合，使儿童在生活中获得全面发展。在他创办的教育机构中，注重培养儿童的劳动技能和道德品质，让儿童通过参与农业劳动、手工制作等活动，不仅掌握了实际技能，还培养了责任感和合作精神。同时，他将知识教学与生活情境相结合，例如，通过让儿童在日常生活中认识物体的数量、形状、重量等，学习数学和自然科学知识。裴斯泰洛齐的实践和理论为生活化教育的发展提供了具体的模式和方法。

3. 杜威的实用主义教育理论

杜威是实用主义教育思想的代表人物，他提出“教育即生活”“学校即社会”“做中学”等重要观点。杜威认为，教育是生活的过程，而不是为未来生活做准备。学校应该是社会生活的一种形式，学生在学校中应该参与各种真实的社会活动，通过实践来学习和成长。他主张以儿童的经验为中心，设置与生活实际相关的课程和活动。例如，开设烹饪、木工、纺织等课程，让儿童在动手操作中学习知识和技能，培养解决问题的能力和创新精神。杜威的理论对 20 世纪的教育产生了深远影响，使生活化教育理念得到了更广泛的传播和实践。

（二）中国近代教育家的本土化探索

1. 陶行知的生活教育理论

陶行知是中国近代著名教育家，他深受杜威教育思想的影响，又结合中国的国情进行了创新和发展。陶行知提出“生活即教育”“社会即学校”“教学做合一”的生活教育理论。他认为，生活是教育的源泉，教育不能脱离生活，只有在生活中进行的教育才是真正的教育。“社会即学校”强调教育的范围不应局限于学校，整个社会都是教育的场所，要让学生在社会生活中学习和成长。“教学做合一”则强调实践的重要性，主张将教学过程与生活实践相结合，让学生在做的过程中学习知识和技能。例如，他创办的晓庄师范学校，让学生在农村生活中学习农业知识、教育理论和实践技能，培养了一批具有实践能力和社会责任感的教育工作者。陶行知的生活教育理论为中国的教育改革提供了重要的理论指导，对中国现代教育的发展产生了深远影响。

2. 陈鹤琴的“活教育”理论

陈鹤琴提出“活教育”理论，主张“大自然、大社会都是活教材”。他认为，传统教育中书本知识的学习过于抽象，不利于儿童的理解和发展。儿童应该在大自然和大社会中学习，通过观察、实践和体验来获取知识。他强调教育要以儿童为中心，根据儿童的兴趣和需要设置课程和活动。例如，在幼儿园教育中，他倡导开展“单元教学法”，以儿童生活中的某一主题为中心，整合多个学科的知识和活动，让儿童在丰富多彩的活动中全面发展。陈鹤琴的“活教育”理论对中国幼儿教育和基础教育的改革产生了积极的推动作用，丰富了生活化教育的理论和实践体系。

近代教育家们的理论和实践，使生活化教育从零散的思想和实践逐渐发展成为具有系统理论和实践模式的教育思潮，为现代教育的发展指明了方向。

三、现代拓展：多元实践与融合创新

进入现代社会，随着科技的飞速发展和社会的不断进步，生活化教育在全球范围内得到了更广泛的应用和拓展，呈现出多元化的实践形式和融合创新的发展趋势。

（一）国外生活化教育的多元实践

1. 项目式学习在欧美国家的广泛应用

项目式学习是一种以学生为中心的教学方法，强调学生通过完成真实的项目来学习知识和技能。在欧美国家，项目式学习被广泛应用于各个学科和教育阶段。例如，在科学课上，学生可能会开展一个关于环境保护的项目，通过调查当地的环境问题、收集数据、分析原因并提出解决方案，学习科学知识和研究方法。在这个过程中，学生不仅掌握了科学概念和实验技能，还培养了团队合作能力、沟通能力和解决实际问题的能力，实现了教育与生活的紧密结合。

2. 芬兰的现象教学法

芬兰的教育改革在全球备受关注，其中现象教学法是其重要的创新之一。现象教学法打破了学科界限，以生活中的现象或主题为核心，整合多个学科的知识进行教学。例如，以“可持续发展”为主题，学生将学习地理、生物、化学、经济等多个学科的知识，通过讨论、实地考察、小组合作等方式，深入了解可持续发展的内涵和实现途径。这种教学方法使学生能够从多个角度理解和解决生活中的问题，培养了学生的综合素养和跨学科思维能力。

3. 日本的“食育”理念与实践

日本的“食育”理念将饮食教育与生活教育相结合，强调通过饮食活动培养学生的健康意识、生活技能和文化素养。学校通过开设烹饪课程、组织学生参与校园菜园的种植和管理等活动，让学生了解食物的来源、制作过程和营养价值。同时，在饮食过程中，学生学习餐桌礼仪、团队合作和分享精神。“食育”不仅关注学生的身体健康，还注重培养学生对生活的热爱和对传统文化的传承。

（二）国内生活化教育的创新发展

1. 综合实践活动课程的全面实施

中国在基础教育阶段全面实施综合实践活动课程，包括研究性学习、社区服务与社会实践、劳动与技术教育、信息技术教育等领域。这些课程以学生的生活经验和社会实际为基础，让学生通过自主探究和实践活动，学习知识、培养能力。例如，学生可以开展关于家乡文化传承的研究性学习活动，通过调查、访谈、资料收集等方式，了解家乡的历史文化、民俗风情，并提出传承和发展的建议。综合实践活动课程的实施，为生活化教育在国内的开展提供了重要的课程载体。

2. STEM 教育与生活情境的融合

随着 STEM 教育理念的引入，国内越来越多的学校将其与生活情境相结合，培养学生的科学、技术、工程和数学素养。例如，在数学教学中，教师可以设计与生活实际相关的问题，如“如何规划家庭旅行的预算和路线”，让学生运用数学知识进行分析和解决。在科学课上，学生可以开展关于智能家居设计的项目，运用科学原理和技术手段，设计和制作简单的智能家居模型。这种融合使学生能够将不同学科的知识应用于生活实际，提高了学生的创新能力和实践能力。

3. 学科教学中的生活化策略

在各学科教学中，教师也越来越注重运用生活化策略，将抽象的知识与生活实际相结合。例如，在语文教学中，教师可以引导学生关注社会热点问题，开展新闻评论写作、主题演讲等活动，提高学生的语言表达和思维能力。在物理教学中，通过讲解生活中的物理现象，如汽车刹车原理、电梯运行原理等，帮助学生理解物理概念和规律。学科教学中的生活化策略，使学生能够更好地理解和掌握知识，同时也增强了学生对学习的兴趣和动力。

现代社会的生活化教育在实践中不断创新和发展，呈现出多元化、跨学科、融合性的特点，为培养适应时代需求的创新型人才提供了有力支持。

四、当代挑战与未来展望

尽管生活化教育在理论和实践方面都取得了显著的进展，但在当代社会，它仍然面临着一些挑战。例如，在应试教育的压力下，部分学校和教师过于注重知识的传授和考试成绩，忽视了教育与生活的联系，导致生活化教育的实施受到一定阻碍。此外，随着信息技术的快速发展，如何将虚拟世界与现实生活有机结合，让学生在数字化环境中也能实现生活化学习，也是需要解决的问题。

然而，随着人们对教育本质认识的不断深化和对人才培养目标的不断调整，生活化教育的未来发展前景依然广阔。未来，生活化教育将更加注重培养学生的核心素养和关键能力，如创新能力、批判性思维能力、合作能力等。同时，随着人工智能、虚拟现实等技术的发展，生活化教育将借助这些技术手段，创造更加丰富多样的生活情境，拓展学习的时空界限，为学生提供更加个性化、多元化的学习体验。此外，生活化教育还将加强国际交流与合作，吸收和借鉴各国的先进经验和理念，不断完善自身的理论和实践体系。

生活化教育从古代的萌芽状态，经过近代的理论构建和现代的多元实践，已经成为教育发展的重要趋势。它强调教育与生活的紧密联系，注重培养学生的实践能力和创新精神，符合时代发展的需求和人才培养的目标。在未来的教育发展中，生活化教育将不断创新和完善，为推动教育改革、培养全面发展的人才发挥更加重要的作用。

第二节 哲学思辨：哲学视角下生活化教学的思想内核

教育，从其诞生之初，便与生活息息相关。在漫长的教育发展历程中，众多哲学家和教育家不断探索教育的本质，而生活化教学理念的兴起，正是对教育本真的一种回归。化学，作为一门研究物质组成、结构、性质转化及应用的一门基础学科，看似抽象高深，实则深深扎根于生活的土壤。将生活化教学的哲学根基与化学智慧相融合，不仅能够让学生更好地理解化学知识，更能激发他们对化学学科的热爱，培养其深度思考和探索的精神，从而实现智趣化学的教育目标。

一、杜威的“教育即生活”理念及其对化学教育的启示

（一）杜威教育理念的核心内涵

杜威提出“教育即生活”，这一理念颠覆了传统教育将教育与生活割裂的观念。他认为，教育是生活的过程，而不是未来生活的预备。学校教育应该以儿童的生活经验为基础，让儿童在实际的生活情境中学习和成长。在杜威看来，教育的目的在于促进儿童的生长和发展，而这种生长和发展是通过儿童与环境

的交互作用实现的。生活中的各种活动和经验，如游戏、劳动、社交等，都蕴含着丰富的教育价值，是儿童获取知识、培养能力和塑造品格的重要途径。

（二）在化学教育中的具体体现

在化学教育中，杜威的“教育即生活”理念有着广泛的应用空间。例如，在化学实验教学中，教师可以设计一些与生活密切相关的实验项目，让学生亲身体验化学在生活中的实际应用。像“自制汽水”的实验，学生通过将柠檬酸、小苏打、糖和水等常见的生活物品混合，观察到产生气泡的化学反应，从而深入理解酸碱中和反应和气体生成的原理。这个过程中，学生不再是被动地接受书本上的化学知识，而是在实际操作中主动探索和发现化学规律，将化学知识与生活经验紧密结合起来。

又如，在讲解化学物质的性质时，教师可以引入生活中的常见物品进行举例说明。在介绍金属的导电性时，以电线为例，让学生思考为什么电线通常是由金属制成的，从而引导学生理解金属良好的导电性这一物理性质。通过这种方式，将抽象的化学概念转化为学生熟悉的生活场景，使学生更容易理解和掌握化学知识，同时也让他们感受到化学知识在日常生活中的实用性，激发他们对化学学习的兴趣。

二、陶行知的“生活即教育”思想及其对化学教育的影响

（一）陶行知思想的深度剖析

陶行知先生的“生活即教育”思想是对杜威教育理念的进一步发展和创新。他强调生活是教育的中心，教育的内容和方法都应源于生活。“是生活就是教育，是好生活就是好教育；是认真的生活，就是认真的教育。”陶行知认为，教育不能脱离生活，生活中无时无处不存在教育的机会和资源。教育应该通过生活来进行，以生活为中心，对生活进行改造和提升。

（二）对化学教育的独特价值

在化学教育领域，陶行知的思想为我们提供了全新的视角和方法。一方面，它鼓励教师引导学生关注生活中的化学现象，从生活中发现化学问题。例如，生活中常见的金属生锈现象，教师可以引导学生思考为什么金属会生锈，生锈的过程中发生了哪些化学反应，如何防止金属生锈等问题。通过对这些生

活中实际问题的探究，学生不仅能够深入理解化学知识，还能培养观察能力、思考能力和解决问题的能力。

另一方面，陶行知的思想强调“教学做合一”，即“教”与“学”都要以“做”为中心。在化学教育中，这意味着学生要通过实际的实验操作和实践活动来学习化学知识。例如，组织学生开展“探究生活中的化学物质”的实践活动，让学生自主选择生活中的某种物质，如食品添加剂、清洁剂、干燥剂等，通过查阅资料、实验分析等方式，探究其化学成分和性质。在这个过程中，学生不仅学到了化学知识，还提高了动手能力、团队协作能力和创新能力，真正实现了知识与实践的有机结合。

三、哲学思想引导下化学史中的智慧启迪

（一）门捷列夫发现元素周期律：生活观察与科学探索的融合

门捷列夫发现元素周期律是化学史上的一个重要里程碑，这一伟大的科学成就背后蕴含着深刻的哲学思想。门捷列夫在研究元素性质的过程中，并没有局限于实验室的研究，而是广泛地观察和收集生活中各种物质的性质和组成信息。他发现不同元素之间存在着一定的规律和联系，这些规律和联系与生活中物质的多样性和变化性密切相关。

通过对大量生活现象和实验数据的分析和归纳，门捷列夫最终成功地绘制出了元素周期表，揭示了元素之间的内在联系和周期性变化规律。这一过程充分体现了哲学中归纳与演绎、实践与理论相结合的思想。门捷列夫从生活中的具体现象出发，通过归纳总结出一般性的规律，然后再运用这些规律去预测和解释其他元素的性质，实现了从实践到理论再到实践的飞跃。

对于化学教育而言，门捷列夫发现元素周期律的故事具有重要的启示意义。教师可以通过讲述这个故事，引导学生学习门捷列夫的科学研究方法和哲学思维方式，培养学生从生活中发现问题、分析问题和解决问题的能力。同时，让学生明白化学知识并非孤立存在，而是与生活紧密相连，激发学生对化学学科的探索欲望和兴趣。

（二）波义耳对酸碱指示剂的研究：哲学思考驱动化学创新

波义耳对酸碱指示剂的研究也是化学史上的一个经典案例，充分体现了哲

学思想对化学研究的驱动作用。波义耳在实验过程中，偶然发现紫罗兰花瓣遇到酸性溶液会变红，这一生活中的意外现象引发了他的深入思考。他并没有简单地忽视这个现象，而是从哲学的角度出发，思考这种颜色变化背后可能蕴含的科学原理。

波义耳通过一系列的实验研究，发现许多植物的汁液都可以在不同的酸碱性溶液中呈现出不同的颜色变化，从而发明了酸碱指示剂。他的研究过程体现了哲学中对现象与本质关系的思考，以及对科学真理的不懈追求。波义耳不满足于表面的现象，而是深入探究现象背后的本质原因，这种哲学思维方式推动了化学学科的发展和创新。

在化学教学中，教师可以以波义耳的研究为例，培养学生的问题意识和创新思维，引导学生关注生活中的化学现象，鼓励他们像波义耳一样，对看似平凡的现象进行深入思考和探究，培养学生勇于质疑、敢于创新的科学精神。同时，让学生了解化学研究不仅仅是为了获取知识，更是为了揭示自然界的奥秘，改善人类的生活。

四、哲学根基对构建智趣化学的深远意义

（一）激发学生对化学深度思考的兴趣

哲学根基为智趣化学的构建提供了强大的动力源泉。通过将哲学思想融入化学教育，让学生从哲学的高度去理解化学知识的本质和价值，能够激发学生对化学深度思考的兴趣。例如，在讲解化学平衡原理时，教师可以引入哲学中关于动态平衡和对立统一的思想，让学生理解化学平衡是一种动态的、相对的平衡状态，正反应和逆反应之间既相互对立又相互统一。这种哲学层面的解读能够让学生对化学平衡原理有更深刻的理解，同时也激发他们对化学知识背后的哲学内涵进行思考，从而提高学生学习化学的兴趣和主动性。

（二）培养学生科学的世界观和方法论

哲学是关于世界观和方法论的学问，将哲学根基与化学教育相结合，有助于培养学生科学的世界观和方法论。在化学学习过程中，学生通过接触和理解哲学思想，学会用辩证的、发展的、联系的观点去看待化学现象和问题。例如，在学习化学物质的性质和变化时，学生能够认识到物质的性质是由其内部

结构决定的，物质的变化是有规律可循的，而这些规律又受到多种因素的影响。这种科学的世界观和方法论不仅有助于学生更好地学习化学知识，还能为他们今后的学习和生活提供有益的指导。

（三）促进化学教育与生活的紧密联系

哲学根基强调教育与生活的融合，这对于促进化学教育与生活的紧密联系具有重要意义。通过将生活中的化学现象和问题引入化学教育，让学生在熟悉的生活情境中学习化学知识，能够增强学生对化学知识的认同感和亲切感。同时，让学生运用化学知识去解决生活中的实际问题，能够提高学生的实践能力和创新能力，真正实现化学教育的价值。例如，在学习化学与环境的相关知识时，教师可以引导学生关注身边的环境污染问题，如大气污染、水污染等，让学生运用所学的化学知识分析污染产生的原因，并提出相应的防治措施。这样的教学方式不仅能够让学生学到实用的化学知识，还能培养学生的社会责任感和环保意识。

哲学根基作为生活化教学的重要组成部分，对于追寻教育本真与化学智慧的融合具有不可替代的作用。杜威的“教育即生活”和陶行知的“生活即教育”等哲学理念，为化学教育提供了理论指导和实践方向。化学史中的诸多案例，如门捷列夫发现元素周期律和波义耳对酸碱指示剂的研究，充分展示了哲学思想在化学研究和发展中的智慧启迪作用。哲学根基对构建智趣化学意义深远，它能够激发学生对化学深度思考的兴趣，培养学生科学的世界观和方法论，促进化学教育与生活的紧密联系。在今后的化学教育中，我们应充分挖掘哲学根基的内涵和价值，将哲学思想有机地融入化学教学中，为培养具有创新精神和实践能力的高素质化学人才奠定坚实的基础。

第三节　认知解码：心理学理论对生活化教学的支撑

初中化学作为化学教育的启蒙阶段，对学生科学素养的培养和后续学习起着关键作用。生活化教学在初中化学中的应用，不仅能使抽象的化学知识变得生动易懂，更有着深厚的心理学依据作为支撑。从激发学生学习动机，到契合学生认知发展阶段，再到利用记忆与遗忘规律帮助学生有效掌握知识，心理学原理为初中化学生活化教学提供了科学指导，促进学生在化学学习中实现知识与能力的双重提升。

一、学习动机理论与初中化学生活化教学

（一）行为主义的强化理论与生活化教学中的外部激励

行为主义强化理论强调，当行为产生积极结果（正强化）或避免消极结果（负强化）时，行为频率会增加。在初中化学生活化教学中，教师可通过与生活相关的教学情境和任务，给予学生及时奖励与反馈，激发学习动机。在讲解“金属的化学性质”时，教师设计“鉴别真假黄金”的生活情境任务。学生运用所学的金属与酸反应、金属活动性顺序等知识，通过实验鉴别出真假黄金后，教师给予表扬和小奖品，如化学实验模型或科普书籍。这种正强化让学生在解决实际生活问题中获得成就感，从而强化学习行为，提升学习化学的积极性。又如，在“酸碱中和反应”教学中，教师设置“处理实验室酸性废水”的任务，学生成功完成后，教师给予肯定，激励学生运用化学知识解决生活实际问题，增强对化学学习的兴趣。

（二）认知主义的成就动机理论与生活化教学中的目标设置

认知主义成就动机理论指出，追求成功者倾向选择难度适中任务，避免失败者倾向选择过难或过易任务。初中化学生活化教学可依据此理论巧妙设置学习目标。

在“探究燃烧的条件”教学中，教师布置“设计家庭火灾预防方案”的任务，难度适中，既需学生理解燃烧条件的化学知识，又与生活紧密相关，能激发追求成功者的积极性。对于担心失败的学生，教师可引导他们从简单的家庭易燃物识别做起，逐步完成任务，克服恐惧，增强成就动机。这样的目标设置满足不同学生需求，提升学生参与化学学习的主动性。

（三）人本主义的自我实现理论与生活化教学中的内在动机激发

人本主义强调人的自我实现需求。在初中化学生活化教学中，教师可鼓励学生自主探究生活中的化学问题，激发内在动机。

在“化学肥料”教学时，教师让学生调查自家农田或小区绿植使用肥料

的情况，分析肥料成分与植物生长的关系。学生根据兴趣特长选择不同调查方向，如肥料对植物外观、产量的影响等。当学生通过努力解决问题，获得对化学知识与生活联系的新认识时，会体验到自我实现的满足感，这种内在动力促使他们更主动地投入化学学习，挖掘自身潜能，实现全面发展。

二、认知发展理论与初中化学生活化教学

（一）皮亚杰的认知发展阶段理论与生活化教学的适应性

皮亚杰将儿童认知发展分为不同阶段，初中学生多处于具体运算阶段向形式运算阶段过渡时期。初中化学生活化教学需根据这一特点设计，促进学生认知发展。

在具体运算阶段向形式运算阶段过渡时，学生仍需具体事物支持。在“分子和原子”教学中，教师借助生活中常见的扩散现象，如酒精擦在皮肤上很快变干、打开香水瓶盖能闻到香味等，帮助学生理解分子的不断运动。然后通过多媒体展示分子、原子的微观模型，引导学生从具体感知向抽象思维过渡。又如，在“质量守恒定律”教学中，教师先让学生进行“蜡烛燃烧前后质量变化”的简单实验，再引导学生从微观角度分析化学反应中原子的种类和数目不变，帮助学生逐步建立守恒观念，适应学生从具体到抽象的认知发展过程。

（二）维果斯基的社会文化理论与生活化教学中的社会互动

维果斯基强调社会文化环境对儿童认知发展的影响，其“最近发展区”理论指出，儿童在他人指导下可达到更高解决问题水平。初中化学生活化教学通过小组合作等方式，为学生提供社会互动机会，促进认知提升。

在“探究二氧化碳的性质”教学中，教师组织小组合作实验，让学生共同完成“二氧化碳灭火实验”“二氧化碳与水反应实验”等。小组成员分工合作，有的负责实验操作，有的记录现象，有的分析原因。在讨论和交流中，学生分享观点，互相启发，共同跨越“最近发展区”。例如，在分析二氧化碳灭火原理时，学生通过互动讨论，从最初只认识到二氧化碳能灭火的表面现象，深入理解到二氧化碳不燃烧、不支持燃烧且密度比空气大的性质，实现认知能力的发展，同时培养合作与沟通能力。

（三）信息加工理论与生活化教学中的知识建构

信息加工理论将认知视为信息输入、编码、存储、提取和运用过程。初中化学生活化教学借助生活情境和实践活动，帮助学生更好地建构化学知识。

在“常见的酸和碱”教学中，教师以生活中用白醋除水垢、用小苏打治疗胃酸过多等情境引入，学生将已有生活经验与化学知识联系起来，对酸和碱的性质有了初步认识。在实验探究“酸和碱的中和反应”时，学生通过观察实验现象、记录数据，对知识进行深加工和编码。当学生在生活中遇到类似的酸碱问题，如处理厨房油污（利用碱性物质）时，能快速提取所学知识解决问题，实现知识的有效迁移，完善化学知识体系。

三、记忆与遗忘规律在初中化学生活化教学中的应用

（一）艾宾浩斯遗忘曲线与生活化教学中的复习策略

艾宾浩斯遗忘曲线表明遗忘进程先快后慢。在初中化学生活化教学中，教师可结合生活场景制订复习策略，减缓遗忘。在学习“化学元素符号”时，教师引导学生将元素符号与生活中的常见物品联系起来，如用 Fe（铁的元素符号）代表铁锅，Cu（铜的元素符号）代表铜钱。在复习时，让学生观察生活中的金属制品，回忆对应的元素符号。同时，按照遗忘曲线规律，在学习后的当天、第二天、第四天、第七天等时间点，安排多样化复习活动，如元素符号默写、小游戏（根据生活物品抢答元素符号）等，强化记忆，提高学生对元素符号的掌握程度。

（二）记忆的编码特异性原则与生活化教学中的情境创设

记忆的编码特异性原则认为，提取信息情境与编码信息情境匹配时，记忆效果更好。初中化学生活化教学通过创设生活情境，提高学生记忆和提取化学知识的效率。在“化学方程式的书写”教学中，教师创设“模拟工厂生产”的情境，让学生根据生产流程书写相关化学方程式，如以工业炼铁为例，学生在模拟工厂情境中理解并书写一氧化碳还原氧化铁的化学方程式。当在考试或实际应用中需要书写该方程式时，学生能迅速回忆起工厂生产情境，准确写出化学方程式。又如，在学习“金属活动性顺序”后，创设“金属回收厂金属

分离”情境，学生在该情境中对金属活动性顺序知识进行编码，后续遇到相关问题时能快速提取知识解决。

（三）图式理论与生活化教学中的知识整合

图式是个体认知世界的方式和认知结构核心。初中化学生活化教学可利用图式理论，帮助学生整合化学知识。学生在生活中对燃烧有一定认识，形成初步的燃烧图式。在学习“燃烧和灭火”化学知识时，教师引导学生将新学的燃烧条件（可燃物、与氧气接触、温度达到着火点）、灭火原理（破坏燃烧条件）与已有的生活经验图式联系起来。学生通过分析生活中常见的灭火方法，如用水浇灭柴火（降低温度到着火点以下）、用锅盖盖灭油锅着火（隔绝氧气）等，将化学知识纳入已有的燃烧图式，完善知识结构。在学习其他与燃烧相关的知识，如火灾预防、火灾逃生等内容时，学生能借助已有的图式快速理解和掌握，提高学习效率。

心理学依据为初中化学生活化教学提供了科学且全面的理论支撑。通过运用学习动机理论激发学生学习热情，依据认知发展理论优化教学方法以适配学生认知水平，利用记忆与遗忘规律帮助学生有效记忆和建构知识，生活化教学在初中化学中展现出独特优势。这不仅能提升学生化学成绩，更能培养学生对化学学科的兴趣和自主学习能力，为学生未来的科学探索之路奠定坚实基础。在今后的初中化学教学实践中，应进一步深入挖掘和运用这些心理学依据，不断创新和完善生活化教学模式，推动初中化学教育高质量发展。

第四节　教育基石：教育学理论与生活化教学的深度融合

化学作为一门基础自然科学，与日常生活紧密相连。在初中化学教学中，传统教学范式往往侧重于知识的灌输，忽视了学生的兴趣培养和实际应用能力的提升。生活化教学理念的引入，为化学教学带来了新的活力，它基于教育学原理，将生活元素融入教学的各个环节，旨在打造一个让学生既能扎实掌握知识，又能充分体验化学乐趣、培养探索志趣的课堂环境，促进学生的全面发展。

一、教学目标的生活化导向

（一）从知识本位到素养本位的转变

传统化学教学目标多以知识传授为核心，注重学生对化学概念、原理和方程式的记忆。然而，随着教育理念的更新，教育学原理强调培养学生的综合素养。生活化教学顺应这一趋势，将教学目标从单纯的知识本位转向素养本位。在初中化学教学中，教师不再仅仅关注学生是否记住了化学知识，更注重学生能否运用所学知识解决生活中的实际问题，是否具备科学探究的思维和方法，以及是否形成了对化学学科的积极态度和社会责任感。

在“酸碱中和反应”的教学中，教学目标不再局限于让学生记住中和反应的概念和方程式，而是引导学生通过实验探究，理解中和反应在生活中的应用，如用熟石灰改良酸性土壤、用小苏打治疗胃酸过多等。通过这样的教学，学生不仅掌握了知识，还学会了运用化学知识解释生活现象，培养了学以致用的能力和社会责任感，实现了从知识本位到素养本位的转变。

（二）契合学生生活经验与发展需求

教育学原理强调教学目标应与学生的生活经验和发展需求相契合。初中学生正处于对世界充满好奇、渴望探索的阶段，他们在日常生活中已经积累了一定的化学相关经验。生活化教学将这些生活经验作为教学的切入点，制定符合学生认知水平和兴趣点的教学目标。

在“金属的性质”教学中，教师可以了解到学生在日常生活中已广泛接触过金属制品，如铁锅、铝制餐具等。基于此，教学目标可设定为让学生通过观察、实验等方法，探究常见金属的物理和化学性质，并解释生活中金属制品的使用原理。这样的教学目标既贴近学生生活，又能满足他们对未知知识的探索欲望，激发学生的学习兴趣和主动性。

二、教学方法的生活化创新

（一）情境教学法：创设生活情境，激发学习兴趣

情境教学法是生活化教学中常用的一种方法，它依据教育学中情境认知理论，通过创设与教学内容相关的生活情境，将抽象的化学知识具象化，激发学

生的学习兴趣和探究欲望。

在“燃烧与灭火”的教学中，教师可以播放一段生活中火灾发生及灭火的视频，创设火灾情境。学生在观看视频后，会对燃烧的条件和灭火的方法产生强烈的好奇心。此时，教师引导学生思考并讨论如何预防火灾以及火灾发生时的应对措施，进而引入燃烧与灭火的化学原理教学。这种生活情境的创设，让学生在熟悉的场景中感受化学知识的实用性，从而主动参与到学习中来，提高学习效果。

（二）项目式学习：解决生活问题，培养综合能力

项目式学习是一种以学生为中心的教学方法，符合教育学中关于学生自主学习和合作学习的理念。在生活化教学中，教师可以设计基于生活问题的项目式学习活动，让学生在解决实际问题的过程中，综合运用多学科知识和技能，培养学生的问题解决能力、团队协作能力和创新思维。

以“探究家庭用水的净化与水质检测”项目为例，学生分组进行项目研究。他们需要了解家庭用水的来源、可能存在的污染物，选择合适的净化方法，并运用化学实验方法检测水质。在这个过程中，学生不仅运用了化学知识，如沉淀、过滤、吸附等净化水的原理，还涉及物理、生物等多学科知识。同时，学生通过小组讨论、分工合作，共同完成项目任务，提高了团队协作能力和沟通能力，真正实现了在实践中学习和成长。

（三）实验探究法：结合生活实例，培养科学思维

化学是一门以实验为基础的学科，实验探究法是化学教学中不可或缺的方法。生活化教学将实验与生活实例相结合，让学生在实验探究中体验科学研究的过程，培养科学思维和探究精神。在“自制简易净水器”的实验探究中，教师引导学生利用生活中常见的物品，如矿泉水瓶、纱布、活性炭、石英砂等制作净水器。学生通过设计实验方案、组装净水器、检测净化效果等步骤，深入理解水的净化原理。在实验过程中，学生不断提出问题、解决问题，如为什么要用活性炭、不同材料的放置顺序对净化效果有何影响等。这种基于生活实例的实验探究，让学生亲身体验科学研究的乐趣，培养了他们的观察能力、分析能力和创新能力，提升了科学素养。

三、课程内容的生活化整合

（一）挖掘生活中的化学素材

生活中蕴含着丰富的化学素材，将这些素材融入课程内容，能够使化学教学更加生动有趣。教育学原理强调课程内容应与学生的生活世界相联系，以增强学生的学习认同感。

在初中化学教材中，很多知识点都可以与生活素材相结合。在讲解“有机化合物”时，教师可以引入生活中常见的食品、衣物、塑料制品等，让学生了解这些物品中所含的有机化合物成分及其性质。通过展示不同品牌的食品标签，让学生认识食品中的添加剂、营养成分等化学物质，使学生感受到化学知识在日常生活中的广泛应用，提高学生对化学学科的关注度和学习兴趣。

（二）开发校本化的生活化学课程

为了更好地满足学生的个性化需求和地方特色，学校可以依据教育学原理中课程开发的自主性原则，开发校本化的生活化学课程。校本化生活化学课程可以结合当地的自然资源、产业特点和文化特色，设计具有地方特色的教学内容。比如对于沿海的学校，可以开发“海洋化学”校本课程，内容包括海水的成分分析、海水资源的开发利用、海洋污染与防治等。学生通过学习这门课程，不仅能够深入了解海洋中的化学知识，还能增强对家乡海洋资源的保护意识。对于一些以农业为主的地区，学校可以开发“农业化学”校本课程，介绍化肥、农药的合理使用，土壤的改良等知识，帮助学生将化学知识与农业生产实际相结合，培养学生对家乡的热爱之情和服务家乡的意识。

四、教学评价的生活化视角

（一）多元化评价内容：关注知识与生活应用

传统的化学教学评价往往侧重于知识的考核，忽视了学生在生活中应用知识的能力和综合素质的发展。生活化教学倡导多元化的评价内容，依据教育学原理中全面评价学生的理念，不仅关注学生对化学知识的掌握程度，更注重学生在生活情境中运用化学知识解决问题的能力、实验操作技能、科学探究精神以及团队协作能力等方面的表现。

在“化学与生活”单元的教学评价中，除传统的纸笔测试考查学生对化学知识的记忆和理解外，还可以设置生活实践任务，让学生调查家庭中常见化学物质的使用情况，并撰写调查报告，在报告中，学生需要分析这些化学物质的性质、用途以及可能存在的安全隐患，教师根据学生的报告内容、调查方法的合理性、团队协作情况等多方面进行综合评价。这种多元化的评价内容能够全面、客观地反映学生的学习成果和综合素质。

（二）过程性评价方法：跟踪学生学习过程

教育学原理强调对学生学习过程的关注，过程性评价方法能够及时反馈学生在学习过程中的表现和进步情况。生活化教学采用过程性评价方法，如课堂观察、学习日志、小组互评等，跟踪学生在解决生活化学问题过程中的思维发展、合作交流和实践操作等情况。

在“探究酸雨对环境的影响”的项目式学习中，教师通过课堂观察，记录学生在小组讨论、实验设计、数据收集和分析等环节的表现，及时给予指导和反馈。学生通过撰写学习日志，记录自己在项目学习中的收获、困惑和反思。小组之间进行互评，评价内容包括团队协作能力、任务完成质量、创新思维等方面。通过这些过程性评价方法，教师能够全面了解学生的学习过程，发现学生的优点和不足，为后续教学提供有针对性的改进建议，同时也能让学生在评价过程中不断反思和调整自己的学习策略，促进学生的自主学习和成长。

生活化教学基于教育学原理，从教学目标、教学方法、课程内容和教学评价等多个方面对传统化学教学范式进行了创新，为打造智趣化学课堂提供了有力的支持。通过将生活元素融入教学，激发了学生的学习兴趣，培养了学生的综合素养和科学思维，使学生在化学学习中不仅掌握了知识，更体验到了化学的魅力和乐趣，形成了对化学学科的探索志趣。在未来的化学教育中，应进一步深入研究和推广生活化教学，不断完善教学范式，为培养具有创新精神和实践能力的高素质人才奠定坚实的基础。

第五节　社会洞察：生活化教学的社会适应性与现实意义

化学作为一门基础自然科学，不仅是知识的体系，更是与社会生活紧密交织的实践领域。从社会学视角审视化学教育，能够发现其在培养学生适应社会、参与社会以及运用科学知识解决社会问题等方面的重要价值。生活化教学理念将化学教学与社会生活紧密相连，打破了传统课堂教学的局限，为拓展化学学习的场域与外延提供了新的思路和方法，使学生在丰富多样的社会情境中深化对化学知识的理解与应用，提升综合素养。

一、化学教育与社会生活的内在联系

（一）社会需求推动化学教育发展

社会的进步和发展对化学学科提出了不断更新的需求，这成为化学教育发展的重要驱动力。从工业生产中对新材料、新能源的研发需求，到环境保护领域对污染治理和生态平衡维护的关注，再到生命科学中对药物研发和生物过程理解的追求，无一不影响着化学教育的内容和方向。例如，随着全球对可持续能源的迫切需求，化学教育中关于太阳能电池、燃料电池等新能源相关知识的比重逐渐增加，培养学生掌握这些领域的基础知识和技能，以满足未来社会在能源领域的人才需求。社会对化学知识和人才的需求促使教育不断调整课程设置、教学方法和培养目标，以确保培养出适应社会发展的专业人才和具备科学素养的公民。

（二）化学知识在社会生活中的广泛应用

化学知识渗透于社会生活的各个角落，从日常生活中的衣食住行到高端科技领域的创新突破，化学都发挥着关键作用。在日常生活中，食品的加工、储存和保鲜离不开化学原理，如食品添加剂的合理使用、食品包装材料的选择等；衣物的材质和染色技术依赖于化学合成纤维和染料的发展；建筑材料的性能优化和室内空气质量的改善也与化学密切相关。在工业生产中，化学工艺是众多产业的核心，如石油化工、钢铁冶金、制药等行业。在社会生活中，化学知识的广泛应用使得化学教育具有了更现实的意义，学生通过学习化学，能够更好地理解和解释生活中的各种现象，提高生活质量，同时也为参与社会生产和创新奠定基础。

二、生活化教学拓展化学学习场域的途径

（一）利用社会资源丰富教学内容

社会资源为化学教学提供了丰富多样的素材和学习场景。博物馆、科技馆、化工厂、科研机构等都蕴含着大量与化学相关的资源。生活化教学倡导教师充分利用这些社会资源，将其引入课堂教学或组织学生实地参观学习。例如，教师可以组织学生参观当地的化工厂，让学生亲眼看到化学工业生产的流程，了解化学反应在实际生产中的应用，如硫酸的工业制备过程。在参观过程中，学生能够直观地感受到化学知识从理论到实践的转化，拓宽对化学学科的认知视野。此外，科技馆中的化学科普展览、博物馆中的化学文物展示等也能为化学教学提供生动的素材，丰富教学内容，激发学生的学习兴趣。

（二）开展社会实践活动深化知识理解

社会实践活动是生活化教学拓展化学学习场域的重要方式。通过参与社会实践活动，学生能够将所学的化学知识应用到实际情境中，深化对知识的理解和掌握。例如，组织学生开展“社区水质检测”活动，学生需要运用化学实验技能和知识，采集社区水样，检测水中的酸碱度、溶解氧、重金属含量等指标，并根据检测结果分析水质状况，提出改善建议。在这个过程中，学生不仅巩固了化学分析方法的知识，还增强了对环境保护和社会责任感的认识。又如，开展“废旧电池回收与处理”的社会实践活动，学生通过了解废旧电池对环境的危害以及回收处理的方法，积极参与到废旧电池的回收宣传和实际回收工作中，将化学知识与环保行动相结合，在实践中深化对化学知识的理解和应用。

三、生活化教学拓展化学学习外延的体现

（一）培养学生社会责任感与环保意识

化学与环境、健康等社会问题密切相关，生活化教学通过引导学生关注

这些社会问题，培养学生的社会责任感和环保意识。在教学中，教师可以引入化学污染事件、食品安全问题等社会热点案例，组织学生进行讨论和分析。例如，在学习“爱护水资源”时，以某地区的河流污染事件为例，引导学生分析污染源的化学组成、污染形成的化学过程以及可能的治理方法。学生在讨论过程中，深刻认识到化学在环境保护中的重要作用，以及不合理的化学活动对环境和人类健康造成的危害，从而激发学生对环境保护的责任感，培养学生在日常生活中践行环保理念的意识，如减少使用一次性塑料制品、合理处理化学废弃物等。

（二）提升学生社会交往与合作能力

化学学习外延的拓展还体现在对学生社会交往与合作能力的培养上。生活化教学中的社会实践活动和小组项目往往需要学生与不同背景的人进行交流与合作。在“化学科普进社区”活动中，学生需要与社区居民进行沟通，用通俗易懂的方式向他们普及化学知识，在这个过程中，学生学会了如何根据受众的特点调整表达方式，提高了沟通能力。在小组合作完成“绿色化学实验设计”项目时，学生需要分工协作，发挥各自的优势，共同完成实验设计、实施和报告撰写等任务，通过小组合作，学生学会了倾听他人意见、协调团队成员之间的关系，培养了团队合作精神和社会交往能力，这些能力对于学生未来更好地融入社会、参与社会活动具有重要意义。

（三）增强学生职业认知与规划能力

社会生活中存在着丰富多样的与化学相关的职业，生活化教学通过引导学生了解这些职业，增强学生的职业认知与规划能力。教师可以邀请化学领域的专业人士走进课堂，分享他们的职业经历和工作内容，如化学工程师、科研人员、化学教师、食品安全检测员等。学生通过与专业人士的交流，了解不同职业的工作环境、技能要求和发展前景，从而对自己未来的职业方向有更清晰的认识。此外，组织学生参观化学相关企业和科研机构，让学生亲身体验不同职业的工作场景，也能帮助学生更好地规划自己的学业和职业发展路径，为未来的职业选择做好准备。

四、生活化教学在拓展化学学习场域与外延中面临的挑战与应对策略

（一）面临的挑战

教学资源整合难度大：社会资源分布广泛且分散，整合社会资源用于化学教学需要教师投入大量的时间和精力。同时，如何将不同类型的社会资源与教学内容有机结合，确保教学目标的实现，也是一个需要解决的难题。例如，在组织学生参观化工厂时，可能会遇到工厂生产安排与教学时间冲突、参观过程中安全保障以及如何引导学生在参观中获取有效知识等问题。

教学实施组织复杂：社会实践活动和基于社会生活的教学项目往往涉及多个环节和多方人员，教学实施的组织工作较为复杂。如开展“社区环保化学宣传”活动，需要与社区管理部门沟通协调活动场地和时间，组织学生准备宣传资料、设计宣传方案，还要确保活动过程中的学生安全和活动效果。此外，活动的开展还可能受到天气、学生兴趣和参与度等因素的影响。

教师专业素养要求高：生活化教学要求教师不仅具备扎实的化学专业知识，还需要有较强的社会活动能力、组织协调能力和跨学科知识储备。教师需要了解社会资源的特点和利用方法，能够引导学生在社会情境中进行有效的学习和探究。然而，目前部分教师在这些方面的素养还有待提高，难以满足生活化教学的需求。

（二）应对策略

建立稳定的社会资源合作机制：学校和教师应积极与社会各界建立长期稳定的合作关系，如与科技馆、博物馆签订合作协议，定期组织学生参观学习；与化工厂、科研机构合作建立实习基地，为学生提供实践机会。同时，成立专门的教学资源协调小组，负责整合和管理社会资源，确保社会资源与教学内容的有效对接。

精心规划教学实施过程：在开展社会实践活动和基于社会生活的教学项目前，教师要进行充分的准备工作，包括制订详细的活动方案，明确活动目标、流程、人员分工和安全保障措施等；提前与相关部门和人员进行沟通协调，确保活动顺利进行。在活动过程中，及时关注学生的表现和反馈，灵活调整教学策略，确保活动达到预期效果。

加强教师培训与专业发展：学校应加强对教师的培训，通过开展专题讲座、研讨会、外出学习等方式，提高教师的社会活动能力、组织协调能力和跨学科知识水平。鼓励教师积极参与社会实践活动，积累社会资源利用和教学实施的经验。同时，建立教师教学反思和交流机制，促进教师之间的经验分享和共同成长，提升教师实施生活化教学的能力。

从社会学视角来看，生活化教学在化学教育中具有不可忽视的重要作用。它通过紧密连接社会生活，有效地拓展了化学学习的场域和外延。利用社会资源丰富教学内容、开展社会实践活动深化知识理解，使化学学习不再局限于课堂和书本；培养学生的社会责任感、环保意识、社会交往与合作能力以及职业认知与规划能力，提升了学生在社会层面的综合素质。尽管在实施过程中面临着教学资源整合、教学实施组织和教师专业素养等方面的挑战，但通过建立合作机制、精心规划实施过程和加强教师培训等应对策略，可以逐步克服这些困难。在未来的化学教育中，应进一步深入推进生活化教学，充分发挥其在拓展化学学习场域与外延方面的优势，培养出更多适应社会发展需求、具备综合素养和社会责任感的创新型人才，推动化学教育与社会发展的良性互动。

第六节　素养导向：核心素养与生活化教学的价值契合

随着教育改革的持续深化，核心素养已成为初中化学教学的核心追求。生活化教学将化学知识与生活实际紧密相连，能有效激发学生学习兴趣，提升学生对知识的理解与应用能力，助力核心素养落地。从化学观念、科学思维、科学探究与实践、科学态度与责任四个维度解析其理论基础，对推动初中化学生活化教学发展意义重大。

一、基于化学观念维度的理论基础

（一）建构主义学习理论与化学观念的形成

建构主义强调学生基于已有经验主动建构知识。初中化学中，学生在生活里已积累诸多与化学相关的感性认知，像水的蒸发、食物的烹饪等。生活化教学以此为据，为学生搭建从生活现象到化学概念、原理的桥梁。例如在“物质的变化”教学时，教师以生活中常见的蜡烛燃烧、铁生锈等现象引入，学生通过观察、分析这些现象，自主建构物理变化与化学变化的概念，理解化学变化的本质是有新物质生成。这种基于生活实例的学习，契合建构主义理论，让学生在主动探索中形成系统化学观念，如物质是变化的、物质的性质决定其用途等观念，为后续化学学习筑牢根基。

（二）认知发展理论与化学观念的进阶

皮亚杰的认知发展理论指出，初中学生正从具体运算阶段向形式运算阶段过渡，思维逐渐从依赖具体事物转向抽象逻辑思维。生活化教学顺应这一发展规律，先以丰富的生活实例给予学生直观感知，随着学习深入，引导学生对生活现象进行抽象概括，实现化学观念的进阶。在“分子和原子”教学中，先让学生通过生活中闻到花香、酒精挥发等现象，初步感知分子的存在与运动；再借助模型、动画等手段，帮助学生从微观角度理解分子的性质，实现从宏观生活现象到微观本质的跨越，促进学生化学观念的深化与拓展。

二、基于科学思维维度的理论基础

（一）逻辑实证主义与证据推理能力培养

逻辑实证主义注重通过观察、实验获取证据，以验证理论。在初中化学生活化教学里，教师引导学生从生活问题出发，如“为什么铁在潮湿环境中易生锈”，学生通过设计生活中的小实验，如将铁钉分别放在干燥空气、潮湿空气、水中等不同环境，观察记录生锈情况，收集证据并进行推理分析，得出铁生锈的条件。这种基于生活问题的探究，遵循逻辑实证主义，培养学生基于证据进行逻辑推理的能力，使学生学会运用科学思维解决化学问题，形成科学思维习惯。

（二）结构主义与模型认知能力发展

结构主义强调认识事物的结构和关系。初中化学中，化学模型是对化学现象和规律的简化、抽象表达。生活化教学借助生活实例帮助学生理解和构建化学模型。在“化学方程式”教学时，以生活中常见的燃烧反应、酸碱中和反应为例，引导学生分析反应中物质的变化及原子的重新组合，构建化学方程式模型，理解其表示的意义和遵循的质量守恒定律。通过生活实例与化学模型的关联，学生掌握模型构建方法，提升模型认知能力，学会运用模型解释和预测化学现象，发展科学思维。

三、基于科学探究与实践维度的理论基础

（一）杜威的“做中学”理论与科学探究实践

杜威“做中学”理论主张学生通过实践活动获取知识。初中化学生活化教学积极践行这一理论，开展各类基于生活的科学探究活动。在“探究自制汽水的最佳配方”活动中，学生自主查阅资料、设计实验方案、选择生活中的材料（小苏打、柠檬酸、糖、水等）进行实验，在不断的尝试与调整中探究影响汽水口感、气泡量等因素，得出最佳配方。通过定量计算配方中各成分的含量，理解定性定量相结合认识溶液的意义。整个过程学生亲身体验科学探究的各个环节，提高动手实践能力，培养科学探究精神，学会在实践中运用化学知识解决实际问题。

（二）情境认知理论与探究实践能力提升

情境认知理论认为学习在特定情境中发生，知识与情境紧密相连。生活化教学为学生创设真实的生活情境，激发学生探究欲望。在“探究校园水质状况”活动中，学生身处校园生活情境，面对校园用水的实际问题，运用化学实验方法检测水质的酸碱度、溶解氧、重金属含量等指标。在这一情境中，学生不仅巩固化学知识和实验技能，还学会根据实际情况分析问题、解决问题，提升科学探究与实践能力，深刻体会化学知识在生活中的应用价值。

四、基于科学态度与责任维度的理论基础

（一）科学人文主义与科学态度的养成

科学人文主义强调科学教育要关注人的价值和情感，培养学生正确的科学态度。初中化学生活化教学通过引入生活中的化学事件，如食品安全问题、环境污染事件等，引导学生运用化学知识分析事件背后的原因，培养学生严谨、实事求是的科学态度。在“化学与食品安全”教学中，让学生分析食品添加剂

的合理使用与滥用问题，学生通过查阅资料、调查研究，了解食品添加剂的作用和危害，形成对化学知识严谨对待的态度，不盲目排斥也不随意滥用，树立正确的科学价值观。

（二）社会建构主义与社会责任意识培养

社会建构主义认为知识是在社会互动中建构的，个体对社会负有责任。初中化学生活化教学借助社会热点问题，如能源危机、绿色化学等，组织学生进行小组讨论、社会调查等活动。在“探讨新能源在生活中的应用前景”活动中，学生通过收集资料、采访相关人员，了解新能源开发的必要性和面临的挑战，认识到化学在解决能源问题中的重要作用，增强社会责任感，意识到自己作为社会一员，有责任关注和推动化学科学的发展，以实现社会的可持续发展。

从核心素养四个维度剖析初中化学生活化教学的理论基础可知，其与各维度紧密关联且相互促进。基于建构主义、认知发展理论等形成化学观念，借助逻辑实证主义、结构主义培养科学思维，依据杜威“做中学”理论、情境认知理论提升科学探究与实践能力，在科学人文主义、社会建构主义引导下养成科学态度与责任意识。在初中化学教学中，深入理解并运用这些理论基础，推进生活化教学，能全方位培育学生核心素养，为学生未来发展奠定坚实基础，助力培养适应时代需求的创新型人才，推动初中化学教育高质量发展。

第二章

初中化学学科特质与生活化教学的融合

第一节 化学之魅：初中化学学科的独特魅力与智趣密码

在初中教育体系里，初中化学作为一门基础自然科学课程，拥有极为独特且鲜明的学科特质。其蕴含的实践性、应用性，以及与日常生活千丝万缕的关联性，不仅构成了化学学科的独特魅力，还为学生认识世界、理解科学、提升自身科学素养搭建起关键桥梁。

一、实践性：化学知识的探索基石

（一）实验为基，开启化学之门

初中化学是一门以实验为基础的学科，实验在化学教学里占据核心地位。从简单的物质性质验证实验，到复杂的化学反应探究实验，实验贯穿初中化学学习的始终。比如，在学习氧气的性质时，教师会通过带火星的木条在氧气中复燃的实验，让学生直观感受氧气能支持燃烧这一特性。在探究二氧化碳的制取和性质时，学生亲自参与实验操作，从实验装置的组装、药品的取用，到二氧化碳的收集和性质检验，每个步骤都充满探索乐趣。这些实验操作，让学生不再是知识的被动接受者，而是成为科学探究的主动参与者。

通过实验，学生不但能观察到各种奇妙的化学现象，更能在操作过程中学习实验技能，培养科学探究能力。从基本的仪器使用，如试管、酒精灯、滴管等，到实验设计、数据记录与分析，学生在实验中逐步掌握科学研究的方法和步骤。例如，在探究金属活动性顺序的实验中，学生需要设计不同金属与酸或盐溶液反应的实验方案，记录实验现象，进而分析得出金属活动性的强弱顺序。这种亲身经历的实验过程，极大地激发了学生的好奇心和求知欲，让他们在探索中感受化学的魅力，也为深入学习化学知识奠定了坚实的实践基础。

（二）探究为翼，培养科学思维

初中化学的实践性还体现在丰富多样的探究活动中。探究活动是培养学生科学思维和创新能力的重要途径。教材里设置了许多探究性实验和课题，如“探究燃烧的条件”“探究铁生锈的条件”等。在“探究燃烧的条件”时，学生会通过对比实验，分别探究可燃物、氧气和温度对燃烧的影响。学生会观察到，只有同时满足可燃物、与氧气接触以及达到着火点这三个条件，物质才能燃烧。在这个过程中，学生学会提出问题、做出假设、设计实验、进行实验、收集证据、解释与结论以及反思与评价等一系列科学探究过程，逐渐形成科学思维。

此外，化学教师还会引导学生开展课外探究活动，比如调查当地的水污染情况、研究土壤的酸碱性等。这些活动让学生走出课堂，将所学化学知识应用到实际问题的解决中。在调查水污染情况时，学生需要采集水样，利用化学知识和实验方法检测水中的酸碱度、溶解氧、重金属含量等指标，分析水污染的原因，并提出相应的防治措施。通过这些探究活动，学生不仅加深了对化学知识的理解，更培养了独立思考、创新实践以及解决实际问题的能力，进一步凸显了初中化学的实践性特质。

二、应用性：化学知识的价值彰显

（一）生产领域的广泛应用

初中化学知识在生产领域有着广泛应用，对工业生产、农业生产等起着重要的支撑作用。在工业生产中，化学原理被用于各种产品的制造。例如，在金属冶炼方面，利用一氧化碳的还原性将铁矿石中的铁还原出来，这一过程涉及氧化还原反应的知识。学生在学习这部分内容时，了解到金属冶炼的原理和方法，认识到化学在工业生产中的关键作用。

在化工生产中，酸碱中和反应是一个重要的化学反应，被广泛应用于废水处理、制药、食品加工等行业。在废水处理中，如果废水呈酸性，可加入适量的碱性物质进行中和，使其达到排放标准。初中化学中对酸碱性质和中和反应的学习，让学生明白这些生产过程背后的化学原理，认识到化学知识在保障工业生产顺利进行以及环境保护方面的重要价值。

在农业生产中，化学知识同样不可或缺。化肥和农药的合理使用是提高农作物产量和质量的重要手段。学生在学习化学肥料时，了解到氮肥、磷肥和钾肥对农作物生长的不同作用，以及如何根据土壤的肥力和农作物的需求合理施用化肥。同时，他们也学习到农药的使用原则和注意事项，认识到化学在农业生产中的重要性以及如何科学地应用化学知识实现农业的可持续发展。

（二）生活领域的深度渗透

初中化学与日常生活息息相关，化学知识渗透到生活的方方面面，为我们的生活提供便利，保障生活质量。在饮食方面，化学知识帮助我们了解食物的营养成分和烹饪过程中的化学变化。比如，在学习蛋白质、糖类、油脂等营养物质时，学生了解到它们在人体内的作用以及如何合理搭配饮食以满足身体的营养需求。蛋白质受热变性、淀粉遇碘变蓝等化学现象也让学生感受到化学与饮食的紧密联系。

在日用品方面，从洗发水、沐浴露到洗衣粉、洗洁精，这些日用品的化学成分和去污原理都涉及化学知识。学生在学习表面活性剂等知识时，了解到洗洁精能够去除油污是因为其分子结构中既有亲油基又有亲水基，能够将油污乳化分散在水中，从而达到去污的效果。这种对生活日用品化学原理的了解，让学生学会科学地选择和使用日用品，提高生活品质。

在健康方面，化学知识在药品的研发、疾病的预防和治疗中发挥着重要作用。初中化学中对元素与人体健康的学习，让学生知道人体中必需的元素如钙、铁、锌等对身体健康的影响，以及缺乏这些元素可能导致的疾病。同时，他们也了解到一些常见药品的成分和作用原理，像感冒药中含有的对乙酰氨基酚能够缓解发热和疼痛症状，这让学生在日常生活中能够更加科学地对待健康问题。

三、与日常生活的紧密关联：化学无处不在

（一）衣食住行医美的化学奥秘

1.“衣”与化学

现代服装的制作离不开化学纤维，如聚酯纤维、腈纶、锦纶等。这些化学纤维具有强度高、耐磨、抗皱、易洗快干等优点，被广泛应用于服装生产。在初中化学里，学生学习有机高分子材料时，了解到这些化学纤维的合成原理和性能特点。同时，服装的染色过程也涉及化学知识，不同的染料与纤维之间发生化学反应，使服装呈现出各种鲜艳的颜色。此外，一些功能性服装，如防火服、防辐射服等，其制作材料和原理也与化学密切相关。防火服通常采用含有阻燃剂的材料制成，这些阻燃剂能够在高温下分解产生不燃气体，隔绝氧气，从而达到防火的目的。

2.“食”与化学

食物的烹饪过程是一个复杂的化学变化过程。例如，煮鸡蛋时，蛋白质受热变性，鸡蛋内部由液态变为固态；烤面包时，面粉中的淀粉在高温下发生焦糖化反应，使面包表面呈现出金黄色，并产生独特的香味。在食品保鲜方面，化学也发挥着重要作用。防腐剂、抗氧化剂等食品添加剂的合理使用能够延长食品的保质期，保持食品的品质。学生在学习化学知识时，了解到这些食品添加剂的种类、作用和使用规范，学会科学地看待食品添加剂，保障饮食安全。

3.“住”与化学

建筑材料的选择和使用与化学密切相关。水泥、玻璃、陶瓷等传统建筑材料的生产都涉及复杂的化学工艺。水泥是通过将石灰石、黏土等原料按一定比例混合，在高温下煅烧后再加入适量石膏磨细制成。玻璃则是由石英砂、纯碱、石灰石等原料在高温下熔融制成。新型建筑材料如保温材料、防水材料等的研发和应用也离不开化学。比如，聚氨酯泡沫塑料是一种常用的保温材料，其具有优异的保温性能，这得益于其独特的分子结构能够有效阻止热量的传递。在室内装修方面，化学知识也有助于我们选择环保的装修材料，避免室内空气污染。例如，了解甲醛、苯等有害物质的来源和危害，以及如何选择低VOC（挥发性有机化合物）含量的涂料和板材，保障居住环境的健康和安全。

4.“行”与化学

交通工具的发展离不开化学的支持。汽车、飞机等交通工具的制造需要使用各种金属材料和合成材料。铝合金由于其质轻、强度高、耐腐蚀等优点，被广泛应用于汽车和飞机的制造。同时，交通工具的运行离不开能源，从传统的汽油、柴油到新型的乙醇汽油、电动汽车的锂电池，这些能源的开发和利用都涉及化学知识。例如，汽油的燃烧是一个复杂的化学反应过程，通过燃烧将化学能转化为机械能，驱动汽车行驶。而锂电池的工作原理则基于锂离子在正负极之间的嵌入和脱嵌，实现电能的储存和释放。此外，汽车尾气的净化也需要运用化学原理，通过安装尾气净化装置，利用催化剂将尾气中的一氧化碳、碳氢化合物和氮氧化物等有害物质转化为无害物质，减少对环境的污染。

5.“医”与化学

在医疗领域，化学的身影无处不在。药品的研发是一个漫长而复杂的化学过程，从最初的化合物合成筛选，到临床试验确定药效和安全性，每一步都离不开化学知识的支撑。许多常见药品的作用原理都基于化学变化，比如胃酸过多时服用的胃药，主要成分通常是氢氧化铝、碳酸氢钠等，它们能与胃酸（主要成分是盐酸）发生中和反应，从而缓解胃酸过多带来的不适。在医疗器械方面，化学材料也发挥着关键作用，像用于人工关节的钛合金，具有良好的生物相容性和机械性能；透析膜则利用了特殊的高分子材料，能够模拟人体肾脏的功能，通过半透膜的渗透作用，帮助肾衰竭患者滤除血液中的毒素和多余水分。化学分析检测技术在疾病诊断中也至关重要，例如通过检测血液中的各种化学成分，如血糖、血脂、肝肾功能指标等，医生能够准确判断患者的健康状况，为疾病的诊断和治疗提供依据。

6.“美”与化学

在美容护肤领域，化学同样占据着重要地位。护肤品中的各种成分，如水、甘油、透明质酸、维生素 C、烟酰胺等，都有着各自独特的化学结构和功效。透明质酸因其强大的保湿能力，能够在皮肤表面形成一层水化膜，保持皮肤的水分；维生素 C 具有抗氧化性，可以抑制黑色素的形成，达到美白的效果。化妆品的生产也依赖于化学技术，从口红的制作工艺到眼影、腮红等粉质化妆品的配方研发，都涉及化学原料的选择和调配。例如，口红中的主要成分包括蜡、油脂、颜料等，通过精确控制各种成分的比例和加工工艺，才能生产出不同质地、颜色和持久度的口红产品。同时，化学还在美容手术中发挥作用，比如用于填充的玻尿酸、肉毒素等物质，它们通过特定的化学作用，改变人体的外观形态，满足人们对美的追求。

（二）常见生活现象的化学解读

1. 金属生锈

生活中经常能看到铁制品生锈的现象，如铁锅、铁门、铁栏杆等。在初中化学中，学生学习到金属生锈是一种氧化还原反应。以铁生锈为例，铁在潮湿的空气中与氧气和水发生反应，生成铁锈（主要成分是氧化铁）。通过对金属生锈原理的学习，学生了解到防止金属生锈的方法，如保持金属表面干燥、涂漆、镀锌等。这些方法的原理都是通过隔绝氧气和水，阻止金属发生氧化反应，从而延长金属制品的使用寿命。

2. 水垢的形成与去除

在日常生活中，烧水壶、热水瓶等容器使用一段时间后，内壁会形成一层水垢。水垢的主要成分是碳酸钙和氢氧化镁，它们是由水中的钙、镁离子在加热过程中与水中的碳酸根离子和氢氧根离子结合形成的沉淀。学生在学习酸、碱、盐知识时，了解到可以用稀盐酸或醋酸来去除水垢。这是因为碳酸钙和氢氧化镁都能与酸发生反应，生成可溶于水的物质，从而达到去除水垢的目的。通过对水垢形成与去除原理的学习，学生不仅能够解决生活中的实际问题，还能加深对化学知识的理解和应用。

3. 泡沫灭火器的工作原理

在一些公共场所，如商场、学校、酒店等，我们经常能看到泡沫灭火器。泡沫灭火器的工作原理涉及化学中的酸碱反应。泡沫灭火器内装有硫酸铝溶液和碳酸氢钠溶液，当两种溶液混合时，会发生双水解反应，产生大量的二氧化碳气体和氢氧化铝沉淀。二氧化碳气体和氢氧化铝沉淀形成泡沫，覆盖在燃烧物表面，隔绝氧气，从而达到灭火的目的。学生在学习化学知识时，了解到泡沫灭火器的工作原理，认识到化学在消防安全中的重要作用，同时也掌握了一种实用的灭火知识和技能。

初中化学的实践性、应用性以及与日常生活的紧密关联性，使其成为一门充满活力和魅力的学科。通过实验和探究活动，学生在实践中学习化学知识，培养科学探究能力；通过在生产和生活领域的应用，学生认识到化学知识的价值，增强学习动力；通过对衣食住行医美的化学解读，学生感受到化学无处不在，提高对化学学科的兴趣和关注度。这些学科特质不仅有助于学生更好地学习化学知识，提升科学素养，更能让他们学会运用化学知识解决实际问题，为今后的学习和生活打下坚实的基础。

第二节　生活联结：化学知识与学生认知经验的自然衔接

一、化学的奇妙世界

（一）化学是什么

化学是一门极为神奇的科学，它专注在分子、原子这样极其微小的层次上去探究物质的奥秘。具体而言，它深入地研究物质究竟是由哪些部分组成的，这些组成部分又是以怎样的结构搭建在一起的，还有物质所具备的各种各样的性质以及在不同条件下发生变化的规律。化学的研究范畴简直是广袤无垠。想一想那些神秘的元素吧，它们就像是大自然精心调配的特殊“积木”，化学就是探寻这些“积木”间纷繁复杂的组合方式的学问。比如，氢元素和氧元素这两个看似简单的元素相互结合，就形成了我们日常生活中不可或缺的、清澈透明且具有独特性质的水。再看有机物和无机物，它们就像是化学世界里截然不同的两支“大军”。有机物大多自带可以燃烧的特性，好似一个个小小的“燃料库”，只要条件合适就会熊熊燃烧起来；而无机物，其中的许多成员都展现出奇特的晶体结构，就像精美无比的微观建筑，每个原子都在自己的位置上坚守“岗位”，构建出令人惊叹的形状。并且，化学不会仅仅满足于对物质静态的研究，它更热衷于对物质发生化学变化的深入挖掘。想想金属那缓慢又不可避免的腐蚀过程吧，这可是一种典型的化学变化。从金属那原本光亮坚固的表面逐渐出现锈斑，直至不断侵蚀深入内部，这个过程就像是一场悄无声息又极具破坏力的“微观战争”。化学就如同一把充满魔力的钥匙，小心翼翼地开启着微观世界那扇神秘的大门，引领我们一步一步走进那个充满奇幻色彩的微观天地，让我们得以窥探这个世界背后隐藏着的无数奥秘，你难道不觉得这是一件非常引人入胜的事情吗？

（二）化学在生活中的应用

在我们的日常生活之中，化学就像一个无所不在的隐形精灵。从我们每日都要接触的食品开始说起吧。松软可口、散发着诱人香气的面包，之所以能够拥有如此美妙的口感，全是发酵粉的功劳。发酵粉里面有一种叫做碳酸氢钠的物质，它像是一位隐藏在面包中的小小魔法师。当面包被放入烤箱加热的时候，碳酸氢钠就开始施展它的魔法，它会分解并产生二氧化碳气体。这些气体就像一群调皮的小精灵，在面包的内部四处乱窜，使得面包的体积一点一点地膨胀起来，就好像面包在烤箱里欢快地做起了成长游戏。再看看我们周围琳琅满目的材料吧，塑料无疑是一种极为常见的化学合成材料。它就像一个万能的小助手，凭借自身轻便又耐用的优点，成功地融入了生活的方方面面。无论是那些支撑起庞大汽车的零件，还是书写时离不开的小巧文具，到处都能看到塑料的身影。还有在能源这个重要的领域里，汽油扮演着不可或缺的角色。汽油是由多种碳氢化合物如同紧密团结的小伙伴们组成的混合物。当它被注入汽车的油箱后，就像是一位忠诚的能量使者，为汽车提供源源不断的动力，驱动着现代交通工具风驰电掣般地行驶在大街小巷，成为现代交通能够顺畅运行的幕后英雄。由此可见，化学与我们的生活就像是交织在一起的两条丝线，紧密相连、密不可分。要是能够学好化学，我们就仿佛戴上了一副特殊的眼镜，可以更加清晰明了地洞察身边形形色色事物背后隐藏的真相。

二、科学思维启蒙

（一）观察与实验

在化学这门充满神秘色彩的学科里，观察与实验就像两颗璀璨的明珠，在化学学习的浩瀚星空中闪耀着无可替代的光芒。化学可是一门完全以实验为根基的学科，就如同建房子必须要有坚实的地基一样。通过观察实验过程中发生的各种奇妙现象，我们就像是拿到了一本生动形象的“化学秘籍”，能够直观地目睹各种化学反应是如何展开的。从那些引人注目的颜色变化，像是化学试剂在魔术师的手中瞬间变幻出绚丽多彩的色彩，到物质状态发生的令人惊奇的转变，例如固体突然变成液体，液体又有可能化作气体消失在空气中，这些现象就像是一场又一场精彩绝伦的视觉盛宴。这样的观察体验不仅仅是简单的看热闹，它更像是一把神奇的钥匙，能够深入地开启我们对那些抽象化学概念理解的大门，让这些原本高高在上、晦涩难懂的概念如同涓涓细流一般缓缓流入我们的脑海，同时还能像一颗火种，点燃我们内心深处对探索化学奥秘那无限渴望的火焰。那么，怎样才能有效地进行观察呢？这就要求我们要像最细心的侦探一样，做到全面而又细致。就拿镁条燃烧这个经典的实验来说吧，我们不能只是看着镁条燃烧得有多旺盛，而是要全方位地观察。从镁条本身出发，要留意它最初的颜色，是那种具有金属光泽的银白；还有它原本的形状，是长条状还是其他形状；在燃烧的瞬间，那如同一颗微型太阳般耀眼的强光也绝不能错过，这强光就像镁条在向世界展示它最后的辉煌；当然了，生成的白色固体也不能忽视，要仔细观察这个白色固体的外观，是细腻如粉末，还是有着特殊的纹理呢？在进行实验前，我们一定要把实验的目的、步骤以及那些关系到生命安全的注意事项牢记在心。在进行实验的时候，我们更要有条不紊，就像严格遵守行军纪律的士兵一样。就好比使用酒精灯这件看似简单的事情，如果操作不当，酒精灯就可能变成一个引发危险的“小恶魔”。所以一定要按照正确的操作规程来使用，诸如要用火柴点燃、熄灭时要用灯帽盖灭等步骤，决不能有丝毫马虎大意。

（二）提出问题与作出假设

在充满挑战与惊喜的化学学习征程中，提出问题与作出假设就像是一对并肩作战的好伙伴，它们可是锻炼我们思维的关键环节。每当我们观察到一个从未见过的化学现象时，我们的大脑就像被投入了一颗石子的湖面，瞬间泛起思维的涟漪，开始积极运转、主动思考起来。这时候，就像是在神秘的寻宝之旅中发现了一条若有若无的线索，我们要紧紧抓住，不断地追问“为什么会出现这种情况呢？”就拿铁生锈这个再平常不过却又蕴含着无数化学奥秘的现象来说吧。当看到一块原本坚硬光滑的铁制品慢慢被锈迹侵蚀，变得斑驳破旧的时候，我们就可以勇敢地提出“铁生锈跟什么因素有关”这样一个充满探索性的问题。然后，基于我们现有的知识和经验，像一个富有想象力的探险家一样大胆地作出假设。也许我们会推测铁生锈可能与水有关，毕竟在潮湿的环境中我们更容易看到铁生锈的现象；或者还可能与氧气有关，因为空气里无处不在的氧气说不定就是铁生锈的“幕后黑手”之一。我们要大力鼓励学生像勇敢无畏的冒险家一样大胆地进行猜测，提供多种多样可能的解释，就像在铺满荆棘的探索之路上开辟出多条通往真相的道路一样。

（三）分析与推理

在化学这门严谨的学科里，分析实验结果就像是在错综复杂的迷宫里寻找出口，需要极为严谨的逻辑思维。就拿酸碱中和滴定这个颇具代表性的实验来说吧。在完成实验之后，我们要像经验老到的数学家一样，根据消耗酸或碱的数量这个重要的数据来推断溶液的酸碱度。这可不是一个简单的任务，就像要解开一道充满陷阱的谜题一样。假如得到的数据与我们预先期待的结果并不相符，这时候可不能慌乱，而是要像一位冷静理智的侦探一样，从多个方面去查找原因。是操作环节出了问题吗？例如滴定管的读数是否准确无误，溶液的滴加速度是否均匀恰当；还是试剂本身存在问题呢？是不是药品储存不当已经变质了？我们要依据已知的化学原理，像拿着指南针指引方向一样，对实验数据进行抽丝剥茧般的推理，从而得出合理的、禁得起推敲的结论。

三、化学观念的启蒙

（一）物质的组成与性质

物质就像是一座由元素构建而成的大厦，元素是具有相同核电荷数（也就是质子数）的一类原子的总称。打个比方，氧气就像是一间只有一种元素建成的简洁小屋，它全部由氧元素组成。而水则像是一座由两种元素共同构建的更加复杂一些的小楼，是由氢元素和氧元素携手组建而成的。化合物是更为特殊的物质，它像是由不同类型的元素精心搭配组合而成的精美艺术品，是由不同种元素组成的纯净物。就像二氧化碳，它就是由碳元素和氧元素这两位元素界的“艺术家”共同创造出的化合物。每一种物质都像是携带着独特身份标识牌的个体，具有独一无二的性质。这些性质可以分为两大类，一类是物理性质，就像是物质外在展示给我们的名片，比如颜色、状态、气味、熔点、沸点等；另一类则是化学性质，化学性质就像是物质内在隐藏着的特殊技能，体现在它能够发生的化学反应上，比如说铁，在潮湿的空气中就特别容易生锈，这个生锈的过程就是铁独特的化学性质，就好像铁在湿润的空气中展示出了自己与众不同的"绝活儿"——化学反应。

（二）化学反应的本质

化学反应就像是一场原子层面的盛大舞会。在这场特殊的舞会上，原本紧密结合在一起的分子就像是一组组搭档突然散开，变成单个的原子。然后这些自由的原子就像是在寻找新舞伴一样，重新排列组合，生成崭新的分子。而在这个充满活力的过程中，最重要的标志就是有新物质诞生了，这就如同舞会最后产生了全新的组合一样，这也是我们判断一个化学反应是否发生的关键所在。从微观的角度细细审视，就像幼儿园小朋友排队一样，化学反应前后原子的种类和数目始终保持不变，只是原子之间相互结合的方式像是小朋友换了牵手的伙伴一样发生了改变。就拿氢气燃烧生成水这个经典的化学反应来举例，氢气分子和氧气分子里面的氢原子和氧原子就像是一群活泼的小舞者，在反应的过程中，它们松开了原来的"牵手伙伴"，重新组合，形成了充满活力的水分子。

（三）化学与环境的关系

化学就像一把双刃剑，在给我们的生活带来诸多改善的同时，也在环境这个美丽的花园里悄悄种下了一些隐患的种子。众多化工产品就像一群勤劳的小蜜蜂，它们在生产和使用的过程中产出的废弃物，如果没有得到妥善合理的处理，就会像一群不受欢迎的破坏者，污染我们的生活环境。比如说那些燃烧后释放出大量二氧化碳的化石燃料，就像是源源不断喷出烟雾的烟囱，这些二氧化碳如同一个巨大的无形罩子，笼罩着地球，导致全球气温不断升高，就像给地球穿上了一件越来越热的厚棉衣。还有那些含磷洗衣粉，当它们被排放到水体之中时，就像是施了过量肥料的花草一样，会使水体变得富营养化，原本清澈的水体里就会长出过多的藻类，就像水草疯狂生长占领整个池塘一样，破坏水体的生态平衡。所以我们必须增强环保意识，就像守护自己的家园一样，巧妙合理地利用化学科学这个神奇的工具来保护环境。

四、化学学习思路方法的启蒙

（一）如何学好化学

想要学好化学，掌握一套科学有效的记忆方法就像是在黑暗中找到了一盏明亮的路灯，至关重要。对于化学元素符号和化合价这些如同基石一般的基础内容，我们可以采用一些巧妙的小口诀来帮助记忆。就像那句朗朗上口的“一价氢氯钾钠银”，它就像一首动听的小曲，让我们能够轻松愉快地记住这些元素常见的化合价。就好比在记忆的长河里放下了一个个带有记号的小浮标，方便我们随时准确地提取这些重要的知识点。在解决化学问题方面，仔细审题就像是一场战斗中的侦查工作，是迈出胜利步伐的第一步。我们要像精明的猎人一样，敏锐地分辨出题目中的已知条件和未知条件。例如在进行化学方程式计算的时候，就像建造一座桥梁一样，首先要依据化学反应原理准确无误地写出化学方程式，这个方程式就像是桥梁的设计蓝图；然后根据方程式里各物质之间像齿轮一样紧密咬合的比例关系，有条不紊地进行计算。

（二）化学知识的整合与应用

学生应该像是一位高明的建筑师，学会将不同章节如同不同建筑材料的化学知识巧妙地联系起来，构建起一座坚固的知识大厦。比如说在学习物质燃烧这个知识点的时候，就像是牵起了多条知识线索的线头。我们可以把氧气的性质、化学反应中的能量变化以及环境保护这些看似分散的知识点整合到一起。氧气就像是燃烧这场盛大“派对”的嘉宾，它的性质决定了它在燃烧过程中的作用；化学反应中的能量变化就像是派对中的灯光音乐，有的反应释放热量如同热烈的火光，有的反应吸收热量像是柔和的背景音乐；而环境保护就像是派对后的清理工作，燃烧可能产生污染气体，就需要考虑如何处理这些污染物。例如在解释篝火晚会中木柴燃烧现象的时候，就要运用我们整合起来的知识。氧气助燃就像是吹起篝火火焰的劲风，让木柴燃烧得更加旺盛；反应放热发光就像是篝火晚会中的热闹景象，释放的热量让周围温暖起来，发出的光亮照亮了夜晚；不完全燃烧产生一氧化碳则像是一个小小的警示信号，提醒我们在享受篝火带来的欢乐的同时也要注意燃烧不完全可能带来的危险。

（三）培养学习兴趣与自主学习能力

要想培育化学学习的兴趣，趣味化学实验就像是一把神奇的钥匙，能够打开充满趣味的化学世界的大门。就拿自制汽水这个让人觉得新奇无比的实验来说吧，当小苏打和柠檬酸混合在一起的时候，就像是两位魔法师在互相施展魔法，瞬间产生大量的气泡，这些气泡就像是一群欢快跳跃的小鱼在液体中自由自在地游动，这种奇妙的现象会让我们觉得新鲜又有趣，仿佛置身于一个神奇的魔法世界之中，自然而然地就会对化学产生浓厚的兴趣。在自主学习方面，制订一份合理的学习计划就像是绘制一幅精确的航海图，引导我们在化学知识的海洋里顺利航行。在预习即将学习的化学知识的时候，就像一位探险者提前勘察未知的领地，标记出自己看不懂的地方，这样在课堂上就可以像狙击手瞄准目标一样重点听讲，集中精力攻克这些疑难问题。课后对一天的收获进行整理盘点，通过阅读一些充满趣味的化学科普书籍或者观看精彩纷呈的化学纪录片，让自己像海绵吸水一样，进一步加深对化学知识的理解。

第三节　课堂审视：初中化学教学现状与实践痛点分析

在初中化学课堂场域中，“马太效应”以一种隐性却强大的力量重塑着教学生态——主动参与的学生获得更多关注与资源，其兴趣与思维能力在互动中持续提升；被动参与的学生则逐渐被边缘化，陷入“参与不足—发展滞后—兴趣衰减”的恶性循环。通过对 34 所初中（含 22 所农村校、6 所城市重点校、6 所私立学校）的课堂跟踪观察、1 200 份学生课堂行为日志分析及 97 位教师深度访谈，这种参与度分化的内在机制得以清晰呈现。

一、参与度分化的三维镜像：从行为差异到思维鸿沟

（一）空间分布的“黄金三角区”与“边缘地带”

课堂座位图成为参与度分化的直观映射。“黄金三角区”（前排中央及两

侧）：占班级 20% ~ 30% 的学生始终是互动核心。在“探究二氧化碳性质”的课堂上，他们主动上台演示“向烧杯中倾倒二氧化碳使蜡烛熄灭”的实验，提出“如果二氧化碳密度比空气小，实验现象会如何改变”的批判性问题，并与教师就“干冰人工降雨原理”展开深度对话。重点校数据显示，该区学生课堂发言频次达 12.7 次 / 课时，是其他区域的 3.2 倍。“边缘地带”（后排及两侧角落）：40% ~ 50% 的学生处于“低参与甚至零参与”状态。农村中学典型场景：教师讲解“质量守恒定律”时，后排学生有的用课本遮挡视线做与学习无关的事，有的在笔记本上绘制游戏人物，当教师提问“为何铁丝燃烧后质量增加”，该区域学生中仅 2% 尝试举手，且回答多为“不知道”或重复前桌答案。课堂录像分析显示，他们的有效注意力时长每课时不足 8 分钟，远低于“黄金三角区”的 35 分钟。

这种空间分化在实验课中更为显著。重点校“小组实验”时，“黄金三角区”学生主动承担“实验设计”“现象记录”任务，边缘地带学生则多被分配“药品取放”“仪器清洗”等机械性工作；农村中学因实验设备不足，“边缘地带”学生常被排除在操作之外，沦为“旁观者”，某学生在日志中写道：“老师说我手笨，不让我碰试管，反正实验课就是看别人玩。”

（二）互动质量的“思维冲浪”与“信息接收”

参与度差异本质是思维卷入度的鸿沟。高参与学生，在“酸的化学性质”课堂上，能基于“盐酸与铁锈反应”现象，类比推导“硫酸与氧化铜反应”的方程式，并提出“为何酸能与金属氧化物反应”的本质追问；小组讨论时，主动构建“酸的通性”思维导图，关联“生活中酸的应用”（如醋酸除水垢、胃酸助消化等）；他们的课堂笔记不仅记录知识点，更包含“疑问标记”“拓展联想”“错误反思”等元认知痕迹。低参与学生，满足于“听懂老师讲的例题”，对“为什么酸具有相似化学性质”等本质问题无动于衷；小组讨论时附和他人观点，或等待组长分配答案；笔记停留在“重点划线”层面，如在“酸能与活泼金属反应”旁标注“中考必考”，却未记录“金属活动性顺序”与反应条件的关系。问卷调查显示，他们中 68% 的人“从未在课堂上提出过与知识点相关的问题”。

这种思维差异在“科学探究与实践”活动中形成代际差距。高参与学生能设计控制变量法实验探究“影响过氧化氢分解速率的因素”，并撰写包含“假设—步骤—现象—结论”的完整报告；低参与学生则在实验报告中直接抄袭教材结论，甚至混淆“催化剂”与“反应物”的概念。

（三）时间维度的“正向循环”与“负向沉淀”

参与度分化随时间推移不断强化。

正向循环：高参与学生因教师关注获得更多反馈，兴趣与自信同步提升。某城市重点校跟踪数据显示，初三开学上学期参与度中等的学生，主动提问“物质构成的奥秘”知识并获教师深度解答，接下来课堂发言频次平均增加40%，化学成绩从35分提升至44分（满分50）。他们形成“观察现象→提出问题→验证推理”的思维惯性，如在“燃烧条件”学习后，主动设计“不同海拔高度蜡烛燃烧时间”的家庭实验。

负向沉淀：低参与学生因长期被忽视产生“习得性无助”，逐渐形成“课堂与我无关”的心理定式。农村中学案例：某学生初三开学时曾举手询问“为什么海水不能直接喝”，因教师忙于进度未予解答，此后在化学课堂再未举手，中考化学仅15分（满分50）。其家长反馈：“孩子说老师只看成绩好的学生，反正提问也没人理，不如睡觉。”因提出与课堂无关问题被老师拒绝而失去兴趣。

二、马太效应的生成机制：系统压力下的互动失衡

（一）教师互动的“效率导向”选择

面对大班教学（平均班额55人）与中考压力，教师无意识中形成“选择性互动”策略。

提问对象的“优生依赖”：课堂提问中，73%的问题集中指向黄金三角区学生，且多为“能否总结酸的通性”“如何配平这个方程式”等需要系统思维的高阶问题；边缘地带学生仅被问及“这个反应现象是什么”“请读一下教材定义”等记忆性问题，此类问题占其被提问总数的82%。某教师坦言：“让学困生回答复杂问题，要么答不上浪费时间，要么答错了还要纠正，不如直接问优生，保证课堂进度。”

反馈机制的“差异化供给”：高参与学生的提问会引发“追问—拓展—迁移”的深度对话，如教师讲解“质量守恒定律”时，学生追问“核反应是否遵循质量守恒”，教师会补充“质能守恒定律”并推荐科普视频；而低参与学生的疑问常被简化处理，如学生问“为什么有的反应需要加热，有的不需要”，教师仅回答“反应条件不同”，未解释“活化能”本质。课堂录音分析显示，教师对优生的反馈时长平均 3.2 分钟 / 次，对学困生仅 0.8 分钟 / 次。

这种互动倾斜在实验课上表现为“操作权垄断”：重点校教师会让高参与学生独立完成“氧气制取与性质”实验，低参与学生仅允许在旁观看；农村中学因设备不足，常安排“优生示范操作，其他学生记录现象”，某教师解释：“让学困生操作容易出安全事故，而且他们反正学不会，不如看别人做。”

（二）学生行为的“标签化自我认知”

教师互动偏好被学生内化为“自我标签”，形成参与行为的自我设限。

优生的“责任内化”：黄金三角区学生将“积极参与”视为身份标识，主动承担“课堂救场者”角色。当教师提问“如何鉴别氢氧化钠溶液与氢氧化钙溶液”时，他们会在教材“通入二氧化碳”方法之外，补充“滴加碳酸钠溶液”的拓展方案。这种表现获得教师持续强化——他们被优先选为“课代表”“实验组长”，形成“参与—认可—更积极参与”的循环。

学困生的“边缘人定位”：边缘地带学生通过观察互动模式，形成“我不属于这个课堂”的认知。某学生在访谈中表示：“老师从来没叫过我回答有难度的问题，上次我举手问‘为什么试管加热要倾斜’，老师让我‘先记住操作步骤’，后来我就再也不想问了。”这种定位导致他们在课堂上采取“低存在感策略”——保持安静不打扰课堂，避免因错误回答被批评，却也因此失去思维训练机会。

（三）评价体系的“隐性筛选”功能

课堂评价机制暗中强化参与度分化。

过程性评价的“参与加权”：在“课堂表现”评分中，高参与学生因发言、展示、实验操作等获得额外加分，某重点校统计显示，此类学生的过程性评价得分平均比低参与学生高 15 ~ 20 分；而低参与学生仅能通过“作业工整”“按时交作业”获得基础分，无法在“思维贡献”“探究创新”等维度得分。

分组合作的“自然分层”：小组活动中，学生自发形成“优生主导，学困生跟随”的结构，76% 的低参与学生在小组中承担“记录员”“材料员”等边缘角色，从未参与核心问题讨论。某农村中学“粗盐提纯”实验小组记录显示，学困生全程仅负责“搅拌溶解”，而“过滤操作要点”“产率计算误差分析”等关键任务均由优生完成，他们在实验报告上的签名沦为形式。

三、马太效应的教育后果：从兴趣衰减到思维绝育

（一）兴趣维度的“荒漠化”进程

参与度缺失导致低参与学生的化学兴趣呈“三级衰减”。

好奇消退期（刚开学）：因未获得实验操作机会，对“化学魔术”的初始兴趣迅速降温。某农村学生回忆：“开学时觉得酚酞变红色很神奇，想自己做实验，老师说‘等你们成绩好了再让做’，后来就不想了。”

意义丧失期（一学期末）：课堂互动中沦为“背景板”，无法建立“化学知识与自我”的关联。当教师讲解“葡萄糖氧化供能”时，他们无法联想到“运动后补充能量”的生活经验，视知识为与己无关的外来信息。

情感疏离期（初三下学期学到酸、碱、盐）：彻底将化学课堂视为“煎熬时间”，产生“反正学不会，不如放弃”的破罐破摔心态。问卷调查显示，初三低参与学生中，89% 的学生表示“上化学课就是等下课”，72% 的学生认为“化学是最难学、最没用的学科”。

（二）思维能力的“代际落差”

参与度分化导致“宏观、微观、符号”三重表征能力出现代际断层。

宏观现象分析：高参与学生能对“厨房油锅起火用锅盖灭火”进行完整的燃烧条件分析，低参与学生仅能说出“盖锅盖能灭火”，无法解释“隔绝氧气”的本质。微观本质推理：学习“水的电解”后，高参与学生能绘制水分子分解为氢氧原子再重组的微观示意图；低参与学生中，63% 的学生认为“水电解生成氢气和氧气是因为水中含有这两种气体”，混淆“分子破裂”与“混合物分离”的概念。

符号表征转换：高参与学生能从“镁条燃烧”的宏观现象自主推导化学方程式，并解释系数比的微观意义，低参与学生依赖“死记硬背 + 机械套用”，常将“铁在氧气中燃烧”的方程式写成 $Fe + O_2 \xlongequal{点燃} FeO$，完全忽略反应条件与产物形态。

这种思维落差在“科学探究与实践”素养上更为致命。高参与学生能设计对比实验探究“溶质种类对溶解速率的影响”，并控制温度、颗粒大小等变量；低参与学生在设计实验方案时，68% 的学生会同时改变多个变量（如同时使用热水和蔗糖粉末），且无法解释“为什么要控制变量”。

四、农村中学：被放大的参与度鸿沟

在农村化学课堂，马太效应因资源匮乏而呈现“乘数效应”。

（一）师资短缺下的“放羊式课堂”

58% 的农村化学教师对自己的专业成长要求不高，专业素养不足导致课堂互动质量低下。讲解“原子结构”时，无法用生活实例（如“太阳系模型”）辅助理解，仅照读教材定义；实验课因药品短缺，常以“教师演示 + 学生看视频”替代分组实验，低参与学生连观察实验现象的机会都被剥夺。某农村学生描述：“老师做‘硫在氧气中燃烧’的实验，只拿了一小瓶气体，前排同学挤着看，我们后排只能听老师说‘发出蓝紫色火焰’，不知道蓝紫色到底什么样。”

（二）设备不足引发的“参与资格剥夺”

农村中学平均每 4 个学生共用一套实验器材，低参与学生在实验课中常被边缘化。在“实验室制氧气”实验中，优生占据铁架台、酒精灯等核心仪器，学困生只能负责“传递试管”“记录时间”；家庭实验因缺乏材料（如无烧杯、量筒）无法开展，某教师布置“用矿泉水瓶和吸管制作简易净水器”，37% 的农村学生因“找不到活性炭”放弃实验，而城市学生完成率达 89%。这种资源分配不均使农村低参与学生陷入“双重剥夺”——既缺乏课堂互动机会，又丧失课外实践可能，智趣发展陷入绝境。

五、破解困境：从“马太效应”到“共生生态”

课堂参与度的马太效应揭示了一个残酷现实。当教育系统以“效率”为名选择性投入资源，看似提升了部分学生的成绩，实则牺牲了更多学生的发展可能。低参与学生在课堂中的“隐身”，不仅是个体兴趣与思维的损失，更是化学学科育人价值的落空——当半数学生视化学为“考试工具”而非“认识世界的思维方式”时，学科的未来发展将失去根基。

破解这一困境，需要重构课堂互动逻辑。从“效率优先”转向“参与包容”，通过“差异化提问”“轮流操作制”“思维可视化工具”等策略，让每个学生都成为课堂意义的建构者。毕竟，化学课堂的魅力，不在于少数优生的思维狂欢，而在于每个学生眼中都能闪耀科学探究的光芒。当边缘地带的学生开始举手提问，沉默的大多数敢于说出“我有不同想法”时，课堂才能真正成为智趣生长的沃土，马太效应的阴影才能最终消散。

第四节　数据透视：初中化学教育的现实困境

在某市2024年中考化学成绩统计中，一幅冰火两重天的图景令人警醒：满分50分的测试中，40 ~ 50分的“学霸层”占比23.93%，而10分以下的“学困生层”占比10.55%，20 ~ 10分的“挣扎层”占比25.14%，低分率（20分以下）接近36%。这组数据看似是成绩分布的简单呈现，实则折射出初中化学教育中“智”与“趣”的深层割裂——高分段学生展现出对化学学科的强烈兴趣与系统思维能力，低分段学生则陷入兴趣匮乏与思维停滞的双重困境。通过对12 000名学生的问卷调查、85位教师的深度访谈及50余节课堂的跟踪观察，我们得以揭开成绩分化背后的智趣鸿沟之谜。

一、中考数据镜像：成绩分层背后的智趣双维差异

（一）分数段位与兴趣指数的负相关定律

将中考成绩与学生“化学兴趣自评量表”数据交叉分析，发现显著的负

相关关系：40 ~ 50 分段学生兴趣均值达 4.21（5 分制），30 ~ 40 分段为 3.15 分，20 ~ 30 分段为 2.43 分，20 分以下仅为 1.87 分。这种差异在课堂行为中具象化。学霸层（40 ~ 50 分）：在“探究铁生锈条件”实验中，主动设计“盐水浸泡 vs 干燥空气”对比实验，并用手机拍摄铁锈生成过程制作成时间轴视频；课堂提问聚焦“为什么铁锈疏松多孔加速锈蚀”等本质性问题，课后自主查阅“铝热反应”“金属防腐技术”等拓展资料。学困生层（20 分以下）：实验时直接照抄教材步骤，将铁钉放入蒸馏水后便无所事事，甚至用试管夹敲打桌面制造噪音；被问及“如何防止菜刀生锈”时，回答“不知道，反正考试不考”；教材上的“家庭小实验”栏目从未尝试，认为“那是老师布置给好学生的任务”。这种兴趣鸿沟在“化学与生活关联度”认知上更为显著：89% 的高分学生能列举 3 个以上生活中的化学现象（如“发酵粉蒸馒头”“洁厕灵除垢”），并尝试用课堂知识解释；而 78% 的低分学生认为“化学知识只能用来考试”，当被问及“胃酸过多为何可服用小苏打”时，超过 60% 的人回答“因为小苏打是白色粉末”，完全无法建立“酸碱中和”的知识联结。

（二）思维层级的断崖式分化

通过分析中考主观题作答情况，发现不同分数段学生在“宏微符”三重表征能力上存在代际差距。

1. 宏观现象分析能力

在“解释灭火器原理”时，高分段能完整描述“泡沫覆盖隔绝氧气→化学反应生成 CO_2→密度大于空气下沉”的宏观过程，并关联“燃烧三要素”理论。低分段仅能写出“因为有泡沫”，甚至混淆“灭火器喷出的是水”，对“为什么二氧化碳能灭火”的本质原因一无所知。

2. 微观本质推理能力高分段

分析“水蒸发与水电解的区别”时，高分段能画出水分子运动示意图，指出前者是分子间隔变化（物理变化），后者是分子破裂成原子重新组合（化学变化）。低分段普遍认为“都是水变成气体，区别是加热温度不同”，完全无法触及“分子是否改变”的微观本质。

3. 符号表征转换能力

高分段能从“镁条燃烧生成氧化镁”的宏观现象，自主推导化学方程式 $2Mg + O_2 \xlongequal{点燃} 2MgO$，并解释系数比的微观意义（2个镁原子与1个氧分子反应）。低分段依赖死记硬背，常将方程式写成 $Mg + O_2 \xlongequal{} MgO$，面对“根据反应事实书写方程式”的开放题时，72%的学生因“没背过”直接放弃。

这种思维断层在“科学探究与实践”素养上更为致命：高分段学生在“设计实验鉴别蒸馏水与食盐水”时，能提出“蒸发结晶法”“测导电性”“加硝酸银溶液”等多种方案，并说明每种方法的化学原理；而低分段学生中，45%选择“尝味道”（忽略化学实验安全原则），33%表示“不会做，等老师讲”。

二、问卷调查实证：揭秘智趣缺失的深层机制

（一）学科认知偏差：从“思维体操”到“符号苦役”的异化

对12 000名学生的“化学学科认知调查”显示，低分学生存在三重认知误区。

1. 知识本质误解：化学 = 方程式 + 计算题

67%的20分以下学生认为“化学学习主要靠背诵”，其书包中普遍装有《化学方程式速记手册》《中考计算题100例》，但从未读过教材中的“化学与生活”拓展栏目。某农村中学学生日志记载：“每天早自习默写20个方程式，错一个抄10遍，不知道为什么要记这些符号，反正老师说中考要考。”这种“符号拜物教”式学习，使化学知识沦为无意义的字符堆砌，完全剥离了“通过实验探究物质变化规律”的学科本质。

2. 价值意义断裂：化学与生活的绝缘化认知

当被问及“化学在生活中的应用”时，高分段学生能联想到“食品保鲜（抗氧化剂）”“净水处理（明矾吸附）”“衣物洗涤（表面活性剂）”等具体场景；而低分段学生中，58%的人回答“不知道”，23%的人认为“化学就是污染，比如工厂排污水”。这种负面认知源于课堂教学的“去生活化”——73%的低分学生所在班级，一学期未开展过“生活情境导入”课，教师讲解“酸的性质”时，仅演示“盐酸与铁锈反应”的验证性实验，从未提及“醋除水垢”“胃酸助消化”等生活实例。

3. 学习动机扭曲：外部压力驱动而非内在兴趣

在“为什么学化学”的多选题中，高分段学生首选“想知道生活中的化学原理”（占 68%），次选“培养科学思维”（占 21%）；低分段学生则首选“中考要考”（占 89%），次选“家长让学”（占 7%），无一人选择“对化学现象好奇”。这种动机差异导致学习行为异化：高分学生主动订阅《化学世界》杂志，关注“嫦娥五号月壤分析”等科技新闻；低分学生则将化学视为“不得不完成的任务”，某学生在访谈中直言：“如果中考不考化学，我永远不会碰这门课。”

（二）课堂生态失衡：从“探究共同体”到“沉默剧场”的蜕变

课堂观察与教师访谈揭示，低分学生的智趣缺失与课堂生态恶化形成恶性循环。

1. 师生互动的“马太效应”

在大班教学（平均班额 55 人）中，教师课堂提问集中在“举手积极区”（前排及中间区域），后排及边缘位置的低分学生成为“沉默的大多数”。某教师坦言：“公开课要保证效率，只能提问成绩好的学生，否则一个简单问题解释 10 分钟，进度根本赶不上。”这种“选择性互动”导致低分学生逐渐被课堂边缘化——他们在“分子运动”演示实验中，因坐在后排看不清烧杯中酚酞的变色过程，又羞于举手要求前排观察，最终将“分子在不断运动”记成“酚酞遇碱会变红”，完全割裂宏观现象与微观本质的联系。

2. 实验教学的工具化堕落

化学实验本应是激发兴趣、训练思维的核心载体，但在低分学生群体中，实验课异化为“流程打卡”。验证性实验的思维窒息：在“实验室制二氧化碳”实验中，高分学生主动思考“为何不用浓盐酸（挥发性导致气体不纯）”“能否用碳酸钠替代石灰石（反应速率太快）”，而低分学生严格按教材步骤操作，甚至不清楚“长颈漏斗为何要液封”，只知道“老师说这样做就对了”。家庭实验的全盘缺位：87% 的低分学生从未完成过“厨房化学”实践（如用苏打和柠檬酸制作气泡水），而高分学生中这一比例仅为 21%。某农村中学教师无奈表示：“学生家里连白醋和小苏打都找不到，怎么布置家庭实验？”这种实验资源的城乡差距，进一步加剧了智趣发展的分化。

3. 思维训练的降格处理

为应对中考，许多教师将课堂简化为“考点解析 + 题型训练”，导致低分学生的思维能力被长期压制，问题链设计得浅表化。讲解“质量守恒定律”时，教师直接给出“反应前后物质总质量相等”的结论，跳过“白磷燃烧前后质量测定”的探究过程，更不涉及“为何铁丝燃烧后质量增加（忽略氧气参与）”的深度辨析。

批判性思维的缺失：当学生提出“教材说‘燃烧需要氧气’，但镁条能在二氧化碳中燃烧，这是不是矛盾？”时，60% 的教师选择“这个知识点中考不考，不用纠结”，而非引导学生修正“燃烧条件”的认知模型。这种“去思维化”教学使低分学生陷入“听懂了知识点，却不会解决问题”的怪圈——他们能背诵置换反应的概念，却无法判断“铜能否与硫酸锌溶液反应”，因为课堂上从未训练过“金属活动性顺序→反应可行性”的推理链条。

三、城乡对比：被放大的智趣鸿沟

将数据按城乡分组后，发现农村学生的智趣缺失问题更为严峻。

（一）兴趣衰减的加速度曲线

农村中学学生的学习兴趣度从初一的 3.21 分（略高于城市的 3.15 分），到初三骤降至 1.72 分（城市为 2.35 分），呈现“断崖式下跌”。实地调研发现，农村化学教师在课堂上依赖教材照本宣科，极少开展实验探究。某农村学生回忆：“初三学‘氧气的性质’，老师说实验室没有高锰酸钾，让我们看课本上的插图，后来考试考‘铁丝在氧气中燃烧的现象’，我只能瞎猜‘冒白烟’，结果全班只有 3 个人答对。”

（二）思维工具的代际贫困

农村低分学生的“宏观—微观—符号”转化能力仅为城市学生的 62%，尤其在“微观模型建构”上存在代际差距——城市学生通过 3D 分子模型、AR 动画等工具理解“原子结构”，而农村学生大部分只能依靠二维图片和死记硬背。在“探究影响化学反应速率的因素”时，城市高分学生能设计“控制变量法”实验表格，农村低分学生甚至不清楚“什么是变量”，这种思维工具的匮乏直接导致他们进入高中后“科学探究”素养严重低下。

四、教师视角：智趣鸿沟的形成主因

对 85 位化学教师的深度访谈显示，他们对智趣鸿沟的形成有清醒认知，但受限于现实压力，常陷入“应试与兴趣”的两难选择。

（一）课时紧张下的无奈取舍

63% 的教师表示：“中考复习时间只有 3 个月，根本没时间开展生活化探究，只能压缩‘化学与生活’模块，优先突击计算题和方程式。”这种取舍直接导致低分学生失去最后接触化学魅力的机会——初三下学期的“酸碱盐”单元本是联系生活最紧密的内容（如中和反应治疗胃酸过多），却被简化为“复分解反应条件”的机械训练。

（二）评价体系的逆向淘汰

当被问及“为何不关注学生兴趣培养”时，41% 的教师回答：“学校考核只看中考平均分，兴趣这种‘软指标’没人在意。”某重点初中教师尝试开展“厨房中的化学”项目式学习，结果该班阶段性测试成绩下降 2 分，被教导主任约谈后被迫终止。这种“唯分数论”的评价导向，使教师不得不将精力从“激趣启智”转向“考点灌输”，进一步强化了智趣鸿沟。

五、鸿沟背后的本质：智趣共生机制的断裂

中考数据与调研揭示的真相令人深思：所谓“两极分化”，本质是“智”与“趣”共生机制的断裂——兴趣缺失导致思维发展失去动力，思维停滞加剧兴趣消亡，形成负向循环。当化学课堂沦为“方程式集中营”“计算题训练场”时，学生自然失去探索物质世界的热情；当学习过程缺乏“观察现象→提出问题→设计实验→构建模型”的思维训练时，知识便成为无根之木。这种断裂在低分学生身上体现为“双失”困境：既失去对化学学科的兴趣认同，又未能形成基本的科学思维能力，最终沦为“成绩分母”。

破解这一困境，需要重构“智”与“趣”的共生关系——通过生活化情境激活兴趣，以兴趣驱动深度思维，用思维反哺兴趣升华。这正是本书后续章节的使命：从困境解码走向实践创新，让化学课堂成为点燃智趣的熔炉，而非消磨热情的冰库。毕竟，每个学生眼中都曾有过对化学实验的好奇光芒，

我们的任务，是让这光芒不被应试的尘埃遮蔽，最终汇聚成照亮科学之路的火炬。

第五节　创新启航：生活化教学重塑化学课堂的价值意义

生活化教学以“以趣启智，以智激趣”为双轮驱动，构建起智趣共生的良性循环。课堂上，教师将抽象的化学知识编织进生活场景，让学生在熟悉的生活现象中捕捉化学的踪影，以趣味情境激发主动探索的好奇心，进而开启智慧之门。而当学生解决了真实生活问题后会有成就感，这种成就感又进一步激发深层探究兴趣。如此往复，知识与兴趣相互滋养，最终实现“智”与“趣”的深度融合，让化学学习不仅是知识的积累，更成为充满乐趣与创造力的探索旅程。

一、智趣化学内涵解读

（一）“智”的演变历程

1.“智”的起源与早期内涵

（1）古代“智”的起源与早期内涵

在古代，“智”的概念最早可追溯到甲骨文时期。从字形上看，其结构蕴含着与知识、认知相关的元素。早期的“智”主要侧重于对事物的认识和辨别能力，强调个体通过感官和经验获取知识。例如，在先秦时期的文献中，“智”常与“知”通用，体现了对客观世界的初步认知。在儒家思想中，“智”被视为一种重要的道德修养，与“仁”“义”“礼”“信”并列为“五常”，强调明智的判断和正确的行为选择。如《论语》中“知者不惑”，这里的“知”（智）不仅是知识的积累，更是对人生道理的领悟和对道德准则的把握。

（2）中世纪到近代“智”的发展与拓展

随着历史的演进，中世纪时期，“智”在哲学的影响下，逐渐与对宇宙真理和人生意义的探索相结合。人们开始思考超越物质世界的智慧，追求精神层面的升华。到了近代，随着科学技术的兴起，“智”的内涵进一步拓展，强调理性思维和科学方法。启蒙运动时期，理性主义盛行，“智”被看作是人类运用理性分析问题、解决问题的能力，推动了科学知识的快速发展和传播。

（3）现代“智”的多元化与深化

在现代社会，“智”呈现出多元化的特征。一方面，心理学的发展为“智”的研究提供了新的视角，智力被定义为多种认知能力的综合，包括观察力、记忆力、思维力、想象力等。另一方面，随着信息技术的飞速发展，“智能”成为“智”的新内涵，涵盖了人工智能、机器学习等领域，强调机器模拟人类智能的能力以及人类与智能机器的协同发展。

2.“智”的内涵解析

（1）智力：认知能力的基础维度

智力是“智”的基础层面，它是个体学习、理解和处理信息的能力集合。从心理学角度来看，智力包括多个方面：一是观察力，能够敏锐地感知周围事物的特征和变化，这在化学实验中尤为重要，学生通过观察实验现象，如颜色变化、气体产生等，获取化学知识的第一手资料。二是记忆力，能够存储和提取知识，化学中众多的元素符号、化学方程式等需要学生良好的记忆能力。三是思维力，包括逻辑思维、抽象思维和创造性思维等。在化学学习中，逻辑思维帮助学生理解化学反应的原理和规律，抽象思维使学生能够理解微观粒子的结构和行为，创造性思维则促使学生提出新的化学问题和解决方案。

（2）智慧：知识与经验的升华

智慧超越了单纯的智力范畴，是知识、经验、情感和价值观的有机融合。智慧体现为对事物本质的深刻洞察和对复杂问题的巧妙解决。在化学领域，智慧表现为化学家在研究过程中对化学规律的创新性总结和应用。例如，门捷列夫发现元素周期律，并非仅仅依靠大量的数据积累，更重要的是他对元素性质之间内在联系的深刻理解和独特的思维方式，这是智慧在科学研究中的典型体现。此外，智慧还包括在面对化学相关的社会问题，如环境污染、能源危机时，能够运用化学知识做出明智的决策和判断，实现科学与人文的有机结合。

（3）智能：科技驱动的新兴维度

随着科技的发展，智能成为“智”的重要组成部分。在智趣化学中，智能主要体现在两个方面。一方面是利用人工智能技术辅助化学教学，如智能教学软件可以根据学生的学习情况提供个性化的学习方案，智能辅导系统能够及时解答学生的疑问。另一方面，智能实验设备和分析仪器的应用，大大提高了化学实验的效率和准确性。例如，自动化的化学合成设备可以精确控制反应条件，快速合成目标化合物；光谱分析仪器的智能化使得对物质结构的分析更加便捷和准确。

3. 智趣化学中“智”的具体体现

（1）智力在智趣化学学习中的激发与培养

在智趣化学教学中，通过趣味实验和生动的教学情境激发学生的观察力和好奇心。例如，“大象牙膏”实验中，大量泡沫的迅速产生吸引学生的注意力，促使他们仔细观察实验现象，思考背后的化学原理。在化学知识的学习过程中，采用思维导图、类比等方法帮助学生构建知识体系，提高记忆力和思维能力。例如，将原子结构类比为太阳系，帮助学生理解原子核与电子的关系，这种形象化的方法有助于学生记忆和理解抽象的化学概念。

（2）智慧在智趣化学探究中的彰显与应用

智慧在化学探究中的双向生长：从解题到开悟。一方面，以智慧破局：创造性解决化学难题。在氧气制取实验中，当实验室集气瓶不足时，学生将饮料瓶切割改造为储气装置，利用蜡烛熄灭法判断氧气浓度；面对二氧化锰催化剂颗粒过粗的问题，他们研磨药片包衣制成纳米级催化剂载体——这种创造性替代与微观调控智慧，不仅突破了设备限制，更让“控制变量”“构建模型”等学科思维落地为具象行动；在电解水实验失败时，有学生通过检测水导电性发现杂质干扰，自主设计蒸馏—电解分步方案，将学科知识转化为问题溯源能力。另一方面，因化学开智：实践孕育生活智慧。设计简单净水装置时，学生探究不同过滤层对河水中泥沙、色素及异味的去除效果，进而迁移至学校直饮水机及家庭净水器原理探秘；通过探究铁钉生锈条件，他们发现厨房铁锅养护的关键在于隔绝水和氧气，由此发展出防患未然的生活策略；更有学生将酸碱中和原理转化为社区污水治理方案，用草木灰调节酸性废水，既降低处理成本又规避化学试剂风险——这背后是科学理性与社会伦理的双重觉醒。化学探究由此成为思维淬炼场，每一次变量调控都在训练系统性思维，每一组数据对比都在强化证据意识，最终让知识沉淀为应对复杂现实的智慧资本。再者是双向赋能的价值闭环，从设计自制随时控制反应发生和停止装置的工程思维，到解释祖辈“草木灰施肥”时的文化理解，化学探究构建了“知识应用—认知升级”的螺旋上升通道。当学生用热力学原理解读自热火锅的能效隐患，或用胶体聚沉原理优化豆浆豆腐制作流程时，他们既在解决学科问题，也在锻造科学决策力与生活掌控力。这种双向生长证明：真正的化学智慧，始于烧瓶中的反应，终于生命里的觉醒。

（3）智能在智趣化学教学中的融合与创新

智能技术在智趣化学教学中发挥着越来越重要的作用。利用虚拟现实（VR）和增强现实（AR）技术，学生可以身临其境地进行化学实验，观察微观粒子的运动和化学反应的过程，增强学习的沉浸感和互动性。例如，通过 VR 技术，学生可以模拟进行危险化学品的实验操作，既保证了安全，又能获得真实的实验体验。同时，利用大数据分析学生的学习行为和学习效果，教师可以及时调整教学策略，实现精准教学。例如，通过分析学生在在线化学作业和测试中的答题情况，教师可以了解学生对不同知识点的掌握程度，针对学生的薄弱环节进行有针对性的辅导。

“智”的演变经历了漫长的历史过程，其内涵不断丰富和深化。在智趣化学中，智力、智慧和智能相互交织，共同促进学生的全面发展。通过激发学生的智力，培养他们的观察力、记忆力和思维能力；通过引导学生进行探究式学习，彰显和应用智慧，提高他们解决实际问题的能力；通过融合智能技术，创新教学方法和手段，提升教学效果和学习体验。未来，随着科技的不断进步和教育理念的更新，“智”在智趣化学中的内涵和应用将不断拓展，为培养具有创新精神和实践能力的高素质化学人才提供更加坚实的理论和实践基础。通过生活化教学进一步深入研究“智”与化学教育的融合，探索更加有效的教学模式和方法，推动智趣化学的发展与创新。

（二）“趣”的演变历程

深入探究“趣”的演变与内涵，对于理解智趣化学的核心本质，优化化学教学实践具有重要意义，学生对化学兴趣丧失，思维游离，其根源是化学学习的无趣。“趣”作为一个在人类精神世界与社会生活中占据重要地位的概念，贯穿于文化发展的始终。从古老的文学、艺术作品到现代的教育理念，“趣”的身影无处不在。在智趣化学这一创新教育理念中，“趣”被赋予了新的活力与价值，涵盖兴趣、情趣、志趣三个维度，成为激发学生学习动力、提升学习体验、塑造科学精神的关键要素。

1. 古代“趣”的起源与初义

“趣”字最早可追溯至先秦时期的文献。从字形上看，其结构可能与某种行为或趋向相关。最初，“趣”主要表示“疾走”“催促”的意思，体现出一种快速的行动状态。例如，《说文解字·志部》中记载：“趣，疾也。”随着语言和文化的发展，“趣”逐渐衍生出与心理感受和精神追求相关的含义。在古代文学作品中，“趣”开始用来形容事物所具有的吸引人的特质，如“园日涉以成趣”（陶渊明《归去来兮辞》），这里的“趣”指的是自然生活中的乐趣和趣味，展现了古代文人对田园生活的热爱与对美好事物的欣赏，体现了“趣”从物质层面的行动描述向精神层面的感受体验的转变。

2. 中世纪到近代“趣”的语义拓展

在中世纪，“趣”的语义在文学、艺术和哲学领域进一步拓展。在诗词、绘画等艺术形式中，“趣”被用来表达作品所蕴含的韵味、意境和审美情趣。画家通过笔墨的运用展现山水的意趣，诗人以文字营造独特的情境趣味，此时的“趣”与审美鉴赏紧密相连，反映了人们对艺术作品深层次的精神追求。到了近代，随着社会变革和思想解放，“趣”的含义更加丰富多样，不仅包含对美好事物的喜爱，还涉及对新知识、新观念的好奇与探索兴趣。例如，在科学启蒙运动时期，人们对自然科学知识产生了浓厚的兴趣，“趣”开始与求知欲、好奇心等概念相融合，推动了科学知识的传播与发展。

3. 现代“趣”的多元化与丰富化

在现代社会，“趣”呈现出多元化的特征。在心理学领域，“趣”被视为一种积极的情感体验，是个体对特定事物或活动产生关注和参与意愿的内在动力，即兴趣。兴趣的产生与个体的认知、需求和价值观密切相关，它促使人们主动探索和学习。同时，“趣”在生活领域涵盖了情趣，表现为人们对生活品质的追求和对生活方式的独特理解，通过各种文化、艺术和休闲活动展现出来。在职业和人生追求方面，“趣”体现为志趣，反映个体的理想、志向和对事业的热爱与执着追求，成为推动个人成长和社会进步的重要力量。

4.“趣”在智趣化学中的内涵解析

（1）兴趣：化学学习的原始动力

兴趣是智趣化学中“趣”的基础层面，是学生对化学学科产生好奇心和求知欲的源泉。在化学教学中，通过展示奇妙的化学实验现象，如“魔棒点灯”“焰色反应”等，瞬间抓住学生的注意力，激发他们对化学的兴趣。这些神奇的现象打破了学生对日常生活的常规认知，引发他们对化学原理的强烈好奇，促使他们主动去探索和学习化学知识。此外，联系生活实际，将化学知识与生活中的常见问题相结合，如解释洗涤剂的去污原理、食品保鲜的化学方法等，让学生感受到化学的实用性和趣味性，进一步增强他们对化学学习的兴趣。兴趣作为学习的原始动力，能够激发学生的学习热情，使他们积极主动地参与化学学习活动，为深入学习化学知识奠定基础。

（2）情趣：化学学习中的审美与情感体验

情趣在智趣化学中体现为学生在学习过程中所获得的审美体验和情感满足。化学之美不仅体现在物质的外在形态和颜色上，更体现在化学结构的对称美、化学规律的简洁美以及化学反应的动态美等方面。例如，晶体的规则外形、分子的对称结构展示了化学的对称美；元素周期律以简洁的形式揭示了元素之间的内在联系，体现了化学规律的简洁美；而燃烧反应中火焰的跳动、喷泉实验中液体的喷涌则呈现出化学反应的动态美。教师通过引导学生欣赏这些化学之美，培养他们的审美情趣，让学生在学习化学的过程中获得美的享受。同时，化学实验中的团队合作、对化学问题的共同探讨等活动，也能培养学生的情感交流和团队协作精神，丰富他们的情感体验，使化学学习不仅仅是知识的获取，更是情感的交流与升华。

（3）志趣：化学学习的深层追求与价值体现

志趣是智趣化学中“趣”的最高层次，是学生对化学学科的热爱和对未来从事化学相关领域工作的志向。通过介绍化学领域的前沿研究成果和杰出化学家的故事，如居里夫人发现镭元素、门捷列夫发现元素周期律等，激发学生对化学科学的崇敬和向往之情，引导他们树立远大的志趣。在化学教学中，开展研究性学习、化学竞赛等活动，让学生亲身参与到化学研究和实践中，体验科学探索的乐趣和成就感，进一步坚定他们的志趣。志趣的形成使学生将化学学习与个人的理想和未来发展紧密联系起来，激发他们为实现目标而努力奋斗的决心和毅力，成为推动他们在化学领域不断深入学习和研究的强大动力。

5.“趣”在智趣化学教学中的实践与影响

（1）兴趣驱动的教学策略与效果

在智趣化学教学中，采用兴趣驱动的教学策略能够显著提高教学效果。教师通过创设生动有趣的教学情境，如以生活中的化学问题为切入点，引入教学内容，激发学生的学习兴趣。例如，在讲解酸碱中和反应时，创设“治疗胃酸过多”的情境，让学生思考如何利用化学原理选择合适的药物来中和胃酸。通过角色扮演、小组讨论等方式，让学生在解决实际问题的过程中学习化学知识，增强学习的趣味性和参与度。这种兴趣驱动的教学策略能够提高学生的学习积极性，使他们更加主动地投入到化学学习中，从而提高知识的掌握程度和应用能力。

（2）情趣培养对学生全面发展的促进作用

注重情趣培养能够促进学生的全面发展。在化学教学中，教师可引导学生欣赏化学之美，培养他们的审美能力和艺术修养。同时，通过化学实验和小组活动，培养学生的团队合作精神、沟通能力和情感表达能力。例如，在化学实验中，学生需要相互协作、共同完成实验任务，这不仅提高了他们的实验操作技能，还培养了他们的团队协作能力和责任感。此外，对化学问题的探讨和思考能够激发学生的思维活力，培养他们的创新精神和批判性思维能力，使学生在知识、情感、能力等方面得到全面发展。

（3）志趣引导下的学生未来发展展望

志趣引导对于学生的未来发展具有重要意义。在智趣化学教学中，教师引导学生树立远大的志趣，能够帮助他们明确未来的发展方向，为未来的学习和职业选择奠定基础。具有明确志趣的学生往往更加专注于化学学习，他们会主动参与各种化学相关的活动，如科研项目、学术交流等，不断提升自己的专业素养和综合能力。在未来的发展中，这些学生有可能成为化学领域的专业人才，为化学科学的发展和社会的进步做出贡献。同时，志趣引导也能够培养学生的社会责任感和使命感，使他们将个人的发展与社会的需求紧密结合起来，实现个人价值与社会价值的统一。

“趣”的演变经历了从简单的行为描述到丰富的精神内涵的发展过程，其在智趣化学中以兴趣、情趣和志趣三个维度呈现出独特的价值和意义。兴趣激发学生的学习动力，情趣丰富学生的学习体验，志趣引导学生的未来发展，三者相互关联、层层递进，共同构建了智趣化学的“趣”之体系。在未来的化学教育中，应进一步深入挖掘“趣”的内涵，创新教学方法和手段，充分发挥“趣”在激发学生学习兴趣、培养学生综合素养方面的作用，为培养具有创新精神和实践能力的高素质人才提供有力支持。同时，随着教育理念的不断更新和教育技术的不断进步，“趣”在智趣化学中的实践和应用也将不断拓展和深化，为化学教育的发展注入新的活力。

二、智趣相融，点亮化学教育之光

在化学教育的广袤天地中，智与趣犹如鸟之双翼、车之两轮，二者深度融合，才能让化学核心素养真正落地生根。

以智激趣，为兴趣的种子提供肥沃土壤。智力、智慧与智能是开启化学知识宝库的钥匙。当我们运用智慧，将抽象的化学原理转化为生动形象的案例时，兴趣便会悄然萌芽。例如，在讲解原电池原理时，教师可以引入生活中常见的水果电池。通过智能分析水果中电解质与金属电极之间的化学反应，让学生亲眼看到水果如何产生电流，点亮小灯泡。这种将化学智慧融入生活实例的方式，能极大激发学生的好奇心，使他们对化学实验、探究产生浓厚兴趣，主动去探索更多化学奥秘。

以趣启智，则是借助兴趣的力量开启智慧之门。兴趣、情趣和志趣为智慧的发展注入源源不断的动力。当学生对化学实验充满情趣时，在制作晶体的过程中，他们会因好奇晶体为何能呈现规则形状，而主动去学习晶体结构的知识。这种由兴趣驱动的学习，促使学生深入思考化学现象背后的本质，锻炼逻辑思维能力，进而开启智慧。当学生树立起探索化学未知领域的远大志趣后，他们会在面对复杂的化学难题时，凭借顽强的毅力去钻研，不断挖掘自身潜能，提升智力与智能。

智趣共生，达成化学核心素养的落地。在化学课堂上，通过开展小组合作探究实验，既能激发学生的兴趣，又能培养他们的智慧。在探究化学反应速率影响因素的实验中，学生们充满兴趣地设计不同变量的实验方案，这一过程锻炼了他们的创新思维与实践能力，是智慧的体现。而在实验过程中遇到问题时，凭借对化学的浓厚兴趣，他们积极思考、查阅资料，运用所学知识解决问题，进一步提升了自身的化学学科素养。智与趣相互促进，让学生在获取化学知识的同时，培养科学探究精神、创新意识和社会责任感，实现化学核心素养的全面发展。

智趣融合的化学教育，如同一盏明灯，照亮学生探索化学世界的道路，让学生在智慧与兴趣的滋养下茁壮成长，为未来的科学研究和社会发展奠定坚实基础。

三、生活化教学是达成化学智趣的关键路径

1. 创设生活情境，激发化学兴趣

生活化教学通过创设贴近学生生活的教学情境，将抽象的化学知识具象化，使学生更容易理解和接受，从而激发学生对化学的兴趣。在讲解“酸碱中和反应”时，教师可以创设“厨房中的化学”情境，以用小苏打（碳酸氢钠）中和胃酸过多、用食醋去除水壶中的水垢等生活实例引入。学生对这些生活场景非常熟悉，但对其中的化学原理却知之甚少，这种认知冲突激发了他们的好奇心和求知欲。教师进一步引导学生进行实验探究，让学生亲身体验酸碱中和反应的过程，观察实验现象，分析反应原理，使学生在轻松愉快的氛围中学习化学知识，感受化学的实用性，从而激发学生对化学的兴趣。

又如，在“燃烧与灭火”教学中，教师展示生活中常见的火灾场景和灭火方法的图片或视频，如油锅起火用锅盖盖灭、森林火灾用砍伐隔离带的方式扑灭等，引导学生思考其中的化学原理。学生对这些生活中的实际问题充满兴趣，积极参与讨论和分析，从而深入理解燃烧的条件和灭火的原理，激发了对化学学科的热爱。

2. 开展生活实验，启迪化学智慧

化学是一门以实验为基础的学科，生活化实验教学能够让学生在实践中亲

身体验化学知识的应用，启迪化学智慧。教师可以设计一些基于生活物品和现象的实验，让学生利用生活中常见的材料进行实验探究。在“自制汽水”实验中，学生利用小苏打、柠檬酸、糖、水等常见的生活物品，通过控制反应条件，制作出美味的汽水。在这个过程中，学生不仅掌握了二氧化碳的制取原理和酸碱中和反应的知识，还学会了如何运用化学知识解决实际问题，培养了观察能力、动手能力和创新能力。

3. 解决生活问题，提升智能

生活化教学引导学生运用化学知识解决生活中的实际问题，培养学生的综合能力，进一步深化化学智趣。在“化学与健康”教学中，教师可以引导学生关注食品安全问题，如食品添加剂的合理使用、变质食品的危害等。学生通过查阅资料、调查研究等方式，了解食品中常见的化学物质及其对人体健康的影响，学会运用化学知识辨别食品的安全性，提出合理的饮食建议。在这个过程中，学生不仅学到了化学知识，还培养了信息收集与处理能力、分析问题与解决问题的能力，增强了健康意识和社会责任感。

又如，在“化学与环境”教学中，教师组织学生开展“调查校园周边环境污染情况”的实践活动，让学生运用化学实验方法检测空气中的污染物、水体的酸碱度等指标，分析污染产生的原因，并提出相应的防治措施。通过这个活动，学生将化学知识与环境问题紧密结合，培养了环保意识和实践能力，提高了综合素养，使化学智趣得到进一步升华。

四、生活化教学达成化学智趣的实施策略

1. 挖掘生活素材，丰富教学内容

生活是化学知识的宝库，教师要善于挖掘其中素材。厨房中，用食醋除去水壶水垢，可引出酸与盐反应知识；生活里，松花蛋的制作过程中蕴含丰富的化学知识，可以用松花蛋中的化学来复习酸、碱、盐知识；医疗上，胃病诊疗时喝的钡餐涉及硫酸钡，胃液中含有盐酸，可以用化学“保胃战”复习酸、碱、盐。将这些素材融入教学，让化学知识不再抽象，丰富了教学内容，激发学生对化学的好奇，引领他们探索化学志趣。

2. 引导学生参与，强化学习体验

鼓励学生积极参与教学活动是关键。组织“自制酸碱指示剂”实验，学生从采集植物原料到进行实验操作都全程参与。在这一过程中，他们观察到植物色素在不同酸碱环境的颜色变化，真切感受到化学的奇妙，强化了学习体验，更深入理解化学知识。学生在化学课堂上有了存在感、归属感和成就感，提升了对化学探索的情趣。

3. 理解内化，迁移应用

当学生掌握知识后，引导他们理解内化并迁移应用。学习金属活动性顺序后，提出问题“如何从含铜离子的废液中回收铜？”学生运用所学，设计实验方案。通过解决此类问题，学生将知识内化为自身能力，学会在新情境中应用化学知识，进一步发展化学志趣。

4. 回归生活，智慧提升

化学知识最终要回归生活。让学生关注生活中的化学问题，如分析雾霾成分、探究汽车尾气净化。通过思考与研究，他们不仅能解决实际问题，还能提升思维能力与科学素养，实现智慧提升。在这一过程中，学生对化学的志趣得以升华，认识到化学对生活的重要意义，持续保持对化学的热爱与探索。学生在解决生活实际问题的过程中，提升生活智慧。

生活化教学作为达成化学智趣的关键路径，通过创设生活情境、开展生活实验、解决生活问题等方式，有效地激发了学生对化学的兴趣，启迪了学生的化学智慧，培养了学生的综合能力。志趣相融的学习，既是点燃热爱驱动的引擎也是智趣化学追求的更高境界。当个人兴趣与远大志向紧密交织时，学习便不再是被动的任务，而是充满期待的探索。在化学实验课上，有人因对物质变化的好奇而着迷，进而立志投身新材料研发，这种志趣融合，让学习动机从短暂的好奇升华为坚定的热爱，热爱一旦被激活，便成为维系志趣持久的动力源泉。面对复杂的理论知识、反复的实验失败，唯有热爱能支撑人们跨越重重阻碍，将一时的兴趣沉淀为终身追求的志向。热爱驱动下，人们不仅能在挑战中持续精进，更会主动拓宽知识边界，让志趣在岁月中不断生长、愈发坚韧。从志趣相遇到热爱驱动，再到志趣持久，这一循环往复的过程，也是个人成长与自我实现的生动写照。

第三章

初中化学核心素养的哲学启示与实践智慧

第一节　科学探究：从实践到真知的思维淬炼

在初中化学教育领域，“实践出真知”是极具价值的认识论原则。它不仅是学生获取化学知识的重要途径，更是对学生化学思维的塑造和科学素养的培育起着关键作用。从认识论视角剖析初中化学教育，能让我们更透彻地理解实践在化学学习中的核心地位，进而为教学方法的优化和教学效果的提升提供有力的理论支撑。

一、初中化学教育中“实践出真知”的具体体现

（一）实验操作让知识具象化

在初中化学课堂，实验操作如同打开知识宝库的密钥，将抽象理论转化为直观可见的现象，让学生在动手实践中触摸化学的本质。例如，在“探究分子运动”实验里，学生将酚酞溶液滴入盛有蒸馏水的烧杯，溶液本无变化，而当用大烧杯罩住盛有浓氨水和酚酞溶液的两只烧杯时，酚酞溶液逐渐变红。这一现象让学生亲眼见证“分子在不断运动”的微观过程，将课本上的文字描述转化为生动的视觉体验。又如“粗盐提纯”实验，学生通过溶解、过滤、蒸发等一系列操作，亲手将混有泥沙的粗盐转化为较为纯净的精盐。在过滤环节，滤纸的折叠、漏斗的组装以及玻璃棒引流的规范操作，不仅强化了对“固液分离”原理的理解，更让学生体会到化学知识如何转化为实际的物质分离技能。

这些实验操作使化学知识不再停留在书本层面，而是通过具象化的现象与亲手实践，深植于学生的认知体系中。

（二）实践助力理解化学概念

化学概念往往抽象难懂，比如“溶解度”的概念。学生单纯从书本定义去理解，很难把握其内涵。但通过“配制一定温度下硝酸钾的饱和溶液并测定其溶解度”的实践活动，学生在不断向一定量水中加入硝酸钾固体并搅拌的过程中，能观察到硝酸钾固体从全部溶解到不再溶解的转变。通过精确测量溶剂和溶质的质量，计算出该温度下硝酸钾的溶解度。这种亲身实践让学生明白溶解度是在特定温度和溶剂条件下，溶质溶解的最大限度，使原本晦涩难懂的概念变得清晰易懂。

（三）实践培养解决问题能力

以“探究铁生锈的条件”实验为例，学生自主设计对比实验，将铁钉分别放置在干燥的空气中、完全浸没在蒸馏水中、部分浸没在蒸馏水中等不同环境。在持续观察铁钉生锈情况的过程中，学生会发现部分浸没在蒸馏水中的铁钉生锈最快。当出现实验结果与预期不符的情况，如干燥空气中的铁钉也有轻微生锈迹象时，学生需要思考并查找原因，可能是空气中湿度未完全控制好等。通过这样不断地发现问题、分析问题、解决问题，学生的实践能力和解决问题能力得到了有效锻炼。

（四）实践促进知识的应用与拓展

在学习完初中化学新授课之后，学生利用生活中常见的材料自制清洁剂，既安全环保，又能结合化学知识（如酸碱反应、乳化作用），以下是两种简单易操作的方法：

1. 万能去污剂

材料：小苏打（碳酸氢钠）、白醋（醋酸）、喷雾瓶、抹布。制作方法：取1—2勺小苏打放入喷雾瓶，加入适量温水搅拌溶解；倒入约100 mL白醋（小苏打与白醋比例约1∶2），拧紧瓶盖摇匀（会产生气泡，是碳酸氢钠与醋酸反应生成二氧化碳的过程）。原理：小苏打呈碱性，白醋呈酸性，酸碱中和反应可软化污垢，同时产生的二氧化碳气泡能帮助瓦解油渍、水垢等。用途：清洁厨房灶台油污、水壶水垢、卫生间瓷砖水渍等，喷后静置几分钟再擦拭效果更佳。

2. 天然去污磨砂剂

材料：新鲜柠檬、食盐、碗。制作方法：将柠檬对半切开，在切口处撒上适量食盐（利用食盐颗粒的摩擦性）；直接用柠檬蘸食盐擦拭污渍处（如厨房水槽、不锈钢器具的锈迹）。原理：柠檬中的柠檬酸有轻微腐蚀性，可去除水垢和锈迹；食盐颗粒能增强摩擦力，物理摩擦辅助去污。用途：清洁玻璃、陶瓷制品的顽固污渍，或去除冰箱异味（柠檬清香可掩盖异味）。

二、初中化学教育中践行“实践出真知”的实施策略

（一）优化实验课程设置

学校应增加实验课程在化学教学中的比重，合理安排实验教学内容。除了常规的验证性实验，应增加探究性实验的比例。例如，在学习金属活动性顺序时，设计探究性实验，让学生自行设计实验方案，通过金属与酸、金属盐溶液的反应来判断不同金属的活动性顺序。同时，根据教学内容和学生实际情况，合理调整实验难度，确保实验具有可操作性和启发性。

（二）丰富实践教学资源

一方面，加大对化学实验室的建设投入，更新实验设备，配备充足的实验试剂，为学生提供良好的实验条件。另一方面，利用现代信息技术，开发虚拟化学实验平台。对于一些危险系数高、成本昂贵的实验，如浓硫酸的稀释实验，学生可以先通过虚拟实验进行模拟操作，熟悉实验步骤和注意事项后再进行实际操作。此外，还可以组织学生参观化工厂、科技馆等，拓宽学生的实践视野。

（三）改进教学方法

采用项目式学习方法，围绕一个化学主题开展实践项目。例如，开展“探究本地水资源的污染与防治”项目，学生分组进行水样采集、水质检测、数据分析，最后提出防治建议。在项目实施过程中，教师作为引导者，鼓励学生自主探究、合作交流。运用小组合作学习，让学生在实验操作、讨论分析等环节中相互协作、共同解决问题，培养学生的团队合作精神和沟通能力。

（四）提升教师实践教学能力

定期组织教师参加化学实验技能培训和实践教学研讨活动，邀请化学教

育专家举行讲座和给予指导。教师自身要不断学习新的实验技术和教学方法，提高实验操作的规范性和熟练程度。鼓励教师开展教学研究，探索适合学生的实践教学模式，如情境式实验教学、问题驱动式实验教学等，以提高实践教学质量。

三、初中化学教育中践行“实践出真知”面临的挑战及应对措施

（一）面临的挑战

1. 安全风险

化学实验中使用的试剂和仪器存在一定的安全风险，如浓硫酸具有强腐蚀性，酒精灯使用不当可能引发火灾。一旦发生安全事故，不仅会对学生的身体造成伤害，还可能影响正常的教学秩序。

2. 时间与资源限制

实践教学需要大量的时间用于实验准备、操作和结果分析。而初中化学教学课时有限，难以充分满足实践教学的时间需求。此外，部分学校的实验设备和试剂资源不足，限制了实践教学的开展。

3. 学生个体差异

不同学生的动手能力、学习兴趣和知识基础存在差异。在实践教学中，部分动手能力较弱或对化学缺乏兴趣的学生可能参与度不高，影响实践教学效果。

（二）应对措施

1. 加强安全教育

在实验教学前，教师要对学生进行全面的安全教育，详细讲解实验仪器和试剂的正确使用方法、安全注意事项以及应急处理措施。例如，在进行有气体生成的实验前，要强调检查装置气密性的重要性，防止气体泄漏引发危险。同时，在实验室配备齐全的安全防护设备，如护目镜、急救箱等。

2. 合理规划时间与资源

教师要精心设计实验教学流程，合理安排实验步骤，提高实验教学效率。对于资源不足的问题，学校可以通过与其他学校共享资源、开展校际合作实验等方式解决。此外，教师还可以引导学生利用生活中的常见物品开展简易化学

实验，如用白醋和鸡蛋壳反应验证酸与盐的反应。

3. 关注学生个体差异

教师要深入了解每个学生的特点，采用分层教学的方法。对于动手能力强的学生，可以提供一些拓展性的实验任务，如让他们设计更复杂的实验装置来探究化学反应的影响因素；对于基础薄弱或缺乏兴趣的学生，给予更多的指导和鼓励，从简单的实验操作入手，逐步培养他们的实践能力和学习兴趣。

在初中化学教育中，“实践出真知”这一认识论原则贯穿始终。通过实验操作、实践活动，学生能够更深入地理解化学知识，培养科学思维和实践能力。尽管在践行这一原则的过程中面临诸多挑战，但通过优化实验课程设置、丰富实践教学资源、改进教学方法以及提升教师实践教学能力等措施，我们能够有效应对挑战，让学生在化学实践中真正领悟知识的真谛，为他们的未来发展奠定坚实的基础。

第二节 科学思维：提升认知境界的方法论

人类对世界的认知，从蒙昧走向澄明，始终伴随着科学思维的演进。观察、推理、实证、批判——这些构成科学思维的核心要素，不仅是破解自然规律的工具，更是重塑认知境界的方法论。它引导我们超越经验的表象，在数据与逻辑中建构更具普适性的认知框架；突破直觉的局限，以理性推演抵达现象背后的本质关联。从宏观现象到微观本质，从模型认知到归纳演绎，科学思维教会我们以系统性、批判性的视角重构认知坐标系，让每一次对未知的探索，都成为拓展认知边界、升级思维范式的精神进阶。

一、初中学生化学认识发展的阶段性特征

（一）启蒙阶段：兴趣激发与直观感知

在初中化学学习初期，学生主要通过生活中的化学现象、趣味化学实验等途径来接触化学。这一阶段，学生的认识多停留在表面、直观的层面。例如，

当学生第一次观察到镁条燃烧发出耀眼的白光，产生白色固体时，会被这种强烈的视觉冲击所吸引，从而激发其对化学的浓厚兴趣。此时，他们对化学反应的认识仅仅是看到了物质外在的变化，对反应背后的原理、本质还缺乏深入思考。在学习物质的性质时，学生对氧气能支持燃烧的认识，也只是基于将带火星的木条伸入氧气瓶中，木条复燃这一现象，对于氧气分子的结构以及其助燃的微观机理全然不知。这一阶段，学生的思维较为形象、具体，主要依靠感官来获取化学知识，知识体系呈现碎片化、零散化的特点。

（二）知识积累与初步理解阶段

随着学习的深入，学生开始系统学习化学基本概念、原理和常见物质的性质。在这个阶段，他们逐渐理解化学变化的本质是有新物质生成，学会用元素符号、化学式等化学用语来表示物质和化学反应。例如，在学习水的电解实验时，学生不仅看到了水电解产生氢气和氧气这一现象，还通过分析实验数据，理解了水是由氢、氧两种元素组成的，并且在微观层面认识到水分子在通电条件下分解为氢原子和氧原子，这些原子重新组合形成氢分子和氧分子。然而，这一时期学生的理解还不够深入和全面，对于一些抽象概念，如化合价、相对分子质量等，理解起来存在一定困难，常常会出现死记硬背的情况。同时，他们对知识之间的联系把握不够准确，在解决综合性问题时，往往难以灵活运用所学知识。

（三）深化拓展与综合运用阶段

到了初中化学学习后期，学生积累了较为丰富的化学知识，开始能够对知识进行整合、深化和拓展。在学习酸、碱、盐的知识时，学生不再局限于单一物质的性质，而是能够理解酸、碱、盐之间的相互反应规律，构建起较为完整的知识网络。他们可以运用所学知识解释生活中的复杂化学现象，如用酸碱中和反应原理来解释胃酸过多时服用碱性药物的治疗方法。在实验探究方面，学生也能够自主设计实验方案，综合运用多种实验技能和知识来解决问题。此时，学生的思维逐渐从形象思维向抽象思维过渡，能够运用逻辑推理、归纳总结等方法来学习化学知识，认识水平有了质的提升。

二、影响初中学生化学认识发展的因素

（一）学生自身认知水平

初中学生正处于身心快速发展的阶段，认知能力不断提升，但不同学生之间存在较大差异。有些学生思维活跃，接受新知识的能力较强，能够较快地理解化学中的抽象概念；而有些学生可能思维较为局限，需要更多的时间和实例来消化新知识。例如，在学习原子结构模型时，空间想象力丰富的学生能够迅速在脑海中构建出原子的三维结构，理解电子在原子核外的运动状态；而空间想象力较弱的学生则可能感到困惑，难以理解。此外，学生已有的知识基础也会影响他们对新知识的接受程度。如果学生在前期对化学基本概念和元素化合物知识掌握不扎实，那么在后续学习化学原理和化学反应规律时就会遇到困难。

（二）教学方法与策略

教师采用的教学方法对学生化学认识发展起着关键作用。传统的灌输式教学方法，侧重于知识的传授，学生被动接受知识，缺乏主动思考和探索的机会，不利于学生认识的深化和拓展。而探究式教学、情境教学等方法，能够创设真实的问题情境，引导学生主动参与、积极思考，激发学生的学习兴趣和探究欲望，有助于学生在解决问题的过程中不断完善自己的知识体系，提升认识水平。例如，在讲解二氧化碳的性质时，教师通过创设“温室效应”的情境，让学生探究二氧化碳在其中所起的作用，学生在收集资料、分析数据、讨论交流的过程中，不仅掌握了二氧化碳的物理和化学性质，还对环境保护等社会问题有了更深入的认识。

（三）实验教学的开展

化学是一门以实验为基础的科学，实验教学能够为学生提供直观的感性认识，帮助学生理解抽象的化学知识。丰富多样的实验，如演示实验、分组实验、探究实验等，能够让学生亲身参与到化学探究过程中，观察实验现象，分析实验结果，从而得出结论。例如，在“金属活动性顺序”的教学中，通过学生分组进行金属与酸、金属与盐溶液的反应实验，学生亲眼观察到不同金属反应的剧烈程度不同，从而直观地理解了金属活动性的强弱顺序。如果实验教

学开展不充分，学生缺乏亲身体验，就会影响他们对化学知识的理解和认识的发展。

（四）学习环境与资源

良好的学习环境和丰富的学习资源能够为学生化学认识发展提供有力支持。在学校中，积极向上的学习氛围、师生之间的良好互动以及同伴之间的合作学习，都能激发学生的学习动力，促进他们对化学知识的探索。同时，学校图书馆丰富的化学书籍、实验室先进的实验设备以及网络上的化学学习资源，如在线课程、虚拟实验室等，都为学生提供了更广阔的学习空间。相反，如果学习环境不佳，学习资源匮乏，学生的学习积极性就会受到抑制，认识发展也会受到阻碍。

三、促进初中学生化学认识发展的教学策略

（一）基于学生认知水平，因材施教

教师要深入了解每个学生的认知特点和学习情况，制订个性化的教学计划。对于学习能力较强的学生，可以提供一些拓展性的学习任务，如让他们探究化学前沿领域的问题，参加化学竞赛等；对于学习困难的学生，要给予更多的关注和辅导，从基础知识抓起，采用简单易懂的教学方法，帮助他们逐步建立学习信心。在课堂提问时，根据学生的实际水平设计不同层次的问题，让每个学生都能参与到课堂学习中来，体验到成功的喜悦。

（二）运用多样化教学方法，激发学生思维

1. 问题导向教学法

教师根据教学内容设计一系列有针对性的问题，引导学生思考。例如，在学习“燃烧与灭火”时，提出“为什么燃烧需要氧气？”“如何在不同情况下灭火？”等问题，激发学生的好奇心和探究欲望，促使他们主动寻找答案，在解决问题的过程中深化对知识的理解。

2. 类比教学法

将抽象的化学概念与生活中常见的事物进行类比，帮助学生理解。比如，将原子结构类比为太阳系，原子核相当于太阳，电子相当于行星，围绕原子核运动，这样学生就能更形象地理解原子的结构。

3. 合作学习法

组织学生进行小组合作学习，共同完成学习任务。在小组讨论中，学生可以相互交流思想，分享观点，拓宽思维视野。例如，在“探究化学反应速率的影响因素”的实验中，小组成员分工合作，分别进行不同条件下的实验，然后共同分析实验数据，总结影响因素，培养学生的合作能力和团队精神。

（三）强化实验教学，培养实践与探究能力

1. 增加实验课程比重

合理安排教学时间，增加实验教学在化学课程中的占比，让学生有更多亲自动手操作实验的机会。除了开展验证性实验，更要注重探究性实验的设计和实施，鼓励学生自主提出问题、设计实验方案、进行实验探究和得出结论。

2. 改进实验教学方法

在实验教学中，引导学生积极思考实验原理、步骤和注意事项，培养学生的问题意识和创新思维。例如，在“粗盐提纯”实验中，让学生思考如何改进实验装置和操作步骤，以提高精盐的产率和纯度。

3. 拓展实验资源

除了利用学校实验室的资源外，鼓励学生利用生活中的物品开展家庭小实验，如用白醋和纯碱反应制取二氧化碳，用紫甘蓝自制酸碱指示剂等，让学生感受到化学就在身边，增强学生对化学的学习兴趣和认识。

（四）利用现代教育技术，优化教学效果

1. 多媒体教学

运用图片、动画、视频等多媒体资源，将抽象的化学知识直观化、形象化。例如，在讲解分子的运动时，通过动画展示分子在不同温度下的运动状态，让学生清晰地看到分子的无规则运动，加深对分子性质的理解。

2. 虚拟实验室

利用虚拟实验室软件，让学生在虚拟环境中进行一些危险性高、条件要求苛刻的实验，如浓硫酸的稀释、白磷的燃烧等。虚拟实验室不仅能提供安全的实验环境，还能让学生反复操作，熟练掌握实验技能，同时弥补了学校实验设备不足的问题。

初中学生对化学的认识发展是一个复杂而又循序渐进的过程，受到多种因素的影响。教师应充分认识到学生认识发展的阶段性特征，关注影响因素，采取有效的教学策略，激发学生的学习兴趣，引导学生主动参与化学学习，促进学生化学认识水平的不断提升，促进学生智力的发展，为学生未来的化学学习和科学素养的培养奠定坚实的基础。

第三节　归纳演绎：化学思维在生活中的迁移应用

在初中化学的知识构建与学习过程中，归纳与演绎作为两种重要的逻辑推理方法，发挥着关键作用。它们不仅是学生理解化学概念、掌握化学规律的有效工具，也是培养学生科学思维和解决问题能力的重要途径。通过归纳，学生从大量具体的化学事实和现象中总结出一般性的结论；而演绎则是依据已有的化学原理和规律，去推断和解释新的化学现象和问题。深入探究归纳与演绎在初中化学中的应用，对于提升化学教学质量、促进学生化学学科素养的发展具有重要意义。

一、归纳法在初中化学中的应用

（一）基于实验事实归纳化学概念与性质

1. 气体性质的归纳

在初中化学实验中，学生通过对氧气、二氧化碳等气体的制备和性质实验进行观察。在氧气的实验中，看到带火星的木条在氧气中复燃，得出氧气能支持燃烧的性质；在二氧化碳的实验中，发现二氧化碳能使澄清石灰水变浑浊。通过对多种气体不同性质实验现象的积累，归纳出气体一般可以从颜色、气味、溶解性、是否支持燃烧、与特定试剂的反应等方面来描述和认识其性质。这种从具体实验到一般性质归纳的过程，让学生对气体性质有了系统的认识，避免了孤立地记忆每个气体的个别性质。

2. 金属化学性质的归纳

在学习金属的化学性质时，学生会进行一系列金属与酸、金属与盐溶液反应的实验。观察到镁、锌、铁等金属与稀盐酸或稀硫酸反应会产生氢气，且反应的剧烈程度不同。从这些具体金属的反应事实出发，归纳出活泼金属能与酸发生置换反应生成氢气这一普遍规律。同时，通过金属与盐溶液的反应，如铁与硫酸铜溶液反应、铜与硝酸银溶液反应等，归纳出在金属活动性顺序表中，位于前面的金属能把位于后面的金属从它们的盐溶液中置换出来的规律。这种归纳方式使学生对金属化学性质的认识从个别金属拓展到整个金属类别，构建起完整的知识体系。

（二）依据物质分类归纳通性

1. 酸的通性归纳

初中化学中学习了盐酸、硫酸等多种酸。通过对这些酸与指示剂、金属、金属氧化物、碱、盐反应的实验探究，发现酸能使紫色石蕊试液变红，能与活泼金属反应生成氢气，能与金属氧化物反应生成盐和水，能与碱发生中和反应生成盐和水，能与某些盐发生复分解反应。从这些具体酸的反应表现，归纳出酸具有共同的化学性质，即酸的通性。这种基于物质分类的归纳，让学生在学习新的酸时，能够依据酸的通性快速预测其可能发生的化学反应，极大地提高了学习效率。

2. 碱的通性归纳

同样，对于氢氧化钠、氢氧化钙等碱的学习，学生通过实验发现它们都能使无色酚酞溶液变红，能与非金属氧化物反应生成盐和水，能与酸发生中和反应，能与某些盐发生复分解反应。通过对不同碱的共性归纳，学生掌握了碱的通性，从而能够举一反三，理解和掌握其他碱的性质，实现知识的迁移和拓展。

（三）化学规律的归纳总结

质量守恒定律的归纳：在进行多个化学反应实验，如红磷燃烧、铁与硫酸铜溶液反应等实验时，学生分别称量反应前各物质的总质量和反应后各物质的总质量。经过多次实验数据的记录和分析，发现无论化学反应如何进行，参加化学反应的各物质的质量总和等于反应后生成的各物质的质量总和。从这些大量具体的化学反应质量关系中，归纳出质量守恒定律。这种从具体实验数据到普遍化学规律的归纳过程，培养了学生基于实验事实进行科学总结的能力。

二、演绎法在初中化学中的应用

（一）运用化学原理进行问题推理

1. 根据质量守恒定律推断化学反应中的未知物

当已知某化学反应的反应物和部分生成物，学生可以依据质量守恒定律，即化学反应前后原子的种类和数目不变，来推断未知生成物的化学式。例如，在化学反应 $2X + 5O_2 \xlongequal{点燃} 4CO_2 + 2H_2O$ 中，根据反应前后碳原子、氢原子和氧原子的数目守恒，可推断出 X 的化学式为 C_2H_2。这种演绎推理过程，让学生学会运用已掌握的化学原理去解决具体的化学问题，加深对化学原理的理解和应用能力。

2. 利用金属活动性顺序判断反应能否发生

在金属与酸、金属与盐溶液的反应中，学生根据金属活动性顺序这一化学规律进行演绎推理。如果已知金属活动性顺序为 Zn > Fe > Cu，当判断铁与硫酸铜溶液能否反应时，依据位于前面的金属能把位于后面的金属从它们的盐溶液中置换出来这一规律，可得出铁能与硫酸铜溶液发生反应，生成硫酸亚铁和铜。通过这样的演绎推理，学生能够预测化学反应的可能性，解释实验现象背后的原因。

（二）依据化学概念解释现象

1. 用分子的概念解释物质的三态变化

初中化学引入分子的概念，有些物质是由分子构成的，分子之间存在间隔。在解释水的三态变化时，学生运用这一概念进行演绎推理。当水受热变成水蒸气时，温度升高，水分子的能量增大，分子间的间隔增大，水由液态变为气态；当水冷却结冰时，温度降低，水分子能量减小，分子间的间隔减小，水由液态变为固态。这种基于分子概念的演绎解释，让学生从微观角度理解宏观物质的状态变化，将抽象的概念与实际现象紧密联系起来。

2. 利用溶解度概念解释物质的溶解与结晶现象

学生在学习了溶解度的概念，即在一定温度下，某固态物质在 100 g 溶剂里达到饱和状态时所溶解的质量。当解释为什么硝酸钾在热水中比在冷水中溶解得多时，学生依据溶解度随温度变化的规律进行演绎。硝酸钾的溶解度随温度升高而增大，所以在热水中，相同质量的水能够溶解更多的硝酸钾。当硝酸钾的热饱和溶液冷却时，溶解度减小，硝酸钾就会结晶析出。通过这样的演绎过程，学生能够运用溶解度概念对物质的溶解和结晶现象进行合理的解释和分析。

（三）基于规律进行实验设计与预测

1. 酸碱中和反应规律在实验设计中的应用

已知酸碱中和反应的实质是氢离子和氢氧根离子结合生成水。在设计探究酸碱中和反应是否发生的实验时，学生根据这一规律进行演绎。可以先在碱溶液中滴加酚酞溶液，溶液变红，然后逐滴加入酸溶液，观察到溶液红色逐渐褪去，说明碱溶液中的氢氧根离子与酸溶液中的氢离子发生了反应，从而证明酸碱中和反应发生。同时，还可以根据酸碱中和反应放出热量这一规律，通过测量反应前后溶液温度的变化来设计实验验证反应的发生。这种基于反应规律的实验设计，体现了演绎法在化学实验探究中的指导作用。

2. 复分解反应发生条件的演绎应用与产物预测

复分解反应发生的条件是有沉淀、气体或水生成。当给定两种化合物，如碳酸钠和盐酸，学生依据复分解反应发生条件进行演绎推理。碳酸钠中的碳酸根离子与盐酸中的氢离子结合，会生成碳酸，碳酸不稳定分解生成二氧化碳气体和水，所以可以预测碳酸钠和盐酸会发生复分解反应，产物为氯化钠、二氧化碳和水。通过这样的演绎预测，学生能够在实验前对化学反应的产物有初步的判断，增强实验的目的性和科学性。

三、归纳与演绎的协同运用

（一）教学过程中两者的相互促进

1. 先归纳后演绎深化知识理解

在化学教学中，通常先通过具体的实验和实例引导学生进行归纳。例如在学习酸、碱、盐的性质时，先让学生进行大量酸、碱、盐之间反应的实验，归纳出酸、碱、盐的通性和复分解反应的规律。然后，运用这些归纳得出的结论进行演绎推理，去分析和解决新的酸、碱、盐之间的反应问题，如判断一种新的酸、碱、盐之间的反应是否能够发生以及产物是什么。这种先归纳后演绎的方式，让学生从感性认识上升到理性认识，再将理性认识应用到解决实际问题中，深化了对知识的理解和掌握。

2. 演绎验证归纳结论的可靠性

当学生通过归纳得出某个化学结论后，可以通过演绎推理来验证其可靠性。例如，学生通过对多个金属与酸反应的实验归纳出活泼金属能与酸反应生成氢气的结论。然后，选择一种新的活泼金属，如镁，运用这个结论进行演绎推理，预测镁与酸反应会产生氢气。再通过实验验证，如果实验结果与演绎推理的预测一致，就进一步证明了归纳结论的可靠性；如果不一致，则需要重新审视归纳过程，查找原因，修正结论。这种演绎对归纳结论的验证过程，保证了化学知识的准确性和科学性。

（二）在解决复杂化学问题中的综合运用

1. 在化学工艺流程问题中的体现

在解决化学工艺流程相关问题时，学生需要综合运用归纳与演绎。例如，在分析从海水提取镁的工艺流程时，学生首先要从具体的流程步骤中归纳出每一步的化学反应原理和操作目的，如沉淀镁离子、将氢氧化镁转化为氯化镁、电解氯化镁等过程涉及的化学知识。然后，依据归纳出的这些原理和知识，运用演绎法对流程中的一些条件控制、物质分离与提纯等问题进行分析和解答。如为什么要在特定的条件下进行电解，如何除去杂质离子等，通过归纳与演绎的协同运用，全面深入地理解和解决复杂的化学工艺流程问题。

2. 在实验探究方案设计与评价中的应用

在化学实验探究方案的设计与评价中，归纳与演绎同样不可或缺。例如，在探究影响化学反应速率的因素时，学生先通过查阅资料和已有知识，归纳出可能影响化学反应速率的因素，如温度、浓度、催化剂等。然后，根据这些归纳结果，运用演绎法设计具体的实验方案，控制变量进行实验探究。在评价实验方案时，又要依据化学原理和实验目的，通过演绎推理判断方案的合理性、可行性以及是否存在缺陷。通过这样的综合运用，培养了学生科学探究和创新思维能力。

归纳与演绎作为初中化学中重要的方法论，贯穿于化学教学与学习的各个环节。它们相互依存、相互促进，共同助力学生构建系统的化学知识体系，培养科学思维和解决问题的能力。教师在教学过程中应充分认识到两者的重要性，合理设计教学活动，引导学生熟练掌握和运用归纳与演绎方法，提升学生的化学学科素养，为学生未来的化学学习和科学研究奠定坚实的基础。

第四节　模型认知：构建生活现象的科学解释框架

模型认知在初中化学教育里是极为关键的部分，它为学生理解复杂的化学知识提供了有效途径。通过构建和运用各类模型，学生能把抽象的化学概念具象化，深入理解化学现象的本质，进而提升化学学习效率，培养科学思维与探究能力。

一、初中化学中的模型类型

（一）物质结构模型

1. 原子结构模型

初中阶段，学生接触到的原子结构模型是理解物质微观构成的基础。从最初道尔顿提出的实心球模型，认为原子是不可再分的实心球体，到汤姆逊发现电子后提出的“葡萄干布丁”模型，将原子看作是带正电的“布丁”中镶嵌着带负电的电子，再到卢瑟福通过 α 粒子散射实验提出的核式结构模型，揭示了原子由原子核和核外电子构成，原子核体积小但集中了原子几乎全部质量。这些逐步发展的模型，帮助学生从简单到复杂、从表象到本质地认识原子结构。例如在讲解原子概念时，借助这些模型的演变，学生能直观地理解原子内部结构的奥秘，明白电子在原子核外的运动状态并非随意，为后续学习元素性质、化学反应实质等内容做好铺垫。

2. 分子结构模型

分子结构模型主要包括球棍模型和比例模型。以水分子为例，球棍模型中，用不同颜色的小球代表氢原子和氧原子，用短棍表示原子间的化学键，清晰地展示了一个水分子由两个氢原子和一个氧原子以特定角度结合而成；比例模型则更注重原子的相对大小和空间位置关系，能让学生更直观地感受到分子的实际形状和原子间的连接方式。通过这些模型，学生可以理解分子的空间结构对物质性质的影响，比如二氧化碳分子是直线形结构，使其具有相对稳定的化学性质和特定的物理性质（如常温下为气体等）。

（二）反应过程模型

1. 微观粒子反应模型

化学反应的本质是分子破裂、原子重新组合的过程，微观粒子反应模型能直观呈现这一过程。例如氢气和氧气反应生成水的反应，模型展示出氢分子（H_2）和氧分子（O_2）在一定条件下，分子中的化学键断裂，变成氢原子（H）和氧原子（O），然后氢、氧原子重新组合形成水分子（H_2O）。学生通过观察这样的模型，能深刻理解化学反应的微观实质，不再仅仅局限于对化学反应方程式的表面记忆，从而能更好地掌握化学反应的规律，如质量守恒定律在微观层面的体现就是原子的种类和数目在反应前后不变。

2. 化学反应模型

初中阶段学生对化学反应的理解还无法直接从微观分析，但可以借助简单模型让学生理解物质发生的化学反应。例如用微观示意图表示物质发生反应的过程。通过这个模型，学生能更深入地理解化学反应的本质。比如乙醇作为一种清洁能源，已成为各国发展可再生能源的重点之一。如图为乙醇充分燃烧的微观示意图。

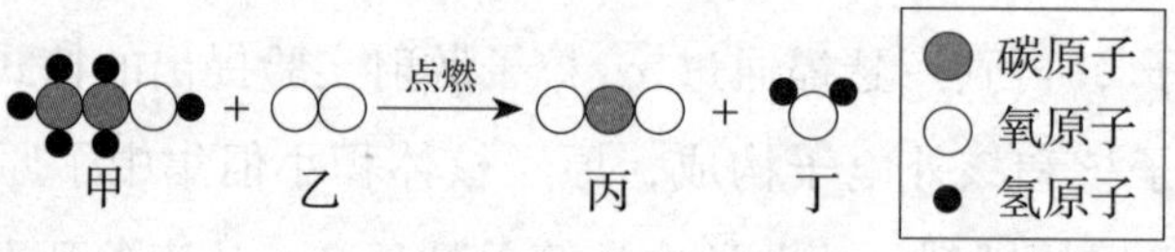

（三）实验模型

1. 实验装置模型

化学实验是初中化学教学的重要组成部分，实验装置模型有助于学生理解实验原理和操作流程。以实验室制取氧气为例，有固固加热型（如用高锰酸钾或氯酸钾和二氧化锰的混合物制取氧气）和固液不加热型（用过氧化氢溶液和二氧化锰制取氧气）两种装置模型。在固固加热型装置模型中，学生可以看到试管、酒精灯、铁架台等仪器的组合方式，明白试管口略向下倾斜是为了防止冷凝水倒流使试管炸裂，酒精灯的使用方法及作用等；在固液不加热型装置模型中，学生能了解长颈漏斗或分液漏斗、锥形瓶等仪器的用途，如长颈漏斗用于添加液体药品，分液漏斗则可以控制液体滴加速度从而控制反应速率。通过这些模型，学生在实际操作前就能对实验装置有清晰的认识，减少实验过程中的操作失误。

2. 实验流程模型

以粗盐提纯实验为例，实验流程模型包含溶解、过滤、蒸发等步骤。在溶解步骤，模型展示将粗盐加入水中并用玻璃棒搅拌加速溶解的过程；过滤步骤则体现滤纸的折叠、漏斗的放置以及玻璃棒引流的操作要点；蒸发步骤展示蒸发皿的使用、酒精灯加热以及搅拌防止液体飞溅等关键操作。这种实验流程模型使学生对整个实验过程有系统的了解，明确每个步骤的目的和作用，提高学生的实验操作能力和实验设计能力。

二、假设在初中化学中的应用

（一）基于问题提出假设

1. 探究物质性质时的假设

在探究金属铝的化学性质时，学生基于生活中铝制品不易生锈等现象，提出假设。如假设铝在空气中能形成一层致密的氧化膜，阻止内部铝进一步被氧化；假设铝能与酸发生反应，且反应剧烈程度可能与其他常见金属不同等。这些假设源于学生对生活现象的观察与已有知识的结合，为后续实验探究指明方向。

2. 研究化学反应规律时的假设

在学习酸碱中和反应时，学生针对反应过程中的化学反应原理及溶液酸碱性变化等问题提出假设。如假设酸碱中和反应的实质是氢离子与氢氧根离子结合生成水；假设中和反应过程中溶液的 pH 值会随着反应的进行逐渐趋近于 7 等。通过提出这些假设，学生能主动思考化学反应的内在规律，激发探究欲望。

（二）依据假设设计实验

1. 验证物质性质假设的实验设计

为验证铝表面形成致密氧化膜的假设，学生设计实验，将未打磨的铝片和打磨后的铝片分别放入相同浓度的稀盐酸中，观察反应现象。若假设成立，未打磨的铝片由于表面有氧化膜，反应开始时会比较缓慢，而打磨后的铝片则会迅速产生气泡。这样的实验设计针对性强，能够有效验证假设的正确性。

2. 验证化学反应规律假设的实验设计

为验证酸碱中和反应中溶液pH值变化的假设，学生用pH试纸或pH计测量氢氧化钠溶液中逐滴加入稀盐酸过程中溶液的pH值。通过记录不同滴加量时溶液的pH值，绘制pH变化曲线，若曲线呈现从碱性逐渐趋近于中性的趋势，则证明假设成立。这种基于假设的实验设计，使实验目的更明确，操作更具有逻辑性。

（三）根据实验结果修正假设

1. 物质性质探究中假设的修正

在上述铝与稀盐酸反应的实验中，如果观察到未打磨的铝片放入稀盐酸后，短时间内反应比预期剧烈，可能是因为铝片表面的氧化膜并不像假设中那样完全致密，可能存在一些缺陷，导致稀盐酸能较快与内部铝接触反应。此时，学生需修正假设，考虑氧化膜的实际状态及对反应的影响，重新思考实验结果与假设之间的差异。

2. 化学反应规律研究中假设的修正

在酸碱中和反应pH值变化实验中，若实验测得的pH变化曲线与假设中的理论曲线存在偏差，可能是由于实验过程中酸碱混合不均匀、测量仪器误差等原因。学生需要分析这些因素，修正假设，如考虑在实验操作中加强搅拌使酸碱充分混合，更换更精确的测量仪器等，以完善对化学反应规律的认识。

三、模型与假设的协同作用

（一）模型辅助假设构建

1. 物质结构模型对假设的启发

在学习分子间作用力时，学生基于分子结构模型中分子的空间排列和相对位置关系，提出关于分子间作用力大小与分子结构关系的假设。例如，根据卤族元素单质分子结构模型，假设分子相对质量越大，分子间的范德华力越大，物质的熔沸点越高。这种假设的提出依托于分子结构模型提供的直观信息，使假设更具合理性和科学性。

2. 反应过程模型对假设的引导

在研究催化剂对化学反应速率影响的实验中，借助微观粒子反应模型，学生了解到催化剂可能通过改变反应路径降低反应活化能来加快反应速率。基于此，提出假设，如假设不同类型的催化剂对同一化学反应的活化能降低程度不同，催化效果也不同。反应过程模型为假设提供了理论框架，帮助学生从微观本质角度思考问题，构建更深入的假设。

（二）假设促进模型完善

1. 基于假设的实验对物质结构模型的完善

在探究原子内部结构时，卢瑟福基于 α 粒子散射实验的假设，进行了著名的 α 粒子散射实验。实验结果（大部分 α 粒子穿过金箔，少数 α 粒子发生大角度偏转）与汤姆逊的“葡萄干布丁”模型预期不符，从而促使卢瑟福提出了核式结构模型，对原子结构模型进行了重大修正与完善。这表明假设驱动的实验能够揭示原有模型的不足，推动新模型的建立。

2. 假设验证对反应过程模型的优化

在研究化学反应速率受什么影响时，学生提出假设，如假设改变温度、压强、浓度等条件会改变化学反应速率。通过一系列实验验证假设，发现温度升高，增大反应物浓度对化学反应确实有影响。基于这些实验结果，对化学反应模型进行优化，明确反应速率与外界条件改变之间的关系，使模型更加准确地描述化学反应的速率与外界条件的关系。

模型与假设在初中化学教学与学习中相辅相成，发挥着不可替代的作用。模型以直观形式呈现抽象化学知识，为假设的提出提供依据；假设能激发学生的探究热情，引导实验设计，促使模型不断完善。教师应充分利用模型与假设的方法论，引导学生积极思考、勇于探索，提升学生的化学学科素养和科学探究能力，为学生的化学学习之路奠定坚实基础。

四、模型认知能力的培养策略

（一）结合教学内容引入模型

1. 在概念教学中运用模型

在讲解化学概念时，引入合适的模型能帮助学生更好地理解。比如在讲解

“溶解度”概念时，可以构建一个“溶解平衡模型”。想象在一定温度下的一杯水中，不断加入溶质，溶质分子（或离子）在水中不断溶解，同时已经溶解的溶质分子（或离子）又会不断结晶回到固体状态，当溶解速率和结晶速率相等时，就达到了溶解平衡状态，此时的溶质质量就是该温度下的溶解度。通过这个模型，学生能更直观地理解溶解度概念中“一定温度”“饱和状态”“溶质质量”等关键要素，避免死记硬背概念。

2. 在元素化合物教学中运用模型

在学习元素化合物性质时，利用物质结构模型和反应过程模型。例如，在学习金属铁的性质时，借助铁原子结构模型，了解铁原子的电子排布特点，从而理解铁具有还原性的本质原因；在探究铁与硫酸铜溶液反应时，通过微观粒子反应模型展示铁原子失去电子变成亚铁离子，铜离子得到电子变成铜原子的过程，让学生深刻理解该化学反应的实质，进而掌握金属与盐溶液反应的一般规律。

（二）引导学生构建模型

1. 组织小组合作构建模型

教师可以布置一些任务，让学生分组合作构建模型。例如，在学习酸碱中和反应时，让学生小组合作构建微观粒子反应模型。学生通过讨论，用不同颜色的小球代表氢离子、氢氧根离子、钠离子、氯离子等，用小棍表示化学键，构建出氢氧化钠和盐酸反应的微观模型，展示出氢离子和氢氧根离子结合生成水，钠离子和氯离子在溶液中自由存在的过程。在这个过程中，学生不仅能深入理解酸碱中和反应的实质，还能培养团队合作能力和创新思维。

2. 鼓励学生自主创新模型

在学生对化学知识有一定了解后，鼓励他们自主创新模型。例如，学生在学习了分子的运动后，为了更好地理解分子在不同温度下的运动速率不同，可以设计一个简单的动画模型或者用生活中的物品（如米粒代表分子，不同的振动频率代表不同温度下分子的运动速率）来构建模型。这种自主创新模型的过程，能充分发挥学生的主观能动性，提高学生对化学知识的理解和应用能力。

（三）借助信息技术强化模型认知

1. 利用多媒体展示模型动态变化

多媒体技术可以将静态的模型以动态的形式展示出来，增强学生的直观感受。例如，在讲解分子的运动时，通过动画展示不同温度下分子的运动情况，低温时分子运动缓慢，分子间距离较小；高温时分子运动剧烈，分子间距离增大。这种动态展示能让学生更生动地理解分子运动与温度的关系，比单纯的文字描述或静态图片效果更好。

2. 运用虚拟实验室进行模型探究

虚拟实验室为学生提供了一个安全、便捷的实验环境，学生可以在其中对各种实验模型进行探究。例如，在虚拟实验室中，学生可以自由组装实验室制取氧气的不同装置模型，改变仪器的组合方式、试剂的用量等，观察实验现象和结果，深入探究实验原理和影响因素。通过这种方式，学生能更深入地理解实验模型，提高实验操作技能和探究能力。

五、模型认知对学生发展的影响

（一）提升知识理解与记忆能力

1. 将抽象知识具象化

模型认知最大的优势在于将抽象的化学知识转化为直观、具体的模型，帮助学生理解。例如，原子结构和分子结构对于初中学生来说非常抽象，但通过原子结构模型和分子结构模型，学生可以清晰地看到原子和分子的构成方式，从而更好地理解元素的性质、物质的组成和化学反应的本质。这种将抽象知识具象化的过程，大大降低了学生的学习难度，提高了学生对知识的理解能力。

2. 促进知识的系统整合

各类模型之间相互关联，学生在学习和运用模型的过程中，能够将分散的化学知识进行系统整合。例如，在学习化学反应时，微观粒子反应模型与物质结构模型相互联系，学生可以从原子、分子的层面理解化学反应的发生，同时又能从化学反应的角度加深对物质结构的认识。通过这种知识的系统整合，学生能够构建起完整的化学知识体系，提高对知识的记忆效果。

（二）培养科学思维与探究能力

1. 激发逻辑思维

模型的构建和运用需要学生进行逻辑推理和分析。例如，在构建化学平衡模型时，学生需要分析化学反应的正逆方向、反应速率的变化以及各种因素对平衡的影响，通过这些思考和分析，学生的逻辑思维能力得到锻炼和提高。同时，在根据实验现象修正模型的过程中，学生也需要运用逻辑思维来判断模型的合理性和不足之处。

2. 增强探究意识

模型认知鼓励学生对化学现象进行深入探究。当学生发现实际实验结果与已有的模型存在差异时，就会激发他们进一步探究的欲望。例如，在探究金属与酸反应的实验中，如果实验现象与传统的金属活动性顺序模型不完全一致，学生就会思考可能的原因，如金属表面的氧化膜、酸的浓度等因素对反应的影响，从而主动进行实验探究，寻找答案。这种探究意识的培养，对于提升学生的科学素养具有重要意义。

模型认知在初中化学中占据着核心地位，通过丰富多样的模型类型，全面培养学生的模型认知能力，对学生化学知识的学习、科学思维的形成以及探究能力的提升都有着深远影响。教师在教学过程中应充分重视模型认知的作用，采用多种教学策略培养学生的模型认知能力，为学生的化学学习和未来发展奠定坚实基础。

第五节　科学精神：责任意识与科学态度的培养

科学精神不仅是学生学习化学知识、掌握化学技能的核心支撑，更是他们日后面对生活与工作中的问题时，运用科学思维与方法去解决的重要素养。它涵盖了理性思维、批判质疑、勇于探究、追求真理等多个层面，在初中化学教学过程中逐步渗透科学精神培养，能够有效提升学生的综合科学素养，为其未来发展奠定坚实基础。

一、初中化学教学中科学精神的内涵体现

（一）求真务实的态度

1. 实验数据的真实记录

化学实验是初中化学教学的重要环节，也是培养学生求真务实态度的关键

场景。在进行“氧气的实验室制取与性质”实验时，学生需要严格按照实验步骤操作，仔细观察实验现象，并如实记录实验数据。无论是收集氧气时的排水集气时间，还是木炭在氧气中燃烧时的剧烈程度、火焰颜色等现象，都要求学生如实记录，不允许为了得到“理想”结果而篡改数据。例如，在测定空气中氧气含量的实验中，若学生为了使实验结果更接近理论值，故意调整红磷的用量或读数时间，就无法真正理解实验原理和空气中氧气的实际含量。只有在每一次实验中都坚持真实记录，才能培养学生严谨、认真的科学态度。

2. 尊重客观事实

在化学知识的学习过程中，学生要学会尊重客观事实，不主观臆断。比如在学习金属活动性顺序时，通过金属与酸、盐溶液的反应实验，学生观察到不同金属反应的剧烈程度不同，从而得出金属活动性的顺序。这一过程中，学生必须依据实际观察到的实验现象来总结规律，不能因为主观认为某种金属应该更活泼就忽视实验事实。教师在教学中要引导学生认识到，化学知识是基于大量客观事实总结出来的，只有尊重事实，才能真正掌握化学知识的本质。

（二）理性思维能力

1. 逻辑推理与归纳总结

化学知识体系具有严密的逻辑性，学生需要通过逻辑推理和归纳总结来理解和掌握。在学习酸、碱、盐的性质时，教师会通过一系列实验，如酸与金属、金属氧化物、碱、盐的反应实验，让学生观察实验现象，然后引导学生进行分析推理。学生通过对不同酸与相同物质反应现象的比较，以及同一种酸与不同物质反应现象的归纳，总结出酸的通性。这一过程中，学生运用了归纳推理的方法，从具体的实验事实中概括出一般性的规律。同样，在学习化学方程式的书写时，学生需要依据质量守恒定律，通过逻辑推理确定反应物和生成物的化学式以及化学计量数，从而正确书写化学方程式。

2. 模型构建与应用

化学模型是对化学现象和过程的简化、抽象表达，有助于学生理解复杂的化学知识。在初中化学中，原子结构模型、分子结构模型、化学反应过程模型等都是培养学生理性思维的重要工具。例如，在学习原子结构时，学生通过了解道尔顿的实心球模型、汤姆孙的“葡萄干布丁”模型、卢瑟福的核式结构模型以及玻尔的电子分层排布模型，逐步构建起对原子结构的认识。这些模型的演变过程，体现了科学家们不断探索、修正理论的理性思维过程。学生在学习和运用这些模型的过程中，也能够学会运用理性思维去分析和解决问题，理解微观世界的奥秘。

（三）批判质疑精神

1. 对教材内容的质疑

教材是学生学习化学的重要依据，但教材内容并非绝对权威。教师要鼓励学生对教材中的内容进行批判性思考和质疑。例如，在教材中关于燃烧条件的实验中，通常是用白磷和红磷在不同条件下的燃烧来探究燃烧的条件。学生可能会提出疑问：实验中白磷燃烧产生的五氧化二磷是有毒物质，会对环境造成污染，是否有更环保的实验方法？这种质疑精神能够激发学生进一步探索和改进实验的欲望，培养学生的创新思维。教师可以引导学生查阅资料，寻找更环保的实验替代方案，如利用数字化实验设备来探究燃烧条件，让学生在解决问题的过程中，深化对知识的理解，同时也培养了学生不迷信教材、敢于质疑的科学精神。

2. 对实验结论的反思

在化学实验教学中，学生通过实验得出结论后，教师要引导学生对实验结论进行反思和质疑。例如，在探究金属活动性顺序的实验中，学生通过实验观察到锌与稀硫酸反应比铁与稀硫酸反应更剧烈，从而得出锌的活动性比铁强的结论。但教师可以引导学生思考：实验中是否存在其他因素影响了反应速率？如金属的纯度、表面积大小，稀硫酸的浓度等。通过这样的引导，学生学会对实验结论进行全面、深入地分析，认识到实验结论可能受到多种因素的影响，培养学生严谨的科学态度和批判质疑精神。

（四）勇于探究的品质

1. 积极参与实验探究

化学实验探究是培养学生勇于探究品质的重要途径。在实验探究过程中，学生需要自主提出问题、作出假设、设计实验方案、进行实验操作、分析实验数据并得出结论。例如，在“探究影响过氧化氢分解速率的因素”实验中，学生可能会提出过氧化氢分解速率与温度、催化剂、过氧化氢溶液浓度等因素有关的假设，然后设计实验方案，通过控制变量法，分别探究不同因素对过氧化氢分解速率的影响。在这个过程中，学生需要克服实验操作中的困难，如仪器的正确使用、试剂的准确量取等，还要面对实验结果不理想时的挫折。但正是在这样的实践过程中，学生逐渐养成了勇于探究、不怕困难的品质。

2. 拓展课外化学探究活动

除了课堂实验探究，教师还可以引导学生开展课外化学探究活动，进一步激发学生的探究欲望。例如，组织学生开展“校园周边土壤酸碱度的测定及分析”活动，学生需要自主设计调查方案，采集土壤样本，选择合适的测定方法（如 pH 试纸法、酸度计法等），对土壤酸碱度进行测定，并分析土壤酸碱度对植物生长的影响。在课外探究活动中，学生面临更多的未知和挑战，需要自己去查阅资料、寻求帮助，解决遇到的问题。这不仅能够拓宽学生的知识面，还能培养学生独立探究的能力和勇于探索未知的精神。

二、初中化学教学中培养科学精神的策略

（一）优化实验教学环节

1. 增加探究性实验比例

传统的验证性实验虽然能够帮助学生巩固知识，但在培养学生科学精神方面存在一定的局限性。教师应适当增加探究性实验的比例，让学生在自主探究的过程中，充分发挥主观能动性，培养科学精神。例如，在学习二氧化碳的性质时，可以设计探究性实验：让学生自主探究二氧化碳与水反应的产物。学生通过设计实验方案，将二氧化碳通入紫色石蕊溶液中，观察溶液颜色变化，然后对变色原因进行假设和验证。在这个过程中，学生需要思考如何控制实验条件、如何排除干扰因素等问题，从而培养了学生的逻辑思维能力、创新能力和勇于探究的精神。

2. 引导学生自主设计实验

在实验教学中，教师要引导学生自主设计实验，提高学生的实验设计能力和科学探究能力。例如，在学习酸的化学性质后，教师可以给出一些实验仪器和试剂，让学生设计实验证明酸能与金属氧化物反应。学生需要根据已有的知

识和实验目的，选择合适的实验仪器和试剂，确定实验步骤和观察指标。在设计实验的过程中，学生需要考虑实验的可行性、安全性、科学性等因素，这有助于培养学生的理性思维和严谨的科学态度。同时，学生在自主设计实验的过程中，能够充分发挥自己的想象力和创造力，体验到科学探究的乐趣。

（二）开展多样化教学活动

1. 组织化学史教学

化学史是一部充满科学精神的发展史，通过组织化学史教学，能够让学生了解科学家们在探索化学知识过程中所展现出的科学精神。例如，在学习元素周期律时，教师可以介绍门捷列夫发现元素周期律的过程。门捷列夫在大量研究的基础上，大胆提出元素周期律的假设，并根据这个假设预测了一些尚未发现的元素的性质。他的理论在当时受到了很多质疑，但他坚持自己的观点，并不断完善元素周期律。通过这个故事，学生能够感受到科学家们勇于创新、敢于质疑、坚持不懈追求真理的科学精神，从而激发学生学习化学的兴趣和动力。

2. 举办化学知识竞赛和科普讲座

举办化学知识竞赛能够激发学生学习化学的积极性和竞争意识，同时也能检验学生对化学知识的掌握程度和运用能力。在竞赛过程中，学生需要运用科学思维和方法解决各种化学问题，这有助于培养学生的科学精神。此外，邀请化学领域的专家、学者举办科普讲座，向学生介绍化学学科的前沿研究成果和应用前景，能够拓宽学生的视野，激发学生对化学学科的热爱和探索欲望。例如，邀请环保专家介绍化学在治理环境污染中的应用，让学生了解到化学不仅是一门理论学科，更是解决实际问题的有力工具，从而培养学生的社会责任感和科学精神。

（三）营造良好的课堂氛围

1. 鼓励学生提问和发表观点

教师要营造宽松、民主的课堂氛围，鼓励学生积极提问和发表自己的观点。当学生提出问题时，教师要给予充分的肯定和鼓励，引导学生深入思考问题，并帮助学生寻找解决问题的方法。例如，在学习化学方程式的配平时，学生可能会提出不同的配平方法，教师要认真倾听学生的思路，对正确的方法给予肯定，对存在问题的方法进行引导和纠正。这样能够激发学生的学习积极性和创新思维，培养学生的批判质疑精神。

2. 引导学生合作学习

合作学习是培养学生科学精神的有效方式之一。在合作学习中，学生通过小组讨论、合作实验等活动，能够学会与他人沟通协作，共同解决问题。例如，在进行化学实验探究时，将学生分成小组，每个小组的成员分别承担不同的任务，如实验操作、数据记录、现象观察、结果分析等。在小组合作过程中，学生需要相互交流、相互学习，共同克服实验中遇到的困难。这不仅能够提高学生的实验效率和质量，还能培养学生的团队合作精神和科学精神。

初中化学教学中科学精神的培养是一个长期而系统的工程，需要教师在教学过程中不断探索和实践。通过在教学中深入挖掘科学精神的内涵，采取优化实验教学环节、开展多样化教学活动、营造良好课堂氛围等有效策略，能够逐步培养学生求真务实的态度、理性思维能力、批判质疑精神和勇于探究的品质。这些科学精神将伴随学生一生，不仅有助于他们更好地学习化学知识，还能使他们在未来的学习、工作和生活中，以科学的思维和方法去解决问题，成为具有创新精神和实践能力的高素质人才。

第六节　绿色理念：化学教育中的环保责任担当

随着全球环境问题日益严峻，如气候变化、水污染、土壤污染等，环保意识已成为现代公民必备的素养之一。初中化学作为一门基础自然科学课程，与环境问题紧密相连，是培养学生环保意识的重要阵地。在初中化学教学中渗透环保教育，不仅能帮助学生更好地理解化学知识在实际生活中的应用，还能激发学生对环境保护的责任感，促使他们成为环保行动的积极参与者，为可持续发展贡献力量。

一、初中化学教学中环保意识培养的内容

（一）认识常见环境污染问题

1. 大气污染

在化学课程中，向学生介绍大气污染的主要污染物，如二氧化硫（SO_2）、氮氧化物（NO_x）、颗粒物（$PM_{2.5}$、PM_{10}）等。讲解这些污染物的来源，像SO_2主要源于煤、石油等化石燃料的燃烧，NO_x多产生于汽车尾气排放以及工业生产中的高温燃烧过程。举例说明大气污染的危害，如酸雨的形成，当SO_2和NO_x在大气中与水、氧气等发生反应，形成硫酸、硝酸等酸性物质，随降水落到地面便形成酸雨，酸雨会破坏土壤结构、影响植物生长、腐蚀建筑物等。通过具体的数据和案例，如某些地区因酸雨导致树木大面积死亡、古建筑遭受严重侵蚀，让学生深刻认识到大气污染的严重性。

2. 水污染

阐述水污染的类型和污染物，包括化学需氧量（COD）超标、重金属污染（如汞、镉、铅等）、有机污染物（如农药、化肥、工业废水里的有机物）等。分析水污染的来源，如工业废水未经处理直接排放、生活污水随意倾倒、农业上过量使用农药化肥等。以一些典型的水污染事件为例，如某地区由于工厂排放含汞废水，导致当地居民食用受污染的鱼类后，出现神经系统受损等严重病症，让学生了解水污染对人类健康和生态系统的巨大危害，明白保护水资源的紧迫性。

（二）理解化学物质与环境的关系

1. 化学物质的两面性

让学生认识到化学物质并非都是有害的，许多化学物质在合理使用的情况下对人类生活和生产有巨大的帮助，但使用不当则会对环境造成危害。例如，塑料是一种重要的化工产品，它在日常生活中广泛应用，如包装材料、建筑材料等，为人们的生活带来了便利。然而，大量使用一次性塑料制品后随意丢弃，会导致“白色污染”，塑料在自然环境中难以降解，会长期存在并破坏土壤结构、影响景观，还可能被动物误食，危及动物生命。通过这样的例子，引导学生辩证地看待化学物质，明白合理使用化学物质的重要性。

2. 化学反应对环境的影响

在讲解化学反应时，引入化学反应对环境的影响。例如，在学习燃烧反应时，除了让学生掌握燃烧的条件和原理，并向他们介绍化石燃料燃烧产生的大量二氧化碳（CO_2）是导致温室效应的主要原因之一。随着大气中温室气体浓度的增加，全球气候变暖，引发冰川融化、海平面上升、极端气候事件增多等问题。而一些绿色化学反应，如氢气的燃烧，产物只有水，对环境无污染，是未来清洁能源的发展方向。通过对比不同化学反应对环境的影响，让学生理解选择绿色化学反应对于环境保护的意义。

（三）树立绿色化学理念

1. 原子经济性

向学生介绍绿色化学中的原子经济性概念，即化学反应中尽可能使反应物的原子全部转化为目标产物，减少副产物的生成，从而提高资源利用率，减少废弃物排放。H_2 与 O_2 的反应为例，该反应的原子利用率为 100%，所有反应物的原子都转化为了水分子中的原子，没有产生其他废弃物。通过这样的例子，让学生明白在化学工业生产中追求原子经济性的重要性，鼓励他们在思考化学问题时，关注原子的利用率。

2. 无毒无害原料和反应条件

强调在化学实验和工业生产中，应尽量选择无毒无害的原料和温和的反应条件，以减少对环境的危害。在初中化学实验中，引导学生认识到一些常见试剂的毒性，如含汞、铅等的重金属盐，以及具有腐蚀性的强酸、强碱。鼓励学生思考如何在实验中用更环保的试剂替代有毒、有害试剂，如用双氧水代替一些具有污染性的氧化剂。同时，介绍一些绿色化学合成方法，如采用生物酶催化反应，反应条件温和，对环境友好，让学生了解绿色化学在实际应用中的具体体现。

二、初中化学教学中培养环保意识的方法

（一）结合课堂教学内容渗透环保教育

1. 在化学概念教学中融入环保元素

在讲解化学概念时，巧妙地将环保知识融入其中。例如，在讲解“溶液”

概念时，以水污染为例，说明水中溶解的各种污染物形成了不同的溶液体系，这些污染物的存在改变了水的性质，影响了水的生态功能和使用价值。通过这样的方式，让学生在学习化学概念的同时，认识到环境污染与化学知识的紧密联系。

2. 利用化学实验进行环保教育

在化学实验教学中，培养学生的环保意识。首先，强调实验操作规范，减少因操作不当导致的试剂浪费和环境污染。如在使用浓酸、浓碱等腐蚀性试剂时，严格要求学生按照用量取用，避免试剂洒落。其次，引导学生对实验废弃物进行分类处理，如将实验产生的废酸液、废碱液分别收集，进行中和处理后再排放；对于金属废弃物，如锌粒、铁丝等，进行回收再利用。此外，鼓励学生设计绿色化学实验，如在探究燃烧条件的实验中，用白磷在密闭容器中燃烧代替传统的在空气中燃烧的实验，减少五氧化二磷对空气的污染。

（二）开展课外实践活动强化环保意识

1. 组织环保主题调研

安排学生进行环保主题调研活动，如“校园周边河流污染情况调查”。学生分组制订调研方案，包括确定采样地点、采样时间、检测项目等。他们采集水样后，利用所学的化学知识和实验技能，检测水样的酸碱度、溶解氧、化学需氧量等指标。通过数据分析、判断河流的污染程度，并查找污染原因，提出相应的治理建议。在这个过程中，学生亲身体验到环境污染问题的现实性和严重性，增强了环保责任感。

2. 举办环保宣传活动

组织学生举办环保宣传活动，如在学校或社区开展“化学与环保”科普展览。学生通过收集资料、制作展板、撰写宣传手册等方式，向师生和社区居民宣传环保知识，包括化学物质对环境的影响、日常生活中的环保小窍门等。例如，宣传如何正确进行垃圾分类，减少有害垃圾对土壤和水体的污染；倡导绿色出行，减少汽车尾气排放等。通过这些宣传活动，学生不仅巩固了自己的环保知识，还能将环保理念传播给更多人，进一步强化了自身的环保意识。

（三）利用多媒体资源丰富环保教育形式

1. 播放环保主题视频

在课堂教学中，适时播放环保主题视频，如关于全球气候变化的纪录片、治理工业污染的专题片等。这些视频以直观的画面和生动的案例，展示了环境问题的严峻性和环保行动的紧迫性。例如，播放关于海洋塑料污染的视频，学生可以看到大量的塑料垃圾漂浮在海洋中，对海洋生物造成了巨大的伤害，海鸟因误食塑料而死亡，海龟被塑料缠绕无法正常游动等画面，让学生深刻感受到环保的重要性和自身的责任。

2. 使用虚拟实验平台进行环保实验模拟

借助虚拟实验平台，让学生进行一些环保相关的实验模拟，如模拟污水处理过程、酸雨对建筑材料的腐蚀实验等。虚拟实验平台不仅可以避免实际实验中可能产生的环境污染和安全风险，还能让学生更全面地了解实验过程和原理。在模拟污水处理实验中，学生可以尝试不同的处理方法，观察处理前后水质指标的变化，从而深入理解污水处理的化学原理和技术，提高环保意识和实践能力。

初中化学教学中环保意识的培养是时代的要求，也是化学教育的重要使命。通过丰富的教学内容、多样化的教学方法，让学生在学习化学知识的同时，深刻认识到环境保护的重要性，树立正确的环保观念，掌握基本的环保技能。这不仅有助于学生在今后的生活中成为环保行动的践行者，还能为培养具有可持续发展意识的未来人才奠定坚实基础，对推动整个社会的环保事业发展具有深远意义。

第七节　学习智慧：化学方法与生活实践的互通之道

初中化学教育绝非局限于知识的传授，其蕴含的实验探究，认识物质性质、组成与结构，化学反应以及化学技术工程融合解决跨学科问题等思路与方法，构成了一套完整且强大的认知体系。这些方法不仅是打开化学世界大门的钥匙，更在方法论、哲学以及生活层面，为学生提供了丰富的启迪，帮助他们以科学视角深入认识世界，应对生活挑战。

一、化学实验探究：科学认知的基石与生活启示

（一）问题意识与好奇心的激发

化学实验探究始于问题的提出，它鼓励学生对周围世界保持敏锐的观察力和强烈的好奇心。当学生看到镁条在空气中燃烧发出耀眼白光，便会好奇是什么促使这种剧烈反应发生，进而提出“镁条燃烧的本质是什么？”“反应中的能量如何变化？”等问题。这种从日常现象中挖掘问题的能力，延伸到生活中，能让学生对生活里的各类现象，如四季更替、昼夜变化、食物烹饪中的奇妙转变等保持好奇，主动去探寻背后的原因。它培养学生不满足于表面认知，而是深入挖掘事物本质的思维习惯，成为不断学习和进步的动力源泉。

（二）假设与验证的理性思维养成

作出假设是实验探究的关键环节，学生需依据已有知识和经验，对问题的答案进行合理推测。在探究金属生锈条件时，学生可能假设金属生锈与氧气、水、酸碱度等因素有关。这一过程要求学生理性分析，权衡各种可能性。在生活中，面对复杂问题，如选择职业方向、规划旅行路线等，同样需要基于自身能力、兴趣、资源等因素作出假设，并通过实践去验证。化学实验中的假设与验证过程，让学生学会在生活决策中保持理性，不盲目跟风，从而通过思考和实践找到最佳解决方案。

（三）实验设计与问题解决策略

设计实验需要综合考虑众多因素，包括实验目的、原理、仪器、步骤以及控制变量等。以探究催化剂对化学反应速率影响的实验为例，学生要精心设计实验组和对照组，精确控制催化剂的种类、用量、反应温度、反应物浓度等变量，确保实验结果的准确性和可靠性。这种严谨的实验设计思维，迁移到生活中，就如同我们在制订学习计划、组织活动时，需要全面规划各个环节，考虑可能出现的问题及应对措施。它教会学生在解决生活问题时，要有系统的思维，制订科学合理的策略，以达到预期目标。

（四）证据收集与客观判断

进行实验并收集证据要求学生严谨、客观地记录实验现象和数据。如在酸碱中和反应实验中，学生通过观察溶液颜色变化、测量溶液 pH 值等方式收集

证据，从而判断反应的进行程度。在生活中，面对各种信息和观点，学生学会像在实验中收集证据一样，多角度获取信息，不偏听偏信。比如在评价一款产品时，不仅会听广告宣传，还要参考用户评价、专业测评等多方面信息，基于客观证据形成自己的判断，避免盲目消费和主观臆断。

（五）分析论证与深度思考

对收集到的证据进行分析论证，是得出科学结论的核心步骤。在化学实验中，学生通过对实验数据的分析，运用归纳、演绎、类比等逻辑方法，总结规律，解释现象。在生活中，这种分析论证能力同样重要。例如，在分析社会热点问题时，学生能够从不同角度思考，分析事件的起因、经过和可能的结果，挖掘问题的深层次原因，形成自己独立的见解，而不是随波逐流，人云亦云。

（六）反思评价与持续改进

反思评价实验过程和结果，能让学生发现问题，提出改进措施，实现实验的优化和自身能力的提升。在化学实验后，学生思考实验中操作是否规范、结果是否可靠、设计是否合理等。在生活中，学生对自己的学习方法、人际交往、生活习惯等进行反思评价，总结经验教训，不断调整和改进自己的行为方式，实现自我成长和完善，以更好地适应社会和生活的变化。

二、认识物质性质：洞察世界多样性的视角

（一）观察感知与生活细节捕捉

认识物质性质从观察感知开始，通过观察物质的颜色、状态、气味、溶解性等物理性质，学生对物质有了初步了解。在生活中，我们通过观察周围环境的细节来认识世界。例如观察天空中云彩的形状和颜色，可以推测天气变化；观察植物的生长状态，了解土壤肥力和环境状况。化学中对物质性质的观察训练，培养了学生对生活细节的敏感度，使他们能够从细微之处发现生活的奥秘，感受世界的丰富多彩。

（二）实验探究与深度认知

实验探究是深入了解物质化学性质的重要手段。通过物质之间的化学反应，如金属与酸的反应、酸碱中和反应等，学生能直观地看到物质性质的表现。在生活中，我们也需要通过实践去深入了解事物。比如尝试新的烹饪方

法，才能真正了解食材在不同条件下的变化和特性；参与团队活动，才能深入了解团队成员的优势和不足，学会更好地协作。化学实验探究让学生明白，只有通过实践，才能突破表面认识，深入理解事物的本质。

（三）归纳总结与知识体系构建

对观察和实验得到的物质性质信息进行归纳总结，有助于构建系统的知识体系。学生总结出金属的共性（如导电性、导热性、延展性）和特性（不同金属活动性不同）。在生活中，我们同样需要归纳总结经验。例如，在学习过程中，总结不同学科的学习技巧；在工作中，总结解决问题的方法和策略。通过归纳总结，我们将零散的经验系统化，提高学习和工作效率，更好地应对生活中的各种挑战。

（四）联系生活与学以致用

将物质性质与生活实际相联系，体现了化学知识的实用性。例如，了解活性炭具有吸附性，就能明白它在净水器、空气净化器中的作用；知道二氧化碳能使澄清石灰水变浑浊，就能理解如何检验二氧化碳气体。在生活中，我们运用所学知识解决实际问题，如利用热胀冷缩原理修理松动的家具；利用酸碱中和原理缓解被蚊虫叮咬后的不适。化学知识与生活的紧密联系，让学生体会到知识的价值，激发他们学习的积极性，同时也提高了他们解决生活问题的能力。

三、认识物质组成与结构：探寻世界本质的路径

（一）宏观到微观的思维跨越

从宏观现象推测微观组成，是认识物质的重要思维方法。通过水通电分解生成氢气和氧气的实验，学生根据化学反应前后元素种类不变，推测出水由氢元素和氧元素组成。在生活中，我们也常从宏观现象推断事物的内在本质。比如从一个人的行为举止、言语谈吐，推测他的性格特点和文化素养；从社会的经济现象，分析背后的产业结构和市场规律。这种从宏观到微观的思维方式，培养了学生透过现象看本质的能力，帮助他们在生活中更深入地理解事物。

（二）模型构建与抽象理解

借助原子结构模型、分子模型等工具，学生将抽象的微观世界直观化，降

低理解难度。原子结构模型如同太阳系模型，原子核像太阳，电子像行星围绕原子核运动。在生活中，模型思维同样重要。比如城市规划图是城市布局的模型，帮助我们了解城市功能分区和交通脉络；建筑模型能让我们在建筑施工前直观感受建筑的外观和内部结构。化学模型的运用，教会学生用直观的方式理解抽象概念，提升空间想象力和逻辑思维能力，以更好地应对生活中复杂的信息和概念。

（三）数据支撑与科学判断

实验数据在确定物质组成与结构中起着关键作用。通过测量物质的质量比、元素的相对原子质量等数据，科学家确定了许多化合物的组成和结构。在生活中，数据也为我们的决策提供依据。比如在投资理财时，参考股票的历史价格、公司的财务数据等，做出合理的投资决策；在选择健康产品时，依据产品的成分数据、功效测试数据等，判断其是否适合自己。化学中对实验数据的重视，培养了学生严谨的科学态度和基于数据进行理性判断的能力。

（四）类比联想与知识拓展

将陌生的物质组成与结构和熟悉的事物进行类比联想，有助于学生理解和记忆。把 C_{60} 的结构类比成足球，形象地记住了 C_{60} 分子的结构。在生活中，类比联想能帮助我们学习新知识、解决新问题。比如学习计算机编程时，将程序中的函数类比成生活中的工具，输入是原料，输出是产品，便于理解函数的概念和作用。化学中的类比联想方法，拓展了学生的思维，让他们学会举一反三，融会贯通，提高学习和解决问题的能力。

四、认识化学反应：理解世界变化的密码

（一）变化观念与生活变迁认知

认识化学反应首先要树立变化观念，理解物质是不断变化的，化学反应是物质变化的重要形式。从简单的氧化反应（如铁生锈）到复杂的有机合成反应，学生看到物质在化学反应中发生的本质变化。在生活中，变化无处不在，如社会的发展、科技的进步、个人的成长。学生通过学习化学反应，能够以变化的眼光看待生活，理解生活中的变迁是必然的，从而更好地适应变化，积极推动生活中的正向变化。

（二）反应规律与生活决策依据

化学反应遵循一定的规律，如质量守恒定律、金属活动性顺序等。这些规律帮助学生预测化学反应的发生和结果。在生活中，我们也需要依据规律做出决策。比如在农业生产中，根据农作物生长规律和土壤肥力变化规律，合理施肥、灌溉；在制订学习计划时，依据学习的遗忘规律和知识的难易程度，合理安排学习时间和内容。化学中的反应规律，培养了学生在生活中寻找规律、运用规律的意识，使他们的决策更加科学合理。

（三）能量转化与生活能量利用

化学反应中伴随着能量的转化，如燃烧反应释放热能，电池反应将化学能转化为电能。在生活中，能量的转化和利用无处不在。我们利用太阳能热水器将太阳能转化为热能，用于生活热水供应；利用电动汽车将电能转化为机械能，实现绿色出行。了解化学反应中的能量转化，让学生明白生活中能量的来源和利用方式，培养他们节约能源、合理利用能源的意识，推动可持续生活方式的形成。

（四）条件控制与生活目标达成

化学反应的发生和进行受到条件的控制，如温度、压强、催化剂等。通过控制反应条件，可以增大或减小反应速率，甚至改变反应的方向。在生活中，我们也需要控制各种条件来达成目标。比如在种植植物时，控制光照、水分、温度等条件，促进植物生长；在学习过程中，创造良好的学习环境，合理安排学习时间和方法，提高学习效果。化学中对反应条件的控制，教会学生在生活中善于分析和控制影响目标达成的因素，以实现自己的理想和目标。

五、认识化学技术工程融合解决跨学科问题：应对复杂世界的智慧

（一）跨学科视野与问题洞察

在化学技术工程融合解决跨学科问题时，学生首先要具备跨学科视野，能够敏锐地识别问题中涉及的化学及其他学科要素。例如，在研究空气污染问题时，不仅要考虑化学污染物（如二氧化硫、氮氧化物）的产生和转化，还要涉及物理中的大气流动、生物中的生态平衡以及地理中的气候条件等因素。在生活中，许多问题也是多学科交叉的。比如城市交通拥堵问题，涉及城市规划、

人口流动、能源消耗、环境保护等多个领域。化学学习培养的跨学科视野，让学生在生活中能够全面分析问题，把握问题的关键所在。

（二）知识整合与协同解决

解决跨学科问题需要整合多学科知识，发挥各学科的优势。在污水处理工程中，化学方法用于去除污染物（如化学沉淀法去除重金属离子），物理方法用于分离杂质（如过滤、吸附），生物方法用于降解有机物质（如活性污泥法）。在生活中，解决复杂问题同样需要协同合作。比如组织一场大型活动，需要整合策划、宣传、场地布置、安全保障、后勤服务等多方面的知识和资源，团队成员分工协作，共同完成任务。化学技术工程融合培养的知识整合和协同解决问题的能力，使学生在生活中能够更好地应对复杂挑战，提高解决问题的效率和质量。

（三）工程思维与方案优化

化学技术工程思维注重将化学原理应用于实际工程，考虑方案的可行性、经济性、环保性等因素。在设计化工生产流程时，不仅要追求化学反应的高效进行，还要优化设备选型、能源利用和废弃物处理，降低生产成本，减少环境污染。在生活中，我们也需要运用工程思维优化方案。比如装修房屋时，要综合考虑装修风格、材料选择、施工工艺、预算控制等因素，制订出既美观舒适又经济环保的装修方案。化学技术工程思维的培养，让学生在生活中学会全面思考问题，权衡利弊，追求最优解决方案，培养创新意识和可持续发展观念。

（四）实践反思与能力提升

通过实际案例分析、项目实践等方式，将化学技术工程知识应用于解决跨学科问题，并在实践中反思总结，不断提升能力。在开展“校园水资源保护与利用”项目时，学生通过实地调研、水质检测、方案实施等环节，发现问题并改进方案。在生活中，我们也是在实践和反思中不断成长。比如学习骑自行车，通过不断尝试和调整骑行技巧，反思骑行过程中的问题，逐渐掌握骑行技能。化学技术工程融合解决跨学科问题的实践反思过程，为学生在生活中提升解决问题的能力提供了有效途径，使他们能够在不断实践中积累经验，应对生活中的各种变化和挑战。

初中化学的这五大思路与方法，宛如璀璨星辰照亮学生认识世界的道路。

它们在方法论上，为学生提供科学研究和解决问题的有力工具；在哲学层面，引导学生树立正确的世界观、人生观和价值观；在生活中，为学生提供了丰富的智慧和启示，帮助他们更好地理解生活、适应生活、创造生活。这些思路与方法将伴随学生一生，使他们在未来的学习、工作和生活中，以科学的思维和方法，探索未知，追求真理，实现自身价值，为社会发展贡献力量。

第四章

REUW理论模型的构建与理论创新

第一节　时代驱动：REUW理论模型的研究背景与必要性

REUW理论模型围绕R（Relate to life关联生活，以下用R代替）、E（Explore and practice探究实践，以下用E代替）、U（Understand and internalize理解内化，以下用U代替）、W（Wisdom-upgrading智慧提升，以下用W代替）四个环节，简称REUW。四大核心环节构建起一个从生活感知起始，历经知识建构，最终实现素养升华的动态循环系统，高度契合新时代对化学教育的多元需求，共同服务于核心素养的落地和立德树人目标的达成，为实现化学的“智”和“趣”以及培育学生化学学科核心素养开辟出一条创新路径。

一、学生学段衔接中的认知断裂

在基础教育的化学课程体系中，学段衔接处的知识建构呈现出显著的“陡峭台阶”——从小学科学的“生活现象认知”到初中化学的“基础概念建构”，再到高中化学的“学科本质理解”，每一次跨越都伴随着知识抽象化程度的骤增、思维方式的突变以及智趣发展的割裂。这种断裂在“生活现象→学科概念→本质理论”的转化链条上尤为明显，导致学生在衔接阶段出现“认知断层”与“志趣断层”，严重影响化学学科素养的连续性发展。通过对120所中小学的课程对比、2000份学生学习日志的分析及150位教师深度访谈，这一断层的内在机制得以全景呈现。

（一）小学到初中从“生活经验”到“符号概念”的认知飞跃困境

1. 概念抽象化从“可感知现象”到“不可见微粒”的认知鸿沟

（1）抽象概念的理解困境

小学科学对“物质构成”的启蒙停留在“宏观分类”层面，如“物质分为固体、液体、气体”，用“沙子与水混合”演示“混合物”概念；而初中化学骤然引入“分子、原子”等微观概念，要求学生理解“肉眼不可见的微粒如何构成宏观物质”。这种认知跳跃引起思维障碍：无法建立“宏观现象→微观解释”的关联，如面对“湿衣服晾干”，小学阶段仅需知道“水蒸发了”，初中却要求解释“水分子不断运动到空气中”，62%的学生停留在“水变没了”的现象描述，无法触及“分子运动”的本质。

（2）元素符号与化学式的记忆冲击

小学科学几乎不涉及化学符号，而初中化学在第一学期集中灌输元素符号（如Fe、Cu、O）、化学式（如H_2O、CO_2）、化学方程式（如$2H_2O \xlongequal{通电} 2H_2\uparrow + O_2\uparrow$），形成“符号轰炸”。这种符号系统与生活经验的脱节导致记忆焦虑：问卷调查显示，78%的初三学生认为“记元素符号比背英语单词还难”，23%因“记不住符号”产生厌学情绪；意义割裂：学生能默写“$2H_2O$”表示“2个水分子”，却无法解释“为何1个水分子由2个氢原子和1个氧原子构成”，更无法将其与“水的电解实验现象”关联，符号学习沦为无意义的字符堆砌。

2. 规律归纳方式面临从“经验总结”到“本质建模”的思维跃迁

（1）从定性走向定量

小学科学通过“蜡烛燃烧后质量减少”“铁生锈后质量增加”的现象，引导学生发现“物质变化前后质量可能改变”；初中化学则要求理解“质量守恒定律”，并从“原子种类、数目、质量不变”的微观角度解释。这种转变引发认知冲突。典型误区：56%的初三学生认为“蜡烛燃烧质量减少，所以不遵守质量守恒定律”，未考虑“生成的二氧化碳和水蒸气扩散到空气中”；思维断层：无法从“现象层面的质量变化”过渡到“本质层面的原子守恒”，某中学测试显示，仅19%的学生能写出“铁丝燃烧质量增加”的微观解释（“反应物包含氧气的质量”)，81% 停留在“燃烧后生成固体”的现象描述。

（2）反应条件从表面化到本质理解

小学科学通过“点燃蜡烛”“吹灭蜡烛”的生活实例，总结“燃烧需要点火，灭火需要隔绝空气”；初中化学则通过“铜片上白磷燃烧、红磷不燃烧”的对照实验，得出“燃烧需要氧气和温度达到着火点”，并要求理解“燃烧是剧烈的氧化反应”。这种升级导致经验干扰：32% 的学生仍认为“燃烧必须有火焰”，无法接受“铁丝在氧气中燃烧没有火焰”的事实；本质失焦：将“着火点”理解为“点火的温度”，而非“物质燃烧的最低温度”，更不理解“着火点是物质的固有属性”，暴露“现象归纳”与“本质建模”的思维断层。

3. 实验从“趣味操作”到“验证推理”的角色转换

（1）实验目的的质变

小学科学实验以“激趣”为主，如“彩虹水”（色素扩散）、“火山喷发”（小苏打与柠檬酸反应）；初中化学实验转向“概念验证”，如“酚酞遇碱变红”验证“碱溶液能使指示剂变色”。这种转变导致实验认知断裂：兴趣衰减：小学六年级学生对实验的兴趣度为 89%，初一上学期骤降至 56%，主要原因是“实验课变成知识点验证”；思维浅表化：做“锌与稀硫酸反应”实验时，小学阶段关注“冒气泡真有趣”，初中阶段需观察“气泡速率”并推导“金属活动性顺序”，67% 的学生仍停留在“有趣”的感官体验，忽略“现象背后的概念验证意义”。

（2）操作思维的升级

小学实验允许“自由探索”，如“用不同水量调配彩色水”；初中实验强调“规范操作”，如“胶头滴管垂直悬空”“量筒读数视线与凹液面最低处相平”，并要求通过操作细节推理实验结论。这种要求让初一学生无所适从：操作失误频发：38% 的学生在“液体加热”时试管口朝向自己，25% 的学生在“浓硫酸稀释”时将水倒入浓硫酸，暴露安全意识与规范思维的缺失；推理逻辑断裂：能按步骤完成“氧气制取”实验，却无法解释“为何用排水法收集氧气”（“氧气不易溶于水”），更不理解“实验操作与气体性质的关联”，实验课沦为“机械模仿”。

（二）初中到高中从“基础概念”到“本质理论”的系统建构危机

1.概念深度化

（1）从“得氧失氧”到“电子转移”的本质跨越

初中化学定义“氧化反应为物质与氧气发生的反应”（如“碳与氧气反应生成二氧化碳”），高中则要求理解“氧化还原反应的本质是电子转移”，涉及“氧化剂/还原剂”“氧化性/还原性”“化合价升降”等概念。这种跨越导致概念冲突：58%的高一学生无法接受“氢气与氯气反应生成氯化氢”属于氧化还原反应（无“氧”参与），仍用“得氧失氧”判断；思维僵化：能记住“化合价升高被氧化”的口诀，却无法解释“为何金属单质在反应中常作还原剂”（金属易失电子），暴露“形式记忆”与“本质理解”的断层。

（2）从“反应停止”到“动态平衡”的认知颠覆

初中化学认为“反应结束后物质浓度不再变化”，高中则要求理解“化学平衡是$v_{正}=v_{逆}$的动态平衡，各物质浓度保持不变但反应仍在进行”。这种颠覆引发认知地震：典型误区：41%的高一学生认为“平衡时反应停止，正逆反应都不进行”，27%的学生无法解释“为何改变浓度平衡会移动”，仍用“反应完全”的初中思维分析；模型建构缺失：无法建立“反应物与生成物的浓度随时间变化”的曲线图，更不理解“勒夏特列原理”的本质（系统对抗外界干扰），概念学习停留在“文字定义”层面。

2.规律本质化

（1）从“宏观性质”到“微观结构”的因果倒置

初中化学通过“金刚石硬度大、石墨质软”的现象，得出“碳原子排列方式不同导致性质差异”；高中则要求从“共价键类型→晶体结构→物理性质”的因果链分析，如“金刚石是原子晶体，共价键强，所以硬度大；石墨是混合晶体，层间作用力弱，所以质软”。这种转变导致因果倒置：35%的高一学生认为“因为金刚石硬度大，所以碳原子排列紧密”，而非“碳原子排列紧密导致硬度大”，暴露“现象→本质”因果链的逆向思维缺失；知识碎片化：能记住“结构决定性质”的口号，却无法用“分子间作用力”解释“水的沸点高于硫化氢”，仍停留在“水是液体，硫化氢是气体”的现象描述，缺乏微观结构分析能力。

（2）从“经验判断”到“理论解释”的逻辑升级

初中化学通过“加热使反应加快”的现象，总结“温度影响反应速率”；高中则要求运用“碰撞理论”解释（温度升高，活化分子百分数增加，有效碰撞次数增多，反应速率加快），并涉及“浓度、催化剂、压强”等多因素影响。这种升级引发逻辑断层：理论失语：62% 的高一学生能说出“催化剂加快反应速率”，却无法解释“催化剂降低反应活化能”的本质，更不理解“为何催化剂不会改变平衡状态”；多变量混乱：在“探究浓度对反应速率的影响”时，45% 的学生未控制“温度、催化剂”等变量，仍用初中“单一现象对应单一结论”的思维处理多因素问题，暴露系统思维的缺失。

3. 从“简单符号”到“符号语言”的表达升级

（1）从“完整方程式”到“本质表达”的抽象跨越

初中化学书写“盐酸与氢氧化钠反应”的化学方程式：$HCl + NaOH = NaCl + H_2O$；高中则要求写出离子方程式：$H^+ + OH^- = H_2O$，强调“强酸强碱中和反应的本质是 H^+ 与 OH^- 结合”。这种跨越导致：符号理解障碍：37% 的高一学生无法区分“化学方程式”与“离子方程式”的功能，仍用“写全所有物质”的初中思维书写离子方程式，如保留“NaCl”的拆分形式；本质提炼缺失：能写出“碳酸钠与盐酸反应”的离子方程式 $CO_3^{2-} + 2H^+ = CO_2\uparrow + H_2O$，却无法解释“为何碳酸氢钠与盐酸反应是 $HCO_3^- + H^+ = CO_2\uparrow + H_2O$”，暴露“从具体反应到本质规律”的符号表达断层。

（2）从“定性描述”到“定量表征”的维度拓展

初中化学用“燃烧放热”定性描述反应能量变化，高中则要求用热化学方程式定量表达，如 $2H_2(g) + O_2(g) = 2H_2O(l)\ \Delta H=-571.6\ kJ/mol$，涉及“物质状态”“焓变计算”“键能关系”等多维表征。这种拓展引发认知混乱：维度超载：52% 的高一学生忽略物质状态的标注，导致“焓变计算”错误；29% 的学生无法理解“ΔH 正负”的含义，仍认为“放热反应 ΔH 为正”，暴露“从单一符号到系统符号”的表征能力断层；定量思维缺失：能记住“ΔH= 生成物总焓 - 反应物总焓”的公式，却无法结合“旧键断裂吸热、新键形成放热”的微观过程计算焓变，符号学习沦为“数字游戏”。

（三）断裂成因：课程设计与教学实践的双轨脱节

1. 课程标准的“断层式”目标设定

初高中学段在“知识建构”目标上存在显著梯度差。小学科学侧重“观察生活现象，建立物质变化的感性认识”（如“水的三态变化是可逆过程”）；初中化学要求“形成基本化学概念，能用符号表征简单反应”（如“用化学方程式表示水的电解”）；高中化学强调“构建学科理论体系，用本质规律解释复杂现象”（如“用勒夏特列原理分析平衡移动”）。这种目标设定未建立“螺旋上升”的衔接通道，导致初中毕业生普遍缺乏“从现象到概念、从概念到理论”的转化能力。例如，“燃烧条件”的学习在初中结束于“宏观现象归纳”，高中却直接要求从“活化能、反应机理”的理论分析，中间缺乏“微观解释过渡”的衔接环节。

2. 教学实践的“分段式”知识孤岛

中小学教师普遍存在“学段壁垒”，导致知识建构出现孤岛化现象。小学教师不了解初中化学的“微观概念”需求，在“物质构成”教学中未渗透“微粒意识”，如“‘溶解’时，仅说‘物质消失在水中’，未提及‘微粒扩散’”；初中教师忽视高中“理论建构”需求，在“质量守恒定律”教学中未引入“原子守恒→物质的量守恒”的思维雏形，导致学生进入高中后对“摩尔”概念完全陌生；高中教师假设学生已具备“模型建构”能力，却不知初中阶段仅停留在“现象模型”（如“分子运动模型用小球表示”），未掌握“本质模型”（如“氧化还原反应的电子转移模型”）。

3. 评价体系的“碎片化”导向强化

中高考评价标准加剧了知识建构的断裂。中考化学 70% 试题聚焦“概念再现”“现象描述”，如“写出实验室制氧气的化学方程式”“描述铁丝燃烧的现象”；高考化学 60% 试题要求“理论解释”“模型应用”，如“解释为何铝在冷浓硫酸中钝化”“用化学平衡原理解释合成氨条件选择”。

这种导向使初中教学陷入“考点碎片化”训练，某初中毕业班数据显示，教师用 40% 课时进行“方程式默写”“现象匹配”，仅 10% 课时用于“概念间逻辑关联”训练，导致学生形成“孤立记忆概念”的学习惯性，无法适应高中“系统化理论建构”的要求。

（四）断裂的教育后果导致智趣发展的双重损耗

1. 智慧维度：思维能力的“半截子工程”

（1）微观思维的“侏儒化”

断层导致学生形成“宏观现象依赖症”，能描述“醋能除水垢”的现象，却无法解释“醋酸与碳酸钙反应生成可溶物”的本质；能记住“复分解反应条件”，却不会用“离子浓度降低”的理论分析“为何硝酸钾与氯化钠不反应”。这种思维停留在“现象搬运”层面，背离化学学科“透过现象看本质”的核心价值。

（2）系统思维的碎片化

学生无法建立“概念→理论→应用”的逻辑链条，知道“金属活动性顺序”，却不会用“电极电势”解释金属腐蚀防护；记住“盐类水解概念”，却无法分析“泡沫灭火器中 Al^{3+} 与 HCO_3^- 的双水解反应原理”。这种碎片化思维导致高中化学学习陷入“背了很多知识点，却不会解决实际问题”的困境。

2. 志趣维度：学科兴趣的“断崖式流失”

（1）小学到初中：兴趣的“折戟沉沙”

抽象概念与符号系统的冲击，使初中学生的化学兴趣从“好奇驱动”迅速转为“畏难逃避”，问卷显示 32% 的学生因“听不懂分子原子”对化学失去兴趣；某城市初中数据显示，初三上学期因“概念太难”放弃化学拓展课的学生占比达 45%。

（2）初中到高中：志趣的“理性幻灭”

理论深度与思维难度的骤增，导致高中学生对化学的认知从“生活应用”转为“抽象符号”：访谈中 29% 的高一学生认为“高中化学像数学公式推导，和生活没关系”；某省选考数据显示，因“理论太复杂”放弃化学的学生中，61% 的学生表示“初中化学还能联系生活，高中完全是空中楼阁”。

（五）断裂处的微光：衔接教育的可能路径

1. 小学阶段预埋微观思维的“生活锚点”

概念启蒙：用“红糖溶解”演示“分子扩散”，用“黄豆与芝麻混合体积减小”类比“分子间间隔”，建立“生活现象→微观本质”的初级关联。

符号渗透：在“物质变化”单元引入简单化学式（如 H_2O、CO_2），用卡通图表示“水分子由 2 个氢原子和 1 个氧原子构成”，降低初中符号学习的陌生感。

2. 初中阶段搭建概念到理论的“过渡桥梁”

思维脚手架：在“质量守恒定律”教学中，增加“微观粒子模型演示”（如用磁贴表示原子，演示反应前后原子数目不变），建立“宏观现象→微观解释→符号表征”的三级转化。

理论雏形：在“金属活动性顺序”中渗透“失电子能力”的本质描述（如“钾比钠活泼，因为钾原子更易失去最外层电子”），为高中“电极电势”理论埋下伏笔。

3. 高中初期修补知识建构的“断层带”

衔接课程：开设“微观概念重塑课”，用 3D 动画演示“水蒸发（分子间隔变化）VS 水电解（分子破裂重组）”的本质区别，修补初中微观思维漏洞。

问题链设计：将高中理论拆解为初中概念的延伸，如“为什么二氧化碳能灭火？”→初中解释（密度大、不支持燃烧）→高中升级（分子结构稳定，无可燃性基团），实现“现象→概念→理论”的平滑过渡。

学段衔接中的知识建构断裂，本质是化学教育从“经验化”走向“科学化”过程中必然遭遇的“认知峡谷”。当生活现象与学科概念、基础概念与本质理论之间缺乏系统的转化桥梁时，学生的知识建构便会陷入“断层危机”，智趣发展也随之割裂。破解这一困境，需要打破学段壁垒，建立“生活现象→基础概念→本质理论”的螺旋上升体系——让小学的生活观察成为初中概念的锚点，让初中的基础概念成为高中理论的基石，使每个学段的知识建构既保持自身逻辑完整性，又成为下一阶段的生长点。唯有如此，化学教育才能真正实现“从生活走向化学，从化学回归本质”的育人目标，让每个学生在知识建构的阶梯上稳步攀登，在智趣共生的道路上持续成长。

二、学段衔接中现象到本质的思维断层

在初高中学段衔接的化学课堂中，“思维训练断层”以一种隐性却深刻的方式影响着学生发展——初中阶段以“现象描述”为主的思维模式，与高中“本质推理”要求形成陡峭台阶，导致学生在“宏微符”三重表征、“定性到

定量”转化、“验证性到探究性”实验等关键思维维度出现脱节。通过对 150 节初高中课堂的对比观察、2000 份学生思维过程记录分析及 120 位教师深度访谈，这种断层的内在机制与教育后果得以清晰呈现。

（一）初中思维训练停留在宏观表象的浅层次加工

1. 概念理解的“去本质化”倾向

初中化学概念教学普遍呈现“现象定义”特征，例如，燃烧条件的探究是通过“铜片上白磷燃烧、红磷不燃烧”的实验现象，直接得出“燃烧需要氧气和温度达到着火点”，跳过“燃烧是剧烈氧化反应”的本质解释，更未涉及“活化能”“反应机理”等深层原理；中和反应：以“盐酸与氢氧化钠反应生成盐和水”的现象定义概念，忽略“H^+ 与 OH^- 结合生成 H_2O”的微观本质，导致学生将“生成盐和水的反应”均判定为中和反应（如混淆“二氧化碳与氢氧化钠反应”）。这种教学方式使学生形成“现象即概念”的思维定式。问卷调查显示，68% 的初三学生认为“化学概念就是实验现象的总结”，仅 12% 的学生能说出“概念背后的微观解释”。某学生在“解释酸具有相似化学性质”时写道：“因为酸都能使紫色石蕊溶液变红”，暴露对“酸溶液中含 H^+”本质的认知缺失。

2. 推理过程的“经验性跳跃”

初中化学推理普遍依赖“现象归纳”，而非“本质演绎”，典型表现为：金属活动性顺序通过“铁能置换硫酸铜中的铜，铜不能置换硫酸亚铁”的现象，直接得出“铁比铜活泼”，但未引导学生从“原子结构→失电子能力→电极电势”的本质链条推理，导致学生在高中学习“原电池”时，无法理解“金属活动性差异形成电势差”的原理；质量守恒定律的学习：以“白磷燃烧前后质量相等”的实验现象为依据，强调“反应前后物质总质量不变”，却未深入“原子种类、数目、质量不变”的微观解释，更未涉及“质能守恒”的哲学思考。

这种经验性推理导致学生思维停留在“现象→结论”的单层关联。课堂观察显示，讲解“氢氧化钠溶液变质”时，75% 的初三学生能说出“与二氧化碳反应生成碳酸钠”，但仅有 9% 的学生能写出“$CO_2 + 2NaOH \xlongequal{} Na_2CO_3 + H_2O$”的方程式，暴露“现象认知”与“符号表征”的脱节。

3. 实验思维的“验证性惯性”

初中实验以“验证教材结论”为主，思维训练集中在“操作步骤→现象记录→结论匹配”，例如，实验室制氧气：学生按“查装定点收离熄”步骤操作，观察“带火星木条复燃”现象，记录“氧气能支持燃烧”，但未思考“为何用排水法收集氧气”“高锰酸钾分解的微观过程”；粗盐提纯：聚焦“溶解→过滤→蒸发”的熟练操作，忽略“过滤为何能除杂”“蒸发时晶体析出的本质”等深层问题，导致学生将实验课视为“动手游戏”，而非“思维训练场”。这种验证性惯性使学生形成“实验现象 = 知识点”的条件反射。某初中化学教师坦言：“学生做‘镁条燃烧’实验，只记得‘发出耀眼白光’，却不关心‘氧化镁的生成对质量守恒的验证意义’。”

（二）高中思维训练走向微观解释与系统推理

1. 概念理解的“三重表征融合”

高中化学要求“宏微符”三重表征的系统建构，例如，电解质的概念理解，从宏观现象是盐酸能导电；微观本质分析是 HCl 在水中解离出 H^+ 和 Cl^-；用 符号表征：$HCl = H^+ + Cl^-$。这种融合思维对学生提出挑战——高一测试显示，45% 的学生能写出“氯化钠电离方程式”，但仅有 18% 的学生能解释“为何固态氯化钠不导电”，暴露微观解释能力的缺失。

2. 推理过程的“因果链延伸”

高中推理强调“现象→本质→应用”的多层因果链，例如，铝制品抗腐蚀：初中解释为“铝表面有氧化膜”；高中要求是“铝易与氧气反应生成致密 Al_2O_3 薄膜，阻碍内部铝进一步氧化（$4Al + 3O_2 = 2Al_2O_3$），涉及‘氧化反应速率’‘保护膜结构’等本质推理。”课堂观察发现，32% 的高一学生仍停留在初中解释水平，无法从“金属活动性”“氧化膜结构”角度深入分析，折射出推理深度的断层。

3. 实验思维的“探究性升级”

高中实验以“自主设计→变量控制→误差分析”为主，如探究浓度对反应速率的影响：需自主选择试剂（如不同浓度的 $H_2C_2O_4$ 溶液）、控制变量（保持温度、催化剂不变）、设计记录表格（浓度 - 褪色时间 - 反应速率），并运用“碰撞理论”解释现象（浓度越高，单位体积活化分子数越多，反应速率越快）。但高一学生中，63% 的人在设计实验时未明确“单一变量原则”，28% 的人无法将现象与“有效碰撞”理论关联，暴露实验思维从“验证”到“探究”的脱节。

（三）三重思维维度的衔接鸿沟

1. 宏观现象与微观本质的“解释断裂”

（1）物质变化的微观失语

初中学生能描述“水蒸发成气体”“水电解生成氢气和氧气”的现象，却无法区分两者本质——前者是“分子间隔增大”（物理变化），后者是“分子破裂成原子重新组合”（化学变化）。高一上学期测试显示，28% 的学生认为“两种变化都是分子运动的结果”，混淆“宏观现象”与“微观本质”的层级差异。

（2）性质差异的结构盲视

初中“金刚石与石墨物理性质差异”仅解释为“碳原子排列方式不同”，未深入“共价键类型→晶体结构→性质表现”的逻辑链。当高中学习“二氧化硅与二氧化碳的结构差异导致性质不同”时，41% 的学生无法迁移“结构决定性质”的思维，仍停留在“死记硬背物质特性”层面。

2. 定性描述与定量分析的“思维割裂”

（1）化学反应的定量失能

初中“质量守恒定律”侧重“反应前后总质量相等”的定性认识，高中“物质的量”则要求定量计算（如 2 mol H_2 与 1 mol O_2 反应生成 2 mol H_2O）。这种转变引发认知地震——高一学生在计算“标准状况下 11.2 L CO_2 的质量”时，37% 的学生混淆“摩尔体积”与“密度”概念，29% 的学生未注意“标准状况”条件，暴露“从定性到定量”的思维断层。

（2）能量变化的微观失焦

初中“燃烧放热”仅停留在“化学能转化为热能”的定性描述，高中“焓变（ΔH）”则要求从“旧键断裂吸热、新键形成放热”的微观角度计算（ΔH= 反应物键能总和 − 生成物键能总和）。某高中调查显示，62% 的高一学生能写出“氢气燃烧的热化学方程式”，但仅有 15% 的学生能解释“$\Delta H=-285.8$ kJ/mol”的含义，折射出定量分析能力的差距。

3. 验证性思维与探究性思维的“模式冲突”

（1）实验设计的规则迷失

初中实验遵循“教材步骤→固定现象→标准结论”，高中探究性实验则要求“发现问题→提出假设→设计方案→验证推理”。在“探究 Fe^{3+} 与 Cu^{2+} 对 H_2O_2 分解的催化效果”时，初三学生习惯“按教材图示搭建装置”，而高一学生需自主选择“控制 $FeCl_3$ 和 $CuSO_4$ 浓度相同”“测量相同时间内氧气体积”等变量，这种思维模式的突变导致45%的学生实验方案存在逻辑漏洞（如未控制催化剂质量）。

（2）异常现象的解释缺位

初中实验追求“现象与结论一致”，高中则强调“异常现象的科学解释”。如“铁丝在氧气中燃烧”实验，初中要求“观察火星四射”，若未出现该现象，教师多解释“铁丝表面氧化膜未打磨”；高中则需引导学生分析“氧气纯度”“铁丝粗细”“燃烧位置”等变量，并运用“反应速率理论”解释，而高一学生中，71%的人面对异常现象时选择“忽略或修改数据”，暴露探究性思维的缺失。

（四）课程设计与教学实践的双重错位

1. 课程标准的“思维梯度”缺失

初高中学段对“证据推理与模型认知”素养的要求存在断崖式跳跃：初中课标要求“能根据实验现象归纳物质性质”（水平2）；高中课标要求“能解释现象的本质和规律，构建科学模型”（水平4）。这种梯度缺失导致初中教学停留在“现象归纳”，如“酸的通性”仅通过“盐酸、硫酸与金属、金属氧化物反应”的现象总结，未引导学生建立“酸溶液含 H^+ → H^+ 决定通性”的模型，使学生进入高中后，面对“醋酸为何也具有酸的通性”时，无法运用“电离出 H^+”的模型解释。

2. 教学实践的“思维训练降格”

初中教师受中考压力影响，普遍将思维训练简化为“考点对应”，如：讲解“复分解反应条件”时，直接给出“生成沉淀、气体或水”的记忆口诀，跳过“离子浓度降低→反应自发进行”的本质分析；训练“化学方程式书写”时，强调“记住反应物和产物”，而非“根据质量守恒定律配平”的思维过程。

某初中化学教师坦言："中考不考反应机理，讲太深学生记不住，不如直接给结论。"这种"结论灌输"导致学生形成"思维惰性"，进入高中后难以适应"本质推理"要求。

3. 评价体系的"思维层级固化"

中高考评价标准强化了思维断层：中考化学 70% 以上为"现象识别""结论再现"类试题，如"写出二氧化碳使澄清石灰水变浑浊的化学方程式"；高考化学则侧重"现象解释""原理推导"，如"解释为何过量 CO_2 通入澄清石灰水先变浑浊后变澄清"。这种导向使初中教学聚焦"现象描述"，某初中毕业班数据显示，中考前一个月，教师用 58% 的课时进行"方程式默写""现象匹配"训练，仅 8% 的课时用于"本质推理"思维训练，导致学生进入高中后，面对"陌生情境问题"时思维僵化。

（五）从思维贫血到志趣流失

1. 思维能力的"代际退化"

断层导致高一学生出现"三重思维困境"：一是微观思维贫血，53% 的学生无法用"分子间作用力"解释"水的沸点高于硫化氢"，仍停留在"水是液体，硫化氢是气体"的现象描述；二是推理链条断裂，分析"浓硫酸能干燥氯气"时，42% 的学生仅知"浓硫酸有吸水性"，不知"浓硫酸与氯气不反应"的本质，误认为"浓硫酸能干燥所有气体"；三是模型建构缺失，学习"化学平衡"时，38% 的学生无法建立"$v_{正}=v_{逆}$"的动态平衡模型，将平衡状态理解为"反应停止"。

2. 学习兴趣的"断崖式下跌"

思维断层直接导致兴趣衰减：初三学生对"化学推理"的兴趣度为 62%，高一上学期骤降至 29%，核心原因是"听不懂反应原理"；某省选考数据显示，因"思维难度大"放弃化学的学生中，67% 的人存在"现象描述能力强，本质推理能力弱"的特征。学生访谈中，普遍反映"初中化学像看魔术，高中化学像做哲学题"，这种从"兴趣驱动"到"思维挫败"的转变，导致化学学科在高中阶段的吸引力大幅下降。

3. 学科素养的"半截子工程"

断层使学生形成"不完整的化学思维体系"：能记住"金属活动性顺序

表”，却不会用“电极电势”解释金属腐蚀；能写出“盐类水解的离子方程式”，却无法分析“泡沫灭火器中 Al^{3+} 与 HCO_3^- 双水解的应用原理”。这种“知其然不知其所以然”的思维状态，不仅影响高中化学学习，更导致学生无法形成“通过本质解释现象”的科学思维习惯，背离化学学科“透过现象看本质”的核心价值。

（六）搭建“思维脚手架”的衔接策略

1. 初中阶段预埋本质推理的“思维锚点”

概念教学：在“分子运动”中引入“品红扩散→微观粒子运动→物质溶解本质”的三级解释和探究体验而非仅停留在“现象描述”让学生自主建构概念；实验教学：增加“异常现象讨论”环节，如“铁丝在空气中不燃烧”时，引导学生对比“氧气浓度→反应发生条件”，建立“现象差异→本质原因”的推理意识；习题设计：加入“为什么”类问题，如“为什么用盐酸除铁锈，而不用硫酸？”，强制激活本质推理思维。

2. 高中阶段构建“现象→本质”的转化桥梁

衔接课程：开设“微观思维启蒙课”，用动画演示“水蒸发（分子间隔变化）vs 水电解（分子破裂）”的微观过程，修补初中断层；问题链设计：将高中本质问题拆解为初中现象的延伸，如“为什么碳酸钠溶液呈碱性？”转化为“①碳酸钠由什么离子构成？②钠离子和碳酸根离子能否与水电离的 H^+/OH^- 结合？③结合后对溶液酸碱性的影响？”；模型工具化：提供“宏微符转化表”，强制要求学生在解释现象时填写对应的微观本质和符号表征，如：宏观现象：盐酸使石蕊变红，微观本质 H^+ 与石蕊分子结合，符号表征 H^++ 石蕊→红色物质。

三、与生活的割裂导致的兴趣丧失

（一）当学科概念沦为“意义真空”

1. 化学认知的“三重断裂带”

（1）从“生活在场”到“实验室真空”

质性研究显示（样本为某高校大一新生，786 名学生，2024 年，某高中学校 600 名高一新生）：92% 的学生将“化学课”直接等同于“实验室操作”与“考试题解析”，仅 8% 的学生能主动关联“食品添加剂、化妆品成分、水垢清除”等日常场景。这种认知偏差在高一学生中尤为显著——某中学课堂观察发现，当教师提问“如何用化学原理解释面包蓬松现象”时，仅有 5.6% 的学生能联想到“碳酸氢钠分解反应”，其余学生普遍认为“这是生物课的发酵问题”或“生活常识不需要化学解释”。

（2）从“物质本质”到“标签化误解”

教学实践中，“化学物质 = 有害成分”的错误认知普遍存在：65% 的学生相信“网红食品宣称的‘0 化学添加’是科学表述”，甚至有 43% 的学生认为“天然物质（如蜂蜜、木材）不属于化学研究范畴”。这种认知断层本质上是“物质组成”基本概念与生活经验的断裂——学生在课堂中熟记“纯净物与混合物”定义，却无法识别奶茶配料表中的“植脂末（乳化剂）”“焦糖色（着色剂）”属于化学合成物质；能解出“酸碱中和反应”的计算题，却不知胃酸过多时服用的胃药主要成分是氢氧化铝。

（3）从“意义共生”到“工具理性”

当被问及“化学学习的意义”时，78% 的学生选择“高考提分”或“竞赛获奖”，仅有 12% 的学生提及“理解生活现象”或“解决实际问题”。这种功利化认知导致化学被异化为“分数工具”：某中学的访谈显示，学生将化学实验课戏称为“加分真人秀”——关注重点是“如何规范操作拿满分”，而非“为什么白醋能去除水壶中的水垢”；将有机化学章节视为“记忆地狱”，却不知布洛芬的合成路径、防晒霜的防晒原理就隐藏在课本的反应方程式中。

2. 去生活化教学制造“认知孤岛”

（1）教学目标的“去情境化”设定

现行化学课程标准虽强调“联系生产生活”，但实际教学中，知识传递优先于“意义建构”：某老师讲解葡萄糖的分子结构与银镜反应，但没有提及“低血糖时补充葡萄糖的原理”；“合成材料”单元，重点落在“高分子化合物的聚合反应”，却未引导学生分析“为什么羽绒服选择聚酯纤维而非纯棉”“可降解塑料的降解条件与化学结构的关系”。这种“去生活化”的知识剥离，使化学成为悬浮于生活之上的符号体系——学生记住了“官能团”“键线式”，却看不见它们在洗衣液去污、面包保鲜、电池储能中的真实存在。

（2）认知路径的“单向灌输”陷阱

传统教学依赖“定理→例题→习题”的线性逻辑，切断了“生活问题→化学探究→反哺生活”的闭环。例如讲解“沉淀溶解平衡”时，教师多以“实验室中制备硫酸钡沉淀”为例，却未关联“肾结石的形成与补钙剂的科学服用”“溶洞景观的化学成因”；在“氧化还原反应”章节，侧重训练“得失电子守恒”的计算技巧，却回避“苹果变色、钢铁生锈、葡萄酒抗氧化”等生活化案例的深度剖析。这种教学方式导致学生形成“化学是实验室专属知识”的刻板印象——某初三学生在作文中写道：“化学课像一场遥远的魔术表演，那些瓶瓶罐罐里的变化，和我早餐喝的牛奶、妈妈用的护肤品，好像住在两个世界。”

（3）教师“生活化学素养”的结构性缺失

问卷调查显示，62% 的化学教师自身缺乏“生活化学”敏感度：能准确写出阿司匹林合成方程式，却不知“为什么用醋烹饪鱼能去腥”；熟悉“酸碱指示剂变色范围”，却不会解释“洗涤剂标注的‘中性配方’化学原理”。这种素养断层直接反映在课堂设计中——某教师在讲解“蛋白质变性”时，仅提及“高温杀菌”，却忽略“豆浆加盐聚沉制豆腐”“重金属中毒喝牛奶急救”等生活化案例；在“电化学”单元，仅演示“铜锌原电池”实验，却未引导学生分析“为什么铁制餐具不能长时间盛放酸性食物”“如何用化学方法防止自行车生锈”。教师自身对化学与生活链接的漠视，潜移默化地传递给学生“化学无需解释生活”的认知。

（4）认知错位侵蚀学习动力

当化学知识与生活经验长期割裂，学生的学习动机从“主动探究”退化为“被动接受”。追踪研究显示（样本为 3 所中学 2021—2024 届学生）：初三学生对“生活中的化学”兴趣度为 76%，但经过一年传统教学后，该数据降至 28%；而在实施生活化教学的实验班，兴趣度维持在 65% 以上。这种衰减本质上是“意义感”的流失——当学生发现所学知识无法解释日常现象（如“为什么碳酸饮料要冷藏保存”“为何洁厕灵与 84 消毒液混合危险”），便会产生“化学无用”的疏离感。某高中学生在访谈中坦言：“学了三年化学，连妈妈问我‘口红为什么会掉色’都答不上来，觉得自己学的是‘假化学’。”

去生活化教学导致学生形成“二元对立”的认知模式：将物质分为“天然的”（安全）与“化学的”（危险），将现象分为“生活常识”（无需解释）与“化学知识”（考试专用）。这种思维断层在“网红食品认知误区”中表现尤为明显——相信“0化学添加”的学生，普遍无法理解“水和二氧化碳也是化学物质”“所有物质都是化学元素组成”的基本概念，陷入“谈化学色变”的认知陷阱。更严重的是，这种僵化认知会迁移到科学态度的形成——某中学学生在“食品添加剂”辩论中，坚持“天然成分一定优于合成成分”，却无法用“苯甲酸防腐原理”“维生素C合成工艺”进行理性分析，暴露了“重标签轻本质”的思维缺陷。

化学本应是连接“物质世界”与“人类生活”的桥梁，但去生活化教学使其沦为冰冷的符号系统。学生在作文中描述化学学习体验时，高频出现“疏离”“隔膜”“无感”等词汇——“每次背元素周期表，都觉得这些符号在课本上跳来跳去，和楼下面包店飘来的香味、妈妈擦的香水，没有任何关系”“做酸碱中和实验时，看着溶液变色觉得很神奇，但实验一结束，那些颜色就和分数一起，留在了实验室”。这种情感疏离本质上是“自我价值感”的缺失——当学生无法在化学学习中找到“解释生活、改善生活”的意义，便会将其视为“与己无关”的外部知识，甚至产生“化学是科学家的游戏，普通人不需要”的认知偏差。

四、生活化教学探索开启

在30年的教育教学实践中，我目睹了太多学生对化学的热情从“好奇眼神”沦为“分数囚徒”：背下元素周期表却不知“补铁剂为何要与维生素C同服”，刷透酸碱计算题却看不懂“护肤品成分表的安全提示”。传统化学教育的三大困境如枷锁般桎梏着学习本质：认知困境：知识被肢解为“考点碎片”，“氧化还原反应”沦为“得失电子配平”的机械操作，学生看不见它在“苹果变色”“钢铁防锈”中的鲜活存在；情感困境：实验课变成“按步骤拧开关”的流水线作业，“酚酞遇碱变红”的惊喜被“误差分析”的焦虑取代，好奇心在标准化操作中逐渐钝化；价值困境：化学被异化为“工业知识”的载体，学生不知“布洛芬合成”与“家庭用药安全”的关联，更感受不到“化学为生命健康护航”的温度。这些困境倒逼我思考：如何实现化学教育的智和趣？或许答案就藏在“智”与“趣”的古老辩证中——真正的学习，本应是智慧与兴趣的共生共长。于是开始了“智”和“趣”的探索。

（一）从生存智慧到科学思维的螺旋上升

1. 在生存博弈中孕育“实用之智”

原始社会的化学智慧，是刻在人类基因里的生存密码：火的掌控与物质转化：当原始人发现“烧陶时黏土变硬”“煅烧孔雀石得红铜”，便掌握了最早的“热化学”与“冶金学”——这种智慧源于对“物质变化规律”的朴素观察，如《周易》“形而上者谓之道，形而下者谓之器”，道器合一的思维正是化学智慧的源头。

中医药实践中的物质认知：《神农本草经》记载“丹砂（HgS）主身体五藏百病”，古人通过“尝百草”归纳出“性味归经”与“配伍禁忌”，本质是对“物质相互作用”的经验性智慧，如“甘草解毒”暗含“甘草酸与重金属离子的络合反应”。

2. 在科学革命中淬炼“理性之智”

文艺复兴打破神学禁锢，化学智慧从“经验归纳”走向“实验验证”：波义耳的“怀疑派化学家”觉醒：1661 年《怀疑派化学家》出版，提出“元素”概念，强调“实验是检验真理的唯一标准”，这种实证思维催生了“定量分析”智慧——如拉瓦锡通过“锡铅煅烧实验”证明质量守恒，将化学从“炼金术”的神秘主义引入“科学理性”轨道。

门捷列夫的“周期性知识”：1869 年元素周期表的诞生，是人类对“物质本质规律”的终极抽象——通过原子量与性质的周期性排列，预测未知元素（如镓、锗），展现“从特殊到一般”的归纳智慧，成为化学思维的“万有引力定律”。

3. 在交叉融合中发展“多元之智”

20 世纪以来，化学智慧突破学科边界，形成三大核心维度。

智慧类型	核心特征	化学教育映射
微观解析智	从“宏观现象”到“分子机制”的解码能力（如用“分子的不断运动”解释“闻到花香”）	培养“三重表征”思维：宏观现象→微观模型→符号表征（如“盐酸除铁锈”对应 $Fe_2O_3 + 6H^+ \xlongequal{} 2Fe^{3+} + 3H_2O$）
问题转化智	将“生活难题”转化为“化学问题”的翻译能力如“洁厕灵与 84 消毒液不能混用”	设计“问题链”教学；洁厕灵和 84 消毒液的成分？酸碱性，发生什么反应
创新迁移智	跨领域知识重组的创造能力如“氧气的实验室制法”迁移到“自制制氧机”	“用花青素制作环保 pH 试纸”“用废弃电路板提取金属铜”

4. 智趣化学之“智”的本质是思维工具的迭代升级

智的核心不是知识存储，而是“思维模型”的建构，守恒观从“质量守恒”到“能量守恒”，再到“电荷守恒”，本质是“变化中的不变性”思维；平衡观中溶解平衡、化学平衡、电离平衡的统一本质，是“动态稳定”的系统思维；微粒观是从“原子分子论”到“离子反应”，再到“纳米颗粒特性”，是“物质构成”的层级思维。

（二）从本能好奇到意义共鸣的进化史

1. 在自然惊奇中萌发“本能之趣”

人类对化学变化的兴趣，始于对“神奇现象”的本能好奇：火的魔法：原始人面对“燃烧时的光与热”，既恐惧又着迷，这种矛盾情感催生了“火神崇拜”与“炼金术”的萌芽——如中国古代“炼丹术”虽追求“长生不老”，却意外发现“火药配方”（硫黄、硝石、木炭的混合爆炸）。生命之秘：古埃及人制作木乃伊时，观察到“泡碱使尸体脱水”的现象，这种对“生命保存”的好奇，推动了早期“生物化学”实践，如用蜂蜜防腐（高渗透压抑制微生物生长）。

2. 在知识垄断中孕育“探索之趣”

宗教禁锢下，少数智者在“禁忌知识”中寻找乐趣：贾比尔的“实验趣味”：阿拉伯炼金术师贾比尔在《化学之书》中记录“用蒸馏法分离液体”，将枯燥的实验过程转化为“揭秘物质本质”的游戏，如通过“酒的蒸馏”获得酒精，命名为“燃性水”（Aqua Vitae）。拉瓦锡夫人的“知识可视化之趣”：拉瓦锡的妻子玛丽－安娜将实验过程绘制成精美的插画，使“氧化反应”从“数据记录”变为“视觉盛宴”，这种“科学与艺术的联姻”，让化学趣感受到贵族沙龙的追捧。

3. 在多元体验中发展“意义之趣”

21 世纪的“趣”超越感官刺激，升华为“意义共鸣”：认知冲突之趣：当学生发现“水的沸点不是 100 ℃”（高原气压低），“饱和溶液还能溶解其他物质”（如饱和 NaCl 溶液可溶解 KNO_3），这种“反直觉”现象激发“打破固有认知”的探索欲；创造实现之趣：自制“水果电池”为电子钟供电、用“3D 打印”制作分子模型，让学生在“从 0 到 1”的创造中体验“化学改变世界”的成就感；社会价值之趣：参与“社区水质检测”发现重金属超标，通过“化学沉淀法”提出改良方案，这种“知识服务社会”的实践，让兴趣升华为“责任驱动的志趣”。

4. 智趣化学之“趣”的本质是从“感官吸引”到“意义共振”

真正的“趣”需满足三重递进，感官层：颜色变化（如“茶水遇柠檬汁褪色”）、状态改变（如“干冰在空气中呈现云雾缭绕的现象”）引发本能好奇；认知层：通过“为什么”的追问（如“为何铵态氮肥不能与草木灰混用”），在解谜中获得思维快感；价值层：当发现化学知识能“守护家人健康”（如正确使用 84 消毒液）、“改善社区环境”（如设计雨水收集系统），兴趣便转化为“持续探索的志趣”。智趣化学在多年的思考中诞生 1.0 版——有趣、有料、有价值的课堂。

（三）智趣化学 2.0 版：从“无模之模”到“四步五环”的模式化进阶

在智趣化学 1.0 版探索遭遇“标准模糊”的瓶颈后，我们意识到：真正的教育变革需要从“经验驱动”走向“模式建构”。依托菏泽市“双新”背景下初中化学育人模式研究课题，经过三年教情、学情调研（覆盖 23 所初中、1 200 多名师生），智趣化学 2.0 版——“四步五环”课堂模式应运而生。这一模式以“核心素养落地”为靶心，将 1.0 版的“有趣、有料、有价值”转化为可操作的教学流程，实现了从“理念倡导”到“实践路径”的关键跨越。

1. 从“散点探索”到“系统建构”

核心痛点的精准诊断。通过课堂观察与教师座谈发现，1.0 版的三大困境本质是“三维目标”的割裂：有趣≠有效：45% 的趣味实验停留在“感官刺激”，与核心知识关联度不足（如“大象牙膏”实验后，仅 28% 的学生能迁移解释“伤口消毒原理”）；有料≠有序：知识拓展缺乏层级设计，42% 的教师在“溶液”单元过度延伸生活中溶液的应用，却未夯实“溶解度”的核心概念；有价值≠有感知：学生虽知道“化学与环保有关”，但 53% 的人无法用“在汽车排气管上安装催化转化器”分析“改善环境质量”的内在联系。

2. 理论框架的迭代逻辑

基于“建构主义学习理论”与“化学三重表征”理论，提出“四步五环”模式的核心理念：

四步进阶：情境锚定（真实的化学，生活问题）→探究建模（体验的化学——化学思维）→迁移应用（理解的化学——解决问题）→价值升华（魅力的化学——社会责任）；五环支撑：每个教学环节嵌入“问题链驱动”“实验探究”“思维可视化”“跨域迁移”“社会连接”，形成“知识 - 能力 - 价值观”的螺旋上升。

四步	五环	措施	目的
真实的化学	创设情境 提出问题	寻找生长点	激发兴趣，爱上课堂
体验的化学	任务分解 活动探究	分析障碍点	体验乐趣，提炼方法
理解的化学	交流研讨 形成理解	找准突破点	享受从未知到已知的愉悦
	总结提炼 深化理解	掌握关键点	领略化学思维的智慧
魅力的化学	拓展应用 问题解决	定位落脚点	形成思想观念，体会化学价值，享受“知之趣”，发展成志趣

“四步五环”智趣化学课堂教学模式

模式解构："四步五环"的立体化架构

智趣化学 2.0 版"四步五环"深度案例：胃病诊疗中的化学密码——从钡餐选择到胃药原理的探究之旅。

智趣化学 2.0 版案例示例：

胃病诊疗中的化学奥秘——从钡餐选择到胃药原理的趣味探究

一、情境锚定：真实的化学——用生活谜题激活探究欲

环节目标：通过"钡餐透视"和"胃药选择"的真实场景，建立"化学就在医疗中"的直观认知，激活好奇心。

1. 生活导入环：播放动画《胃镜检查小科普》

情境创设：动画中医生递给患者一杯白色液体："这是钡餐，喝下去后，医生就能通过机器看到你的胃啦！"

问题链设计（口语化提问）：

①"钡餐为什么是白色的？它是什么物质呢？"

②"家里的碳酸钡粉末也是白色，能不能代替钡餐呢？"（提前告知"钡离子有毒"的生活常识）

学生反应：

猜测："可能是面粉，因为面粉是白色的又安全！"

质疑："但医生说：'钡餐是化学物质'，应该和面粉不一样吧？"

2. 认知冲突环：观察对比实验（简化版）

实验演示：教师分别向两支试管中加入少量 $BaSO_4$、$BaCO_3$，再倒入稀盐酸。试管 1（$BaSO_4$）：无明显现象；试管 2（$BaCO_3$）：固体溶解，产生气泡。

提问引导："同样是钡盐，为什么一个和盐酸'和平相处'，另一个却'冒泡泡'？这和它们的安全性有什么关系？"

二、探究建模：体验的化学＋理解的化学——用简单实验建构核心概念

环节目标：通过"钡盐与盐酸反应""胃药中和胃酸"的实验，理

解“酸与盐反应条件”和“酸碱中和反应”，培养观察与归纳能力。

钡餐原理探究：为什么选硫酸钡？

问题驱动环：分组实验“钡盐与盐酸的反应”

实验任务：

实验步骤	观察记录	我的发现
取少量 $BaSO_4$ 于试管，加稀盐酸	固体不溶解，无气泡	$BaSO_4$ 不和盐酸反应
取少量 $BaCO_3$ 于试管，加稀盐酸	固体溶解，产生气泡	$BaCO_3$ 和盐酸反应，放出气体

原理讲解：胃酸的主要成分是盐酸，$BaCO_3$ 遇到胃酸会反应生成有毒的钡离子，而 $BaSO_4$ 像“不怕酸的小石子”，不会和胃酸反应，所以能安全使用！

知识结构化：

钡盐大比拼

物质	外观	特点	其他
$BaSO_4$	白色粉末	不溶于水、不溶于酸、不和酸反应	钡餐（安全显影）
$BaCO_3$	白色粉末	微溶于水、与盐酸反应生成气体（$BaCO_3+2HCl = BaCl_2 + CO_2\uparrow + H_2O$）	风险：生成有毒钡离子，不能服用

生活问题：“小明妈妈胃酸过多，家里有两种胃药（胃舒平、小苏打片），该怎么选呢？我们用实验来帮忙！”

实验设计：

药品	加入稀盐酸后的现象	反应方程式	适合哪种情况
胃舒平［$Al(OH)_3$］	固体溶解，无气泡	$Al(OH)_3 + 3HCl = AlCl_3 + 3H_2O$	中和胃酸，不产生气体，适合胃溃疡患者

（续表）

药品	加入稀盐酸后的现象	反应方程式	适合哪种情况
小苏打片（$NaHCO_3$）	固体溶解，产生大量气泡	$NaHCO_3 + HCl = NaCl + CO_2\uparrow + H_2O$	中和快，但产生气体，胃溃疡患者慎用

关键发现：学生通过气泡多少，直观理解“胃药是否适合胃溃疡患者”与“是否产生气体”有关。

思维建模环：制作“胃药选择小贴士”

药品成分	中和胃酸的本领	会不会让胃胀气?	适合哪种胃酸过多?
氢氧化铝	强	不会	普通胃酸过多、胃溃疡患者
碳酸氢钠	快	会（产生 CO_2）	偶尔胃酸过多，无胃溃疡者

三、迁移应用：体验的化学 + 理解的化学——用所学解决生活问题

环节目标：将“钡餐安全”“胃药选择”迁移至家庭场景，培养解决实际问题的能力。

1. 生活应用环：设计“家庭小药箱 · 胃药篇”

任务驱动：“假如你是家庭小管家，需要为患有胃溃疡的爷爷准备胃药，应该选哪种？如何提醒家人注意用药安全？”解决方案：

①推荐药物：选择标有“氢氧化铝”成分的胃药（如胃舒平），并贴上标签“胃溃疡适用，不产生气体”。

②禁用提醒：在小苏打片上标注“胃溃疡慎用！会产生气体，可能让胃不舒服”。

③安全知识：告诉家人“钡餐是硫酸钡，和家里的碳酸钡不一样，绝对不能混淆！”

2. 社会连接环：角色扮演“小小医药讲解员”

情境模拟：学生分组向“家人”（角色扮演）解释胃药原理，要求

用生活语言。

“爷爷，胃舒平里的氢氧化铝就像‘胃酸小海绵’，能吸走过多的盐酸，而且不会让您胃胀哦！”

“小苏打片虽然能快速中和胃酸，但会产生二氧化碳气体，您有胃溃疡，吃了可能会不舒服，要听医生的话哦！”

能力提升：80% 的学生能准确说出“胃药选氢氧化铝还是碳酸氢钠”的依据，60% 的学生能举例说明“化学性质决定用途”（如“不与盐酸反应→安全钡餐”）。

四、价值升华：魅力的化学——感受化学对生命的守护

环节目标：通过化学在医疗中的应用，建立“化学有用、化学有趣”的积极认知。

1. 伦理讨论环：有毒物质也能变“安全卫士”

引导思考：“钡离子有毒，但硫酸钡用作钡餐却是安全的，这说明什么呢？”

共识形成（简化版）：化学物质的安全性和它的“性格”（性质）有关，硫酸钡“性格稳定”，不和胃酸反应，所以安全；科学家通过研究物质的性质，让原本有毒的物质为人类服务，这就是化学的神奇！

2. 未来展望环：化学与健康的奇妙联系

展示“化学在医药中的其他应用”：补铁剂（硫酸亚铁）帮助治疗贫血；碘酒（碘的酒精溶液）用于伤口消毒。

情感共鸣：学生分享：“原来化学能帮助医生治病，以后我要好好学化学，说不定能发明更安全有效的胃药呢！”

设计聚焦初中化学核心知识（酸与盐的反应、酸碱中和），通过直观实验和生活情境，让学生在“观察现象→对比分析→解决问题”的过程中，自然理解“物质性质决定用途”的化学思维。从“钡餐为什么安全”到“胃药怎么选”，学生不仅掌握了知识点，更感受到化学对生命的守护作用，真正实现“真实的化学、体验的化学、理解的化学、魅力的化学”在初中课堂的落地。

正如参与实验的初中生所说：“原来化学不是遥远的实验室实验，而是能保护我和家人健康的实用知识！现在看到胃药说明书，我也能像小医生一样分析成分了！”这种从“知识接收”到“生活应用”的转变，正是智趣化学2.0版初中适配的核心价值——让化学学习贴近生活、充满趣味，更成为守护健康的智慧工具。

五、“四步五环”模式落地的关键细节

1. 真实情境的“三层渗透法”

个人层：关联“胃痛经历”（如“爸爸酒后胃酸过多时的用药选择”）。

社会层：引入《中国胃癌筛查白皮书》数据，强调钡餐透视的早期诊断价值。

学科层：对比“钡餐显影”（物理性质）与“胃药治疗”（化学性质），展现化学的多维应用。

2. 探究活动的“脚手架”设计

认知支架：提供“现象→问题→实验→结论”四步探究表，引导学生有序思考；错误捕捉：故意呈现“认为$BaCO_3$也可作钡餐”的错误假设，让学生通过“加酸实验”证伪，强化“证据优先”的科学态度。

3. 跨学科素养的自然融合

生物关联：解释“钡离子与蛋白质的结合位点”，衔接“重金属盐使蛋白质变性”的生物学知识；医学伦理：讨论“药物研发中的动物实验伦理”，渗透“科学研究的社会责任”。

这个案例完整呈现了智趣化学2.0版的育人逻辑——从真实医疗情境出发，通过实验探究破解化学密码，在解决生活问题中活化知识，最终在学科价值的感悟中建立认同。学生从“钡餐为什么是硫酸钡”的疑惑，到理解“沉淀溶解平衡”的本质；从“胃药随便选”的误区，到能根据病情科学用药，化学知识便完成了从“课本符号”到“生命智慧”的华丽转身。

更重要的是，这样的学习过程让学生看到化学的魅力不仅在于试管中的颜色变化，更在于它对生命的精准守护——小到胃药成分的选择，大到医学影像的显影原理，化学始终是解读生命密码的关键钥匙。正如参与实验的学生所说："现在路过药店，看到胃药说明书上的成分表，我会不自觉地分析它们的化学结构和反应原理——这种用化学知识守护自己和家人健康的感觉，让我真正体会到了学习的价值。"

（四）实践突破：从"经验型教学"到"科学型育人"

1. 操作流程的标准化与弹性化统一

设计《四步五环教学手册》，明确各环节的"规定动作"与"可选动作"：

教学环节	规定动作（核心素养对应）	可选动作（学情差异化）
情境锚定	至少 1 个生活问题导入（科学态度与责任）	农村学校可选"农药稀释"问题，城市学校可选"化妆品成分"问题
探究建模	必做 1 个探究性实验（科学探究与实践）	可选择"教师引导型探究"或"自主设计型探究"
迁移应用	布置 1 个家庭实践任务（科学思维）	可选择"厨房实验""社区调研"等不同形式。
价值升华	进行 1 次社会关联讨论（社会责任）	结合本地热点（如"菏泽牡丹深加工中的化学技术"）

2. 教师支持系统的构建

开发了"双新资源包"：包含 30+ 生活化情境案例、20+ 探究性实验改进方案（如用"果冻壳"替代试管进行微型实验）、10+ 跨学科项目模板（如"化学 + 生物：探究牡丹精油提取中的蒸馏原理"）。

建立了"课堂观察量表"：从"情境真实性""思维外显度""社会关联度"三维度，量化评估课堂是否达成"四步五环"目标（例：情境真实性需满足"与学生生活经验交集 ≥ 70%"）。

3. 学生素养发展的实证数据

经过两年对比实验，实验班呈现显著优势。

认知维度："三重表征"能力提升41%（能准确关联"浓硫酸稀释放热"的宏观现象、微观粒子运动、符号方程式）。

情感维度："化学有用"认同度从52%升至89%，"主动探究意愿"提升3.2倍。

社会维度：76%的学生能运用化学知识分析本地环境问题（如"洙水河水质改善中的化学沉淀法应用"）。

（五）迭代逻辑：从"模式建构"到"动态进化"

1. 与1.0版的本质区别

对比维度	目标定位	教学流程	素养落地	评价方式
1.0版（无模之模）	散点式趣味、知识、价值渗透	依赖教师个人创意	兴趣驱动为主，深层思维培养不足	主要结合"思维可视化作品"观感为主
2.0版（四步五环）	统化核心素养培育（科学探究、证据推理、社会责任）	稳定性低、标准化流程+弹性化调整，可复制性强	构建"观察提问→实验验证→模型建构→迁移应用"的思维闭环	"社会应用成果"的多元评价

2. 为3.0版奠基的关键突破

理论贡献：首次提出"化学育人的情境－探究－迁移－价值"四阶模型，为后续"REUW理论"奠定框架。

实践创新：通过"双新资源包"解决某些学校实验设备不足问题（如用"注射器＋矿泉水瓶"完成"气体制备"实验），使模式适应性从城区名校扩展至乡镇学校。

（六）深层价值：重新定义"化学课堂的样子"

智趣化学2.0版的探索，本质是对"化学教育本质"的回归：课堂形态从"教师表演场"变为"学生思维工厂"——80%的课堂时间用于学生实验探究、小组辩论、方案设计；知识属性从"课本知识点"变为"生活工具箱"——学生能随时调取"金属防腐""溶液配制"等知识解决现实问题；学习动力从"外部刺激驱动"变为"内在意义驱动"——当学生发现"化学能帮助家人选择更安全的食品”，学习便成为“自我实现”的自然需求。

正如参与实验的学生在日记中所写：“现在上化学课，我不再等着看老师做实验，而是总在想：这个知识能不能帮我解决上周发现的问题？”这种从“被动接受”到“主动连接”的转变，正是智趣化学 2.0 版最珍贵的育人成果——它不仅教会学生化学知识，更教会他们用化学的眼光理解世界，用科学的思维改造生活，为 3.0 版“REUW 理论模型”的构建奠定了坚实的实践基础。

在 2.0 版“四步五环”实践基础上，智趣化学 3.0 版提炼出生活化教学 REUW 理论模型［R（Relate to life）—关联生活、E（Explore and practice）—探究实践、U（Understand and internalize）—理解内化、W（Wisdom-upgrading）—智慧提升］，构建“生活－探究－应用－智慧”的素养生长闭环。该模型锚定核心素养坐标，助力化学教学从单向知识传递到素养智慧深度生长的本质跨越。

（七）重建化学与生活的意义链接

1. 教材重构：让知识“扎根”生活土壤

情境化知识锚点设计：在“物质结构”章节增加“钻石与石墨的硬度差异——解释铅笔芯为何能留下痕迹”“防晒霜中的二氧化钛颗粒形状——为何纳米级颗粒能防紫外线”；在“化学反应原理”单元插入“发酵粉发面的双重反应”“暖宝宝发热的原电池原理”，使每个知识点都附着生活案例。

真实问题链导入：“在酸、碱、盐的复习”教学场景转化为水培绿萝的种植，设计如下问题：水培绿萝容器如何选择？水培水培溶液的酸碱性如何调节？水培溶液调节过程中发生什么化学反应，水培溶液如何配制？

生活实验常态化：开发“家庭化学实验包”，如“用白醋制作二氧化碳灭火器”“通过豆浆聚沉探究胶体性质”“用苹果切片观察氧化反应”，让学生在厨房、阳台完成“可触摸的化学”。

2. 教学革新：构建“生活－化学”双向解释系统

现象解码教学法：针对生活现象进行“化学翻译”——问题：“为什么新装修的房子要放活性炭？”

化学解码：活性炭的多孔结构→比表面积大→物理吸附甲醛分子→可逆吸附与饱和现象→结合“相似相溶原理”解释甲醛的极性。

3. 评价转型：从“解题能力”到“生活胜任力”

生活化试题开发：“某家庭主妇误将84消毒液与洁厕灵混合，出现恶心现象，并写出避免此类事故的家庭化学品使用建议”；超越“纯净物分类”理论题，设计“分析某品牌奶茶配料表：哪些成分属于有机物？从化学角度解释‘摇匀后口感更均匀’的原理”。实践能力档案袋：记录学生在生活中应用化学的案例，如“成功去除衣服上的铁锈（利用草酸溶液）”“通过控制发酵温度制作米酒（运用酶催化活性知识）”，将“生活化学实践”纳入过程性评价。公民科学素养考核：组织“化学与公共政策”辩论，如“是否支持禁用不可降解的塑料袋——从聚乙烯的合成、降解与环境影响，分析政策背后的化学逻辑”，考查学生用化学知识参与社会决策的能力。

4. 教师赋能：培养“生活化学”敏感力

教研重心转移：建立“生活化学案例库”，要求教师每学期开发至少3个生活化教学案例（如“从‘火锅痛风警告’解析嘌呤代谢与尿酸结晶的化学原理”“用‘防晒霜SPF值’讲解光化学反应与物质防护机制”）。

跨界知识补给：组织教师参与食品化学、日化化学、环境化学等领域的科普培训，鼓励教师考取“家庭化学指导师”等跨界资质，提升对生活场景的化学解读能力。

教学反思工具：设计《生活化学链接度自查表》，从“本节课是否解释了至少1个生活现象”“是否提供了知识应用的生活场景”“学生能否用所学知识分析课后遇到的化学问题”三个维度进行教学反思。

当化学课堂充满“面包的蓬松、洗涤剂的泡沫、铁锈的颜色”，知识便不再是冷冰冰的方程式，而是解释世界的钥匙。去生活化教学的最大代价，不是兴趣的衰减，而是让学生失去了“用化学眼光理解生活”的能力——他们学会了计算产率，却算不清奶茶中的糖分是否超标；记住了沉淀溶解平衡，却看不懂化妆品成分表的安全提示。

重建化学与生活的链接，本质上是重建教育的“人性温度”——让学生在“分析妈妈的护肤品成分”时，看见化学对美的守护；在“探究爷爷的高血压药物代谢”时，理解化学对生命的尊重；在“解决社区水污染问题”时，感受到化学对社会的责任。唯有当化学从“实验室孤岛”回归“生活群岛”，才能真正激发学生的内在兴趣——因为人类天生对“与自己有关的知识”充满好奇，对“能改善生活的智慧”充满渴望。

第二节 理论溯源：REUW 模型的学术根基与思想传承

REUW 理论模型的提出源于对传统化学教学模式的反思与革新需求。传统教学往往侧重于理论知识的灌输，学生被动接受信息，难以将所学内容与实际生活相联系，导致其学习兴趣和效果大打折扣。在此背景下，REUW 理论模型应运而生，旨在通过引入关联生活、探究实践、理解内化及智慧提升四大要素，构建一个更为贴近生活、注重学生核心素养发展的全新教学框架。

在初中化学教学中，REUW 模型致力于打破学科边界，使学生能在真实的生活中发现问题、解决问题。例如，通过对日常生活中常见的化学现象进行观察和分析，激发学生的好奇心和探索欲望。模型不仅强调知识的传授，更重视培养学生的科学思维和实践能力，让学生在动手操作中体验和领悟化学原理，进而实现深度学习。此外，该模型还注重引导学生将所学知识与自身的生活经验相结合，促使他们在面对实际问题时能够灵活运用化学知识，发展解决实际问题的能力。

REUW 理论模型的提出为初中化学教学注入了新的活力，提供了系统化的框架，帮助教师设计出更加生动、有效的课程内容，以提升学生的综合素养和发展潜力，模型的提出有数据支撑的需求背景，同时也有扎实的理论依据。

一、建构主义学习理论

建构主义认为学生的学习是在已有经验基础上主动构建知识体系的过程，强调知识的个体性与情境性。在 REUW 模型中，“关联生活（R）”是这一理论的直接体现。生活中的化学现象成为学生化学学习的起点，如日常生活中的金属生锈、食物变质等现象，为学生提供了丰富的感性经验。教师引导学生基于这些生活经验探究背后的化学原理，促使学生主动构建化学知识框架，将抽象的化学概念与生活实际紧密相连，使学生在熟悉的情境中逐步深入理解化学知识，从而有效激发学生的学习兴趣与主动性，为后续的学习奠定坚实的认知基础，开启学生化学核心素养发展的大门，培养学生运用化学知识解释生活现象的能力，提升学生的化学认知素养与实践意识。

二、情境认知理论

情境认知理论主张知识是个体与特定情境相互作用的产物，学习依赖于具体情境且在情境中得以深化和应用。在化学教学实践中，依据这一理论创设多样化的生活情境是关键。例如，在讲解酸碱中和反应时，模拟工业废水处理、土壤改良等实际情境，让学生在具体情境中观察、操作和思考，深刻体会酸碱中和反应的原理和应用价值。这种情境化教学不仅有助于学生理解化学知识的本质，更能增强学生在真实情境中运用化学知识解决实际问题的能力，培养学生的实践智慧和社会适应能力，促进学生化学学科核心素养中的实践能力与社会责任意识的发展，使学生认识到化学知识在社会生活中的重要作用，提升学生对化学学科价值的认同感。

三、杜威实用主义教育理论与“做中学”思想

杜威的实用主义教育理论强调教育与生活实践的紧密结合，倡导学生通过实际操作来获取知识和技能，在“做”的过程中培养解决问题的能力和科学思维。在“探究实践（E）”环节，学生亲自动手进行化学实验，如探究物质燃烧的条件、自制酸碱指示剂等实验活动，充分体现了这一思想。学生在实验过程中从提出问题、设计实验方案、选择实验仪器和试剂，到进行实验操作、观察实验现象、记录实验数据，再到分析实验结果、得出结论，整个过程都需要学生自主参与和实践操作。在这个过程中，学生不仅深入理解了化学知识，更重要的是培养了实验操作技能、观察能力、分析能力、归纳总结能力以及科学探究精神和态度，为学生的终身学习和发展奠定了坚实的基础，有力地促进了学生化学学科核心素养中的科学探究与创新意识、科学态度与社会责任等方面的发展，使学生在实践中成长为具有创新精神和实践能力的探索者。

四、布鲁纳发现学习理论

布鲁纳发现的学习理论强调学生主动探索知识结构，通过自主发现的过程培养独立思考能力和创新精神。在化学教学中，“探究实践”环节为学生提供了发现学习的平台。例如，在探究金属活动性顺序的实验中，学生自主设计实验方案，尝试不同金属与酸或盐溶液的反应，通过观察实验现象，自己发现金属活动性的规律。这种学习方式激发了学生的内在学习动力，使学生在探索过程中积极思考、勇于创新，培养了学生的逻辑思维能力和创新思维能力，符合核心素养对学生自主学习和创新能力发展的要求。同时，学生在发现学习过程中体验到成功的喜悦，进一步增强了学习化学的自信心和兴趣，促进了学生化学学科核心素养的全面提升，使学生从知识的被动接受者转变为主动发现者和创造者，推动学生高阶思维能力的发展。

五、奥苏贝尔的有意义学习理论

奥苏贝尔的有意义学习理论认为，学生的学习是将新知识与已有认知结构建立实质性联系的过程，通过同化和顺应机制实现知识的整合与深化。在“理解内化（U）”阶段，REUW 模型充分运用了这一理论。例如，在学习化学方程式的书写时，教师引导学生联系之前所学的元素符号、化学式、质量守恒定律等知识，帮助学生理解化学方程式的意义和书写规则，使新知识与已有知识相互融合，构建起完整的知识网络。在这个过程中，学生不仅掌握了化学方程式的书写技能，更重要的是培养了逻辑思维能力、归纳总结能力和知识迁移能力，促进了学生对化学知识的深度理解和灵活运用，提升了学生的化学学科思维品质，为学生化学学科核心素养中的宏观辨识与微观探析等方面的发展提供了有力支持，使学生能够从宏观和微观相结合的角度理解化学变化的本质，运用化学思维方法解决实际问题，实现知识向能力的转化。

六、维果斯基的文化历史发展理论中的内化机制

维果斯基的文化历史发展理论强调个体将社会文化经验内化为心理结构，从而实现认知发展。在化学学习中，学生通过参与课堂学习、实验探究、化学史学习等文化活动，将化学知识、思维方式和价值观念内化为自身素养。例

如，在学习化学史中科学家们的研究历程和科学精神时，学生受到潜移默化的影响，将科学家们严谨治学、勇于创新、团结协作、追求真理的精神内化为自身的科学素养，丰富了对化学知识的理解层次和价值内涵。同时，在课堂讨论、小组合作学习等活动中，学生在与教师和同伴的互动交流中，不断吸收和内化新的知识和思维方式，促进了自身认知结构的发展和完善。这种内化机制从文化历史发展的角度为“理解内化”提供了理论支撑，有助于培养学生的科学精神、人文情怀和社会责任感，促进学生化学学科核心素养的深层积淀和全面提升，使学生在化学学习中不仅掌握知识技能，更能形成正确的价值观和科学态度，实现知识、思维和价值观念的协同发展。

七、加德纳多元智能理论

加德纳的多元智能理论认为个体具有多种智能类型，包括语言智能、逻辑数学智能、空间智能、身体运动智能、音乐智能、人际智能、内省智能、自然观察智能等。在初中化学学习的 REUW 全过程中，各个环节都为学生多元智能的发展提供了契机。例如，在“关联生活（R）”环节，学生用语言描述生活中的化学现象，锻炼了语言智能；在“探究实践（E）”环节，学生进行实验设计、操作仪器、分析数据等活动，提升了逻辑数学智能和身体运动智能；在制作化学模型时，发展了空间智能；在小组合作探究中，促进了人际智能和内省智能的发展；在观察生活中的化学变化和自然现象时，培养了自然观察智能。而“智慧提升（W）”阶段则是学生整合多种智能解决复杂问题的过程，如设计一个环保型的化学实验方案或参与社区化学科普活动，需要学生综合运用多种智能进行协同创新和实践操作。多元智能理论为化学教育促进学生综合素质发展提供了理论依据，使化学教学能够充分挖掘学生的潜能，满足不同学生的学习需求，促进学生的全面发展和个性成长，培养具有多元能力和综合素质的创新型人才，契合核心素养对学生全面发展的要求，提升学生在未来社会中的竞争力和适应能力。

八、21 世纪核心素养框架理念

21 世纪核心素养框架涵盖了批判性思维、创新能力、信息素养、合作能力、社会责任等多个维度的素养要求。在初中化学教学的“智慧提升”层面，REUW 理论模型与该框架理念高度契合。

在核心素养导向下，初中化学教学旨在培养学生的全面发展，不仅包括学科知识的掌握，还涵盖了思维能力、创新能力和社会责任感等多个维度。核心素养强调学生在真实情境中解决问题的能力，因此，化学教学不再仅仅局限于书本知识的传授，更应注重将理论与实践相结合，通过生活化的情境设计，帮助学生在实际生活中运用所学知识。

核心素养的培养要求教师在教学过程中关注学生的个体差异，尊重学生的主体地位，鼓励学生积极参与课堂活动，激发学生的学习兴趣和内在动力。化学作为一门实验性很强的学科，尤其适合通过实验和探究活动来培养学生的科学精神和实践能力。通过引导学生观察自然现象，进行实验操作，分析实验结果，学生能够逐渐形成严谨的科学态度和求真务实的精神。

此外，核心素养还强调跨学科的综合能力，要求学生能够将化学知识与其他学科的知识相融合，解决复杂的现实问题。例如，在环境保护、能源利用、健康生活等领域，化学知识的应用无处不在，教师可以通过这些实际问题引入化学概念，帮助学生理解化学在日常生活中的重要性，从而提高学生对化学学习的兴趣和积极性。同时，这也为学生未来的学习和职业发展奠定了坚实的基础。

核心素养导向下的初中化学教学，不仅关注学生的学业成绩，更重要的是培养学生终身学习的能力和适应社会发展的综合素质。通过构建基于核心素养的生活化教学模式，教师能够更好地满足不同层次学生的需求，促进学生全面且有个性的发展。这一系列过程充分体现了 21 世纪核心素养的培养要求，为“智慧提升”提供了宏观教育目标导向的理论指引，使学生在化学学习中不仅能够掌握扎实的学科知识和技能，更能培养其适应未来社会发展所需的综合智慧和关键能力，成为具有全球视野、创新精神和社会担当的时代新人，彰显化学教育在学生终身发展中的重要地位和作用，促进学生从学科学习迈向社会参与，实现个人价值与社会价值的有机融合，完成化学学科核心素养的全面培育与升华。

生活化教学理念在初中化学教育中占据重要位置。这一理念旨在将化学知识与学生日常生活相结合，通过贴近生活的示例和情境引导学生学习，从而提高学生对化学学科的兴趣和理解。生活化教学不仅强调理论知识的传授，更注重培养学生的实际应用能力。通过生活化案例，学生能够更直观地理解抽象概念，如通过厨房中的食盐溶解现象来解释溶液的概念。

生活化教学还鼓励教师采用多样化的教学方法，例如实验、讨论和项目学习。这些方法使学生能够在动手实践中探索知识，激发学生的创造力和解决问题的能力。教师可以从生活中选取素材设计教学活动，让学生感受到化学无处不在，提升他们对周围世界的敏感度。例如，在讲解酸碱性时，可以通过生活中常见的柠檬汁和小苏打反应进行演示。

此外，生活化教学有助于建立知识与技能之间的联系，促进学生的全面发展。当学生看到化学知识可以直接应用于解决实际问题时，他们会更加主动地参与课堂活动。这种教学模式打破了传统课堂的局限，为学生提供了一个开放性的学习环境，促使他们从被动接受向主动探究转变。最终，生活化教学不仅丰富了教学内容，也提升了教学质量，使学生在轻松愉快的氛围中掌握化学知识，形成正确的科学观。

综上所述，核心素养视域下初中化学生活化教学 REUW 理论模型的理论基础丰富而多元，涵盖了建构主义学习理论、情境认知理论、杜威实用主义教育理论、布鲁纳发现学习理论、奥苏贝尔的有意义学习理论、维果斯基的文化历史发展理论、加德纳多元智能理论以及 21 世纪核心素养框架理念等多个重要教育理论。这些理论从不同角度和层面为 REUW 模型的各个要素提供了坚实的理论支撑，共同作用于学生化学学科核心素养的培养过程。在教学实践中，教师应深入理解和把握这些理论基础，充分发挥 REUW 理论模型的优势，设计丰富多样的教学活动，引导学生在关联生活、探究实践、理解内化和智慧提升的过程中，逐步形成和发展化学学科核心素养，为学生的未来发展奠定坚实的基础，使学生能够更好地适应社会发展的需求，成为具有创新精神、实践能力和社会责任感的高素质人才。

第三节　内涵解析：REUW 模型的核心要素与深层逻辑

一、模型结构图示

（一）模型呈现

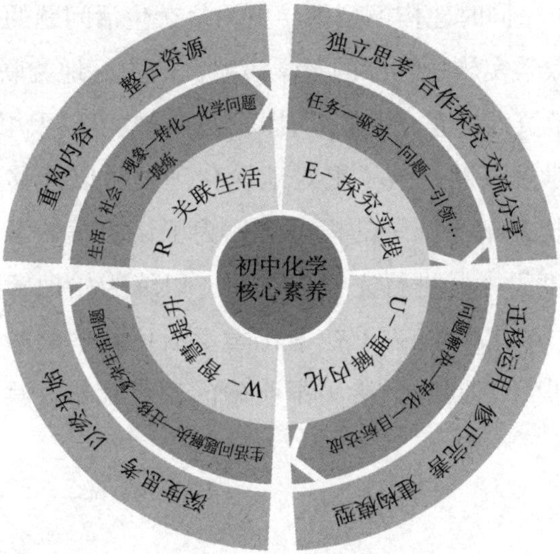

核心素养视域下初中化学生活化教学 REUW 理论模型

（二）图示解析

在 REUW 理论模型中，第一层核心是初中化学核心素养，也是生活化教学的学科目标。

第二层是生活化教学的四个环节，即 R—关联生活、E—探究实践、U—理解内化、W—智慧提升，它们之间存在着紧密且动态的联系。R（关联生活）是 REUW 理论模型的根基，为探究实践提供了素材和背景，使学生能够从熟悉的生活情境出发；E（探究实践）是 REUW 理论模型的路径，也是学生形成对知识理解内化的必经之路，只有经历和实践才能构建对化学知识的理解；U（理解内化）是学生探究实践的结果，也是通向生活智慧的前提；W（智慧提升）是将化学问题解决过程中的能力和素养用于指导解决更为复杂的生活问题，也是生活化教学的最高境界。

第三层是课堂教学实施步骤，第一步完成两个任务，分别是转化和提炼，把生活（社会）现象转化为化学问题，然后把化学问题提炼出课堂可以解决的嵌入核心知识和关键能力的核心任务。第二步是把承载核心知识的任务拆解成子任务，用任务驱动问题，问题引领探究活动的进行。第三步是学生通过探究实践形成对化学知识的理解，使化学问题得以解决。第四步是拓展延伸生活现象或生活问题的解决，同时建构模型指导更为复杂生活问题的探索。

第四层是课堂教学实施过程中的教学策略，为更好地关联生活要进行生活化内容的重构，教学资源的整合，为了让探究更有效可以采用独立思考、合作探究、分享交流等学习策略，为了更好地深化理解可以迁移运用，修正完善自己的知识结构和构建解决问题的模型等，为了让化学的学习更好地提升生活智慧，要进行深度思考，进行完善和创新，以终为始把解决化学问题的思路和方法用于生活中。模型涵盖了初中化学生活化教学的四个环节，每个环节都有具体的教学步骤，同时又给出了明确的教学策略，具有非常强的统领性和指导性。

二、模型解读

（一）R（关联生活：Relate to life）——铺设化学学习的生活基石

关联生活环节是化学教育的发端，是引领学生叩响化学知识大门的关键一步。此环节的核心在于深度挖掘生活万象中的化学元素，像日常饮食里的营养成分转化、生活起居中的能源利用，乃至社会发展里的科技变革等，都能成为引入化学知识的绝佳切入点。通过创设这些与生活紧密相连的情境，把抽象晦涩的化学知识具象化，让学生真切体会化学与生活的深度交融，从而明晰“为何学习化学”，激发学生的学习兴趣与内在动力。

1. 核心内涵

R 环节重点着眼于将生活实际与化学知识无缝对接。教师从学生熟悉的生活场景出发，精心挑选具有代表性的生活现象、实际问题，将其巧妙转化为化学教学情境。例如，以日常烧水时水壶内壁产生水垢这一现象为引子，引导学生思考水垢的成分及形成原理，从而自然地引入“酸与盐反应”的化学知识，让学生认识到化学就在身边，生活处处皆化学。

2. 理论支撑

情境认知理论指出，知识的获取和应用离不开特定情境，在情境中学习能显著提升知识的可理解性与实用性。在化学教学中，把化学知识融入生活情境，能使学生更好地感知知识的价值和意义。如在讲解“燃烧与灭火”时，结合生活中的火灾事故，分析火灾发生的原因和灭火的方法，让学生在熟悉的情境中理解燃烧的条件和灭火原理，实现知识的有效建构。

3. 实施策略

生活现象引入：每堂化学课开篇，教师可选取典型生活现象导入。例如，学习“溶液”时，提问“你喝过哪几种饮料？能否说说这些饮料的特点？”以这种贴近生活的问题激发学生好奇心，引导学生主动探究溶液的相关知识，开启化学知识的学习之旅。

热点话题探讨：定期组织学生讨论社会热点化学话题，如“新能源汽车电池技术的发展”。学生在探讨过程中，从化学视角分析电池的工作原理、能量转化及研发挑战，不仅能拓宽知识面，还能深刻体会化学在推动社会进步中的重要作用，增强学习化学的使命感。

实地观察体验：条件允许时，教师可带领学生实地考察，如参观污水处理厂。学生通过实地观察污水净化流程，直观了解沉淀、过滤、氧化还原等化学原理在污水处理中的应用，亲身感受化学与生活的紧密联系，加深对化学知识的理解。

4. 核心素养对接

R（关联生活）与化学观念，2022 年版课标强调化学观念是从化学视角对物质及其变化规律的基本认识。在 REUW 理论模型中，“R—关联生活”将化学知识与日常生活紧密相连。例如，在学习 氧气的性质时，教师可以联系生活中食物变质的实例，让学生认识到事物的变质过程遵循着一定的变化规律。通过这种关联，学生能够从生活现象中提炼出化学本质，逐步形成“物质是变化的”“化学变化有规律可循”等化学观念。这种从生活到化学的关联，打破了化学知识与生活的壁垒，使学生在熟悉的情境中理解化学知识，进而构建化学观念体系 。R（关联生活）与科学思维，关联生活为科学思维的培养提供了丰富的素材。在生活中，存在许多蕴含化学原理的现象，如铁生锈等。教师引导学生对这些现象进行观察和思考，能够激发学生的问题意识，培养其提出问题、分析问题的能力。例如，针对铁生锈现象，学生可以提出“为什么铁在潮湿环境中更容易生锈”等问题，进而运用科学思维中的推理、分析方法，尝试从化学角度解释现象，逐步形成科学思维习惯 。R（关联生活）与科学探究与实践，关联生活为科学探究与实践提供了方向和动力。生活中的化学问题是科学探究的重要来源，当学生发现生活中与化学相关的问题时，会产生探究的欲望。比如，生活中水质的差异会引发学生探究“如何鉴别硬水和软水”“如何净化水”等问题，促使学生主动开展探究实践活动，增强实践能力 。R（关联生活）与科学态度与责任，关联生活能够让学生深刻认识到化学对社会和生活的重要影响，从而培养学生的社会责任感。例如，在讲解“环境污染与保护”相关知识时，联系生活中的大气污染、水污染等现象，让学生明白化学在环境保护中的作用。学生意识到自身对环境的责任，进而形成正确的科学态度，积极关注与化学相关的社会问题。

5. 角色定位与价值分析

R 环节在 REUW 模型中扮演“生活情境触发者”的关键角色，是整个教学过程的起点。它打破学生对化学学科的陌生感，激发学生的求知欲，为后续探究实践、理解内化和智慧提升环节筑牢情感与认知根基。例如，学生对“醋能除水垢”产生兴趣后，会主动投身于“酸与盐反应”知识的探究学习，同时，R 环节提供的生活情境素材，为后续环节构建化学知识体系提供了丰富的感性材料。

（二）E（探究实践：Explore and Practice）——构筑知行合一的素养培育平台

探究实践环节是 REUW 模型的关键枢纽，以“做中学”为核心理念，为学生搭建起一座从理论知识迈向实践能力的桥梁，是培育学生科学思维与探究精神的重要阵地。此环节通过实验探究、调查实践、问题解决等多样化活动，让学生置身真实化学情境，运用所学知识，亲身体验科学研究的全过程，实现知识向能力的转化。

1. 核心内涵

E 环节旨在解决“如何学习化学”这一关键问题，遵循“观察—猜想—验证—应用”的螺旋式上升路径。学生在动手操作、团队协作中直面真实化学问题，不断经历“假设—验证—修正”的认知迭代，实现从知识被动接受者向实践主动参与者的转变。例如，探究“影响化学反应速率的因素”时，学生观察不同条件下化学反应现象，提出关于温度、浓度、催化剂等因素对反应速率影响的猜想，设计并实施实验进行验证，最后将结论应用于解释生活中食品保鲜、金属腐蚀等现象。

2. 理论支撑

建构主义学习理论：知识是学习者在一定情境中通过意义建构主动获取的。探究实践为学生提供“动手操作—认知冲突—意义建构”的平台，助力学生在互动协作与问题解决中构建化学概念和原理。如在“探究金属活动性顺序”实验中，学生通过操作观察不同金属与酸反应的剧烈程度，产生认知冲突，进而构建金属活动性顺序概念。

“做中学”教育理论：主张通过实践活动让学生在解决问题中积累直接经验。化学实验、调查等实践活动是“做中学”的典型体现。例如，“设计制作简易净水器”活动，学生运用化学知识选择材料、设计流程，在实践中提升动手能力，积累实践经验。

最近发展区理论：探究实践应设计难度适中、具有挑战性的任务，处于学生的最近发展区内。如结合“碳中和”目标，让学生设计家庭碳排放量测算方案，既基于学生已有知识经验，又能激发学生潜能，促进能力提升。

3. 实施策略

（1）阶梯式探究活动设计

基础探究层：聚焦学科核心概念的验证性实验，培养学生实验技能与观察能力，建立“现象—本质”联系。如“粗盐提纯”实验，学生在操作中观察溶解、过滤、蒸发步骤中物质变化，理解混合物分离原理。教师引导学生思考操作细节背后的原理，如“过滤时滤纸紧贴漏斗内壁的原因”，加深对实验本质的理解。

进阶探究层：开展开放性实验设计，培养学生实证意识与批判性思维。如“设计实验验证铁生锈的条件”，学生自主选择变量、控制条件、分析误差。教师引导学生质疑实验方案的合理性，如“仅观察到铁钉生锈能否证明水是必要条件，如何排除氧气干扰”，培养学生严谨的科学态度。

跨学科实践层：结合真实问题开展项目式学习，融合多学科知识培养学生解决复杂问题的能力。如“校园垃圾分类中的化学处理方案”项目，学生综合运用化学、生物、环境科学知识，完成调研、实验、方案撰写等环节，提升综合素养。

（2）科学思维显性化训练

“证据推理”链条构建：在实验中要求学生记录“观察到的现象→提出的假设→验证的方法→得出的结论”。如探究“蜡烛燃烧产物”时，学生依据干燥烧杯内壁有水珠、澄清石灰水变浑浊的现象，提出产物假设，通过实验验证得出结论，强化“证据→结论”的逻辑关联。

“模型认知”工具运用：引入思维导图、反应机理图等可视化工具，帮助学生建立多因素分析模型。如在“气体的制取”学习中，用思维导图呈现气体发生装置—净化装置—收集装置—尾气处理装置，让学生直观理解各装置间的作用，提升模型认知能力。

“科学论证”能力培养：组织小组辩论，如“塑料使用的利与弊”，学生基于化学知识提出观点并反驳，在思维碰撞中提升逻辑表达与科学交流能力。

（3）情境化实践任务驱动

生活问题解决任务：布置生活相关问题，如“厨房清洁剂成分探究与去污效果比较”，学生通过查阅资料、设计实验、对比分析，将化学知识应用于生活，解决实际问题。

社会议题调研任务：引导学生关注社会热点，开展调研。如“本地河流污染的化学检测”，学生设计采样方案，检测水质指标，分析污染源并提出改良建议，增强环保责任意识。

科技创新实践任务：结合“绿色化学”理念，鼓励学生开展创新活动。如用家庭材料制作“简易净水器”“水果电池”，撰写实验报告并分享改进方案，培养创新思维与工程意识。

4. 核心素养对接

E（探究实践）与科学思维，“E—探究实践”是科学思维培养的重要途径。课标中强调科学思维包括模型认知、推理论证等要素。在化学探究实践中，学生通过设计实验方案、进行实验操作、分析实验数据等过程，运用模型认知来构建化学知识模型。例如，在探究“燃烧的条件”实验中，学生通过控制变量，对比不同条件下物质的燃烧情况，构建燃烧条件的模型。同时，在实验结果分析过程中，运用推理论证得出结论，锻炼了逻辑思维和批判性思维能力。E（探究实践）与科学探究与实践，“E—探究实践”直接对应课标中的科学探究与实践核心素养。在化学课堂中，学生通过参与实验探究、调查研究等实践活动，掌握科学探究的基本方法和技能。例如，在“粗盐提纯”实验中，学生经历溶解、过滤、蒸发等操作过程，学会使用化学仪器，掌握物质分离的方法。同时，在探究过程中培养合作交流能力，提升发现问题、解决问题的能力，完全契合课标对科学探究与实践能力培养的要求。E（探究实践）与科学态度与责任，在探究实践过程中，学生需要严谨认真地对待实验操作和数据记录，培养实事求是的科学态度。同时，在小组合作探究中，学生学会尊重他人意见，培养团队合作精神和责任感。例如，在“探究质量守恒定律”实验中，学生必须规范操作，如实记录数据，任何马虎和不诚信行为都会影响实验结果，通过这样的实践，学生逐渐养成严谨、负责的科学态度。

5. 角色定位与价值分析

E 环节是 REUW 模型的“实践转化层”，如同“知行合一的孵化器”，承接 R 环节的生活情境问题，转化为探究任务，让学生在实践中实现知识理解、技能掌握和思维发展的跨越。例如，从 R 环节提出的“河水污染检测”，在 E 环节开展水样采集、检测等实践，学生不仅能掌握实验技能，还可以理解化学的应用价值。同时，E 环节为 U 环节提供认知素材和思维支撑，实践中产生的认知冲突和获得的经验，为抽象概念的理解和知识内化奠定基础，其培养的实践能力也为 W 环节的高阶智慧发展搭建了“能力脚手架”。

（三）U（理解内化：Understand and Internalize）——夯实学科本质的素养根基

理解内化环节是学生深度领悟化学学科本质、构建系统化学知识体系的核心部分。该环节以“深度理解”为目标，借助概念建构、逻辑推理、思维建模等手段，助力学生将碎片化知识整合成结构化认知，建立“宏观现象—微观本质—符号表征”的紧密联系，形成化学学科独特的思维方式。

1. 核心内涵

U环节致力于解决“如何理解化学”的深层认知问题，要求学生在探究实践积累的感性经验基础上，深入挖掘化学知识的内在逻辑和本质规律，实现从感性认识到理性认识的升华。内化过程不仅是知识记忆，更是思维方式、价值观念与化学知识的深度融合。如通过“物质分类”学习，学生理解化学研究的规律性，学会从物质组成和性质角度分类；通过“质量守恒定律”学习，建立科学定量思维，运用定律解释化学反应中的质量变化。

2. 理论支撑

意义学习理论：新知识需与原有认知结构建立关联，才能实现有意义的学习。U环节通过“上位概念—下位概念—例证”的层级整合，帮助学生构建知识网络。如学习“化学反应”上位概念后，再学习“分解反应”“化合反应”等下位概念，并结合具体反应实例，让学生理解下位概念是上位概念的具体表现，完善化学反应概念体系。

认知发展阶段理论：初中生处于从具体运算向形式运算过渡阶段，U环节需提供“具象—抽象”的桥梁促进思维发展。如讲解“分子和原子”时，借助分子模型让学生直观感受分子结构和原子连接方式，理解化学反应中分子和原子的变化，助力学生从形象思维向抽象思维转变。

双重编码理论：通过语言与表象的双重编码可增强知识记忆与理解。化学中的“宏观现象—微观示意图—化学方程式”是典型双重编码形式。如学习“盐酸与氢氧化钠反应”，学生从观察溶液混合的宏观现象，到微观示意图展示离子反应过程，再用化学方程式进行符号表征，多角度理解反应本质，强化知识记忆。

3. 实施策略

（1）概念网络建构策略

层级化概念图谱：以核心概念为节点构建知识网络。如“物质构成的奥秘”单元，以“元素→原子→分子→离子→物质”为主线，串联“化学式书写”“化合价规律”“化学反应实质”等子概念，使知识系统化，避免碎片化记忆。

概念对比与进阶：通过对比相似概念，如“蒸发与蒸馏”“化合反应与分解反应”，让学生明确概念内涵差异；设计概念进阶路径，如“氧化反应”从初中“得氧失氧”到高中“电子转移”的深化，为后续学习做好铺垫。

生活实例概念化迁移：将 E 环节的实践经验转化为理论认知。如通过“厨房中发面用的小苏打分解”理解“碳酸氢钠受热易分解”性质，再抽象出“盐类稳定性与阳离子的关系”，实现从具体到一般的归纳。

（2）思维建模与符号表征训练

“宏—微—符”三重表征融合：在教学中强调宏观、微观、符号三种表征的融合。如“铁与硫酸铜溶液反应”教学，让学生从宏观现象、微观离子反应和化学方程式三个层面描述反应，强化化学思维独特性。

逻辑推理可视化：运用“因果链”“思维导图”呈现思维过程。如分析“盛有 CO_2 的 CO_2 塑料瓶加水振荡变瘪”时，用箭头连接“瓶变瘪→瓶内压强减小→气体减少→气体溶于水或与水反应”，培养“证据→推理→结论”的严谨思维。

批判性思维培养：设置“科学史话辨析”任务，如讨论“拉瓦锡的氧化说为何推翻燃素说”，引导学生关注实验证据对理论建构的作用，理解科学理论的可证伪性，培养批判性思维。

（3）元认知策略引导

反思日志与错题归因：要求学生记录学习过程中的思考和疑惑，如“今天学了什么概念，和之前的知识有何联系，实验中异常现象的原因”，通过反思提升理解深度，从单纯记忆知识到理解知识本质。

概念教学“三问法”：学习新理论时追问“从何而来（知识背景）→有何作用（解释或预测现象）→边界何在（适用条件）”。如学习“质量守恒定律”时，探讨“核反应是否遵循该定律”，明确理论适用范围。

类比与隐喻建构：用生活实例类比抽象概念。如将“原子结构”类比为“太阳系”，“催化剂”比喻为“反应的‘搬运工’”，降低理解难度，促进知识内化。

4. 核心素养对接

U（理解内化）与化学观念，“U—理解内化”环节是学生将所学化学知识转化为化学观念的关键。当学生在关联生活的基础上，对化学知识进行深入思考和分析，能够将零散的知识系统化。比如，在学习了多种金属的性质后，通过对比分析金属与氧气、酸的反应，学生可以内化“金属具有相似的化学性质，但活泼性不同”的观念。这种理解内化过程，是基于课标要求学生对化学知识进行深度理解和整合，从而形成稳定、系统的化学观念。

5. 角色定位与价值分析

U 环节是 REUW 模型的“认知深化层”，充当“思维建模的转换器”。它将 E 环节的感性经验升华为理性认识，通过概念结构化、思维可视化、表征系统化，帮助学生搭建化学学科认知框架。例如，学生在 E 环节发现“稀盐酸能除铁锈”，U 环节理解其反应本质，归纳出“酸能与金属氧化物反应”通性，形成“物质类别—反应规律—应用场景”认知链条。同时，U 环节为 W 环节提供知识储备和思维工具，只有理解化学原理，才能在 W 环节创造性解决复杂问题。内化过程中形成的科学思维，是知识迁移和解决复杂问题的核心能力基础。

（四）W（智慧提升：Wisdom-upgrading）——迈向素养融合的升华之境

智慧提升环节是 REUW 模型的终极追求，以“迁移创新”为导向，推动学生将化学知识、思维方法、价值观念有机融合，解决真实复杂问题，培养高阶思维与社会责任担当，实现从知识学习者到问题解决者、社会参与者的蜕变。

1. 核心内涵

W 环节旨在解决“化学如何升华”的终极目标问题，通过“知识整合—跨界应用—价值引领”路径，实现学生素养的全面提升。智慧提升不仅是知识的综合运用，更是科学精神、创新意识、社会责任的深度融合。如运用化学知识分析“牡丹种植与深加工”，既涉及土壤的酸、碱性等知识，又涉及经济效益与区域文化等，体现跨学科素养与全局视野，培养学生对社会和家乡的责任感。

2. 理论支撑

高阶思维理论：W 环节聚焦“分析、评价、创造”等高阶认知目标，要求学生在复杂情境中整合知识、提出创新方案。如设计“碳中和校园”化学解决方案，学生需综合考虑能源利用、碳排放等多方面因素，提出创新性的策略。

情境性学习理论：强调知识在真实情境中的迁移应用。W 环节通过“大概念统摄下的项目实践”，如“化学与健康”主题下设计个性化营养方案，让学生将化学知识应用于实际生活，实现知识从理论到实践的转化。

社会责任学习理论：主张教育培养“负责任的公民”。W 环节通过解决社会议题，如“食品添加剂安全性辩论”，引导学生理解化学的社会价值，树立“科学服务于人类福祉”的责任感，学会从科学、社会、伦理等多维度思考问题。

3. 实施策略

跨学科项目式学习（PBL）真实问题驱动：围绕复杂社会议题开展项目，如“碳中和背景下的本地工业减排方案”“社区垃圾分类中的化学处理技术”，融合多学科知识，要求学生完成从现状调研、方案设计到可行性论证、成果展示的全流程。如“校园雨水回收利用”项目，学生需综合化学、工程、数学等知识，设计水质检测、过滤装置和成本计算方案。在调研阶段，学生运用化学知识检测雨水的酸碱度、重金属含量等指标；设计过滤装置时，借鉴工程学原理优化结构；成本计算则依靠数学方法，通过这样的实践，全方位提升解决复杂问题的能力 。创新思维激发：鼓励学生突破传统思维定式，在项目中提出创新性的解决方案。例如，在“绿色建筑材料研发”项目里，引导学生探索利用废弃农作物秸秆与工业废渣合成新型环保建筑材料。学生需要大胆假设、小心求证，从材料的化学组成、物理性能等多方面进行创新设计与实验验证，培养创新思维与勇于探索的科学精神。多元评价体系：建立包含过程性评价、成果评价和反思性评价的多元评价体系。过程性评价关注学生在项目中的参与度、团队协作能力、问题解决思路等；成果评价侧重于方案的创新性、可行性和实际应用价值；反思性评价则要求学生总结项目中的经验教训、知识收获以及自身能力的提升，促进学生全面发展。

科学本质与价值观念渗透　化学史与科学伦理教育：借助化学史上的经典案例，如“氟利昂的发现与环境影响”，引导学生探讨科学研究的社会责任与伦理道德。让学生思考科学家在追求科学发现时，如何平衡科学进步与人类和环境利益的关系，培养学生正确的科学价值观和社会责任感。STSE议题深度剖析：针对社会热点的科学、技术、社会和环境（STSE）议题，如“基因编辑技术中的化学原理与伦理争议”，组织学生进行深入分析。要求学生从化学知识出发，探讨技术应用的利弊、对社会公平性的影响以及潜在的环境风险，培养学生的批判性思维和对社会问题的综合分析能力。科学决策模拟训练：创设模拟科学决策场景，如“城市化工园区选址决策”。学生需要收集化学污染数据、考虑地理环境因素、评估经济成本和社会影响，最终提出合理的决策建议，并阐述决策依据。通过这样的训练，培养学生运用科学知识进行理性决策的能力。

元智慧与终身学习能力培养　学习策略迁移：引导学生总结在化学学习和项目实践中运用的学习策略，如信息收集与筛选、问题分析与解决、团队协作沟通等，并将这些策略迁移到其他学科和生活问题的解决中。例如，在解决“社区交通拥堵改善方案”这一生活问题时，运用化学项目中调研分析的方法收集交通流量数据、分析拥堵原因，进而提出解决方案。复杂系统思维训练：通过分析复杂的化学相关系统，如“生态系统中的碳循环与碳中和”，培养学生的系统思维能力。让学生理解系统中各要素之间的相互作用、物质和能量的流动以及化学变化在其中的关键作用，学会从整体和动态的角度看待问题。自我发展规划：结合化学领域的职业探索，如化学工程师、环境分析师、药物研发人员等，帮助学生制订个人的学习和发展规划。学生根据自身兴趣和优势，设定短期的学习目标（如掌握某项化学实验技能）和长期的职业发展目标（如成为某领域的专家），并制订相应的学习计划，培养学生的自主学习意识和终身学习能力。

4. 核心素养对接

W（智慧提升）与科学思维，“W—智慧提升”使学生的科学思维得到进一步升华。通过对探究实践结果的总结和反思，以及对化学知识在生活中的综合应用，学生能够灵活运用科学思维解决复杂问题。例如，学生在掌握了金属腐蚀原理和防止方法后，面对生活中金属制品的防护问题，能够运用科学思维制定合理的防护方案，实现从知识到智慧的转化，提升科学思维的应用能力。W（智慧提升）与科学态度与责任，智慧提升阶段，学生能够运用所学化学知识解决实际生活中的问题，履行社会责任。例如，学生利用化学知识设计环保方案，减少生活中的化学污染，将所学知识转化为实际行动，体现了科学态度与责任在实践中的升华。

5. 角色定位与价值分析

W 环节是 REUW 模型的"素养升华层"，犹如"智慧生成的催化剂"。它将 R 环节的生活感知、E 环节的实践经验、U 环节的理论建构进行深度融合，实现学生从知识到智慧、从能力到责任的全面提升。例如，学生在 R 环节关注到"白色污染"问题，在 E 环节通过实验探究塑料的降解性能，在 U 环节理解塑料的化学结构与降解原理，最终在 W 环节提出一套完整的社区塑料垃圾分类与回收再利用方案，并倡导环保理念，推动社区环保行动。

同时，W 环节体现了化学教育的最终目标——培养全面发展、具有社会责任感和创新能力的人才。通过解决真实世界的复杂问题，学生不仅展现出扎实的化学学科素养，还发展了沟通协作、创新创造、价值判断等通用素养，为其未来的学习和生活奠定坚实基础。此外，W 环节的成果，如学生提出的环保倡议、科技创新成果等，又能反馈到 R 环节，为新一轮的学习情境创设提供素材，形成"生活触发—实践探究—理论内化—智慧反哺"的良性循环，使 REUW 模型成为一个持续发展、动态生长的素养培育体系。

第四节　建构历程：追溯 REUW 理论模型的搭建之路

一、模型建构的实践溯源与理论形成

（一）传统化学课堂的三大核心痛点

1. 情境创设虚化脱节，缺乏意义连接

传统课堂多采用教材预设的虚拟情境（如"实验室制取二氧化碳"直接

讲解药品与装置），或浅层次生活案例（如“点燃蜡烛”仅用于说明燃烧现象），学生难以感知化学与生活的深层关联。对15所初中化学教师的问卷调查显示，78%的教师在导入新课时依赖教材图片或演示实验，仅22%会主动挖掘本土生活素材（如本地化工厂、水资源状况）；学生访谈中，65%表示“课堂上的化学知识好像和生活没什么关系，只是为了考试”。这种教学方式违背课标“贴近学生生活，联系社会实际”的基本理念，未能发挥化学在“解释生活现象、解决社会问题”中的学科价值，导致学生“学化学却不懂生活中的化学”。

2. 探究活动形式化严重，思维深度不足

实验课以“教师演示＋学生模仿”为主，探究步骤“剧本化”（如实验报告提前印好步骤，学生只需填空），缺乏“提出问题、设计方案、反思误差”等关键思维环节。某学校教师在“探究金属活动性顺序”的课堂教学中，教师提供完整实验方案（镁、锌、铁分别与稀盐酸反应），学生仅需观察现象并记录，全程无自主提问或方案调整，探究活动沦为“按图索骥”，83%的学生在实验后无法独立设计类似探究方案。照方抓药实验探究无法落实课标“科学探究与实践”素养中“能独立进行实验操作，能对观察记录的实验信息进行加工并获得结论”的要求，学生沦为“实验操作员”而非“科学探究者”。

3. 知识迁移习题导向，实践创新断裂

应用环节局限于课本习题（如“写出中和反应的化学方程式”），缺乏真实问题解决任务（如“为胃酸过多的家人设计饮食方案”），学生能熟练解题却不会用化学知识解释生活现象。在某课堂听课时发现学生学完溶液知识后后，学生能准确回答“溶液的性质，溶解度的概念”，但面对“为何冬捞碱夏晒盐”时，72%的学生无法将“溶解度”与“温度”结合解释，暴露“知识碎片化”与“迁移能力弱”的问题。

（二）REUW理论模型的三轮迭代进阶路径

1. 第一轮问题导向的实践探索：破解化学教学三大核心问题的实践方案

本轮探索聚焦破解传统化学课堂中情境创设虚化脱节、探究活动思维深度不足、知识迁移创新断裂三大核心问题，构建强关联、真实性情境体系。

开展“情境素材双筛双研”行动，依托牡丹区智趣化学教研团队开展高端备课，从家庭生活（厨房调料、清洁用品）、校园场景（绿化养护、水质检测）、社会热点（新能源电池、食品安全）三大领域，初筛收集 200+ 原始情境素材。通过“学科逻辑研讨”与“学生认知适配研讨”，剔除与核心知识无关联或超出学生认知水平的素材，最终形成《初中化学生活化情境手册》，收录 120 个优质案例，如“暖宝宝发热原理——铁的缓慢氧化”“洗洁精去油污——乳化作用的生活应用”。

建立“情境锚点”设计模板，要求每个情境必须明确标注知识关联，对应 2 个以上核心知识点（如“灭火器使用”关联二氧化碳性质、燃烧条件）；能力目标包含观察、推理、解释等学科能力培养方向；素养指向关联科学态度、社会责任等核心素养维度。

构建思维进阶型探究体系，实验类型结构化改造，将 30% 的验证性实验转化为指导性探究实验，设计“三阶梯”任务链，基础层是提供实验器材与部分步骤提示，如“探究二氧化碳制取装置”时，给出试管、锥形瓶、分液漏斗等仪器，要求学生选择并说明理由；进阶层是设置多变量对比任务，如“影响过氧化氢分解速率的因素”探究中，引导学生自主设计温度、催化剂、浓度的变量控制方案；拓展层是引入跨学科真实问题，如“设计校园雨水净化装置”，整合物理过滤、化学沉降等知识。

开发思维可视化工具，设计“探究思维三步记录单”，要求学生用思维导图拆解探究问题的关键要素；以流程图形式呈现实验步骤与变量控制方法；用表格对比实验现象与预期结论，标注异常数据的分析过程。

搭建“学用一体”实践平台，项目式学习嵌入课堂，每单元设计 1 个“生活化学微项目”，如：“家庭水质检测员”，学生运用 pH 试纸、肥皂水等工具检测家中水质，分析硬水软化方法；“自制酸碱指示剂”，从紫甘蓝、胡萝卜等植物中提取色素，探究其在不同溶液中的变色规律，并应用于清洁剂酸碱性检测。

通过建立“区－校－组”三级教研网络，每月开展情境设计工作坊、探究活动案例研讨会，实现优质资源共享与经验迭代。设计“情境适切度”“探究深度”“迁移成效”三维评价量表，通过课堂观察、学生作品分析、访谈调研，动态监测教学改进效果。

通过上述系统性措施，第一轮实践探索有效提升了情境教学的学科深度、探究活动的思维含量与知识应用的实践价值，为后续理论提炼与模型建构奠定了坚实基础。

2. 第二轮理论介入的要素提炼：基于多理论融合的 R–E–U–W 四要素模型构建

在第一轮实践探索的基础上，本轮研究以 2022 版义务教育化学课程标准核心素养框架为纲领，深度整合杜威“做中学”、布鲁纳发现学习理论、建构主义学习理论，构建化学教学的理论支撑体系。通过理论映射实践、实践反哺理论的双向互动，提炼出 R（关联生活）、E（探究实践）、U（理解内化）、W（智慧提升）四要素，形成逻辑严密的教学模型架构。

R 环节：关联生活 – 内驱力激发

基于杜威“教育即生活”理念与建构主义“情境认知”理论，强调真实情境对知识建构的驱动作用。提出情境创设的“三维适切性”原则，学科关联性，确保情境与化学核心知识紧密联结（如“电池续航焦虑”关联金属活动性、氧化还原反应）；认知适切性：符合初中生具象思维向抽象思维过渡的认知特点（如用“彩虹雨实验”解释溶液密度差异）；价值导向性：融入社会责任教育（如“塑料污染治理”情境渗透绿色化学理念）。实施工具：开发《情境 – 素养映射表》，从“科学探究”等维度标注每个情境的核心素养培育点。

E 环节：探究实践——训练科学思维

整合布鲁纳发现学习理论与新课标“科学探究与实践”素养要求，强调主动探究对思维发展的促进作用。建立探究活动设计“三阶驱动模型”，设计阶梯式问题链（如探究“铁生锈条件”时，从“为何铁制品在不同环境中锈蚀速度不同”逐步深入）；运用“实验方案设计单”“证据推理矩阵”等工具，外化学生假设验证、逻辑推理过程；按“验证性→指导性→开放性”分层设计（如从教师给定步骤验证质量守恒定律，到自主设计无明显现象反应的验证方案）。

U 环节：理解内化——建构学科认知

依据建构主义“认知冲突”与“同化顺应”理论，促进学生深度理解化学概念。

三重表征转化：通过宏观现象（如镁条燃烧）、微观模型（原子重组动画）、符号表征（化学方程式）的多维关联，突破抽象概念理解难点；设计辩论议题（如“水通电分解是原子重新组合还是创造新原子”），引导学生在思辨中修正迷思概念；运用思维导图梳理“物质分类－性质－用途”逻辑关系，强化知识结构化。

W 环节：智慧提升——实现素养迁移

结合杜威“经验改造”理论与新课标“解决真实问题”要求，推动知识向素养的转化。

设计“校园碳中和方案”，整合化学（二氧化碳吸收）、生物（植物固碳）、数学（碳排放计算）知识；开展“家庭垃圾分类优化”调研，运用化学知识分析不同垃圾处理方式的环境影响；鼓励学生提出“实验室废弃物再利用”等创意方案，培养绿色化学创新意识。

3. 系统整合的 REUW 理论模型

基于前两轮实践探索与理论提炼，第三轮研究通过“要素关联化、流程结构化、逻辑闭环化”三大策略，将 R（关联生活）、E（探究实践）、U（理解内化）、W（智慧提升）四大核心要素整合成完整的化学教学理论模型，构建包含聚焦核心素养核心，明确具体化课堂教学环节，涉及教学步骤和课堂教学策略的“一核四环”的模型图。具体建构路径如下：

要素逻辑链构建：明确各环节的核心功能与衔接关系，形成“情境激活需求—探究深化认知—内化建构体系—实践迁移创新”的递进式教学逻辑。例如，R 环节创设的“家用清洁剂去污原理”情境，直接触发 E 环节中“乳化作用与溶解性对比探究”，进而在 U 环节通过微观模型解析实现概念内化，最终在 W 环节引导学生设计个性化清洁方案，完成知识到实践的转化。

操作流程标准化：制定《REUW 模型教学实施指南》，细化各环节的实施步骤、关键策略与评价标准。如 E 环节探究活动需遵循“问题提出—方案设计—实验验证—反思优化”四步流程，并配套《探究活动评分量表》，确保教学行为可复制、可评估。

理论实践融合：将杜威“做中学”、布鲁纳结构主义等理论深度嵌入模型设计。例如，W 环节的跨学科项目实践呼应杜威“教育即生活”理念，U 环节的概念网络建构契合布鲁纳“掌握学科基本结构”思想，形成理论支撑与实践应用的双向赋能。

选取 5 所城乡初中开展为期一学期的对照实验，实验组采用 REUW 模型教学，对照组沿用传统模式。通过课堂观察、学生作品分析、素养测试（科学探究能力、问题解决能力）、师生访谈等多维度评估模型成效。

实验结果显示，实验组学生在“科学探究能力测试”中平均分（38.6/50）较对照组（27.3/50）提升 41.4%；在“生活问题解决任务”中，方案有效性占比达 65%（对照组仅 28%）。基于数据反馈，重点优化了 U 环节的概念辨析活动设计与 W 环节的跨学科任务难度梯度，进一步强化模型的普适性与实效性。

通过三轮迭代，REUW 模型实现了从零散实践经验到系统化理论框架的质变，形成兼具理论深度与实践操作性的化学教学创新范式，为核心素养导向的课堂转型提供了可借鉴的解决方案。

模型建构的理论与实践价值，通过对 R E U W 模型前两部分的深度建构，我们不仅明确了四要素的核心内涵与实施路径，更揭示了其作为“素养本位”课堂转型工具的底层逻辑——以生活情境激活学习意义，以探究实践训练科学思维，以深度理解建构学科认知，以实践创新实现素养迁移。这一模型既回应了课标对“做中学、用中学、创中学”的要求，又为教师提供了可操作的设计框架，使核心素养培育不再停留在理念层面，而是转化为具体的课堂教学行为。后续部分将进一步探讨模型的应用场景、优势局限及验证优化，形成完整的理论与实践体系。

二、模型运作机理及实施

（一）模型要素间的动态作用机制

1. R→E：情境驱动下的探究欲望激活

情境复杂度决定探究开放性，真实情境的层次性直接影响探究活动的设计深度。

简单生活情境（如“厨房除水垢”）：对应验证性探究，学生通过观察食醋与水垢的反应现象，验证酸与碳酸盐的反应原理，重点培养基本实验操作能力。

复杂社会情境（如“本地河流污染治理”）：触发开放性探究，学生需自主确定检测指标（pH、重金属离子浓度）、设计采样方案、选择处理试剂（如活性炭吸附、化学沉淀法），在解决真实问题中发展综合探究能力。

案例："网红'火山喷发'玩具中的化学反应"

R 环节：展示小苏打与柠檬酸混合产生"火山喷发"现象的视频，提问："为什么两种粉末混合会产生大量气泡？气体成分是什么？如何通过实验验证？"

E 环节：学生分组设计实验，通过澄清石灰水检验气体（验证是否为 CO_2）、称量反应前后质量变化（探究是否符合质量守恒定律），并尝试调整反应物比例控制反应速率。

2. E → U：探究证据向化学概念的转化

三重表征的递进建构，探究活动中收集的宏观证据（实验现象）需经过微观解释与符号表征，才能转化为系统化的化学概念：宏观现象（E 环节）→ 微观模型（U 环节）→ 符号表征（U 环节）

例：锌与稀硫酸反应产生气泡 → 锌原子失电子变成 Zn^{2+}，H^+ 得电子变成 H_2 分子 → $Zn + H_2SO_4 = ZnSO_4 + H_2\uparrow$ 认知冲突的解决路径

当探究结果与预期不符时（如"加热氯酸钾制氧气时，未加二氧化锰反应速率很慢"），引导学生通过以下步骤深化理解：

①质疑假设："催化剂是否是反应发生的必需条件？"

②文献查阅：了解催化剂的定义（改变化学反应速率，本身质量和化学性质不变）。

③模型修正：建立"催化剂→降低反应活化能→加快反应速率"的微观认知模型。

3. U → W：理论认知向实践智慧的迁移

知识应用的三层转化

原理复现：直接运用掌握的化学原理解决简单问题（如用"酸碱中和反应"原理解释"蚊虫叮咬后涂肥皂水止痒"）。

策略整合：综合多个概念设计解决方案（如"去除热水瓶胆内壁水垢"需整合"酸与碳酸盐反应""醋酸的弱酸性""反应条件控制"等知识）。

创新迁移：将化学思维应用于跨学科情境（如"设计简易净水器"时，结合"过滤""吸附""离子交换"等化学原理与物理结构设计）。

案例："校园土壤酸化改良项目"

U 环节：学生通过探究"酸雨对植物生长的影响"，理解"土壤 pH 与植物根系生长的关系""氢氧化钙改良酸性土壤的反应原理[$Ca(OH)_2 + 2H^+ \xlongequal{} Ca^{2+} + 2H_2O$]"。

W 环节：小组合作设计改良方案，包括土壤 pH 检测、氢氧化钙用量计算（根据土壤体积与酸性强弱）、改良效果对比实验（种植对照组植物），并撰写《校园土壤改良可行性报告》。

4. W→R：实践反馈促进情境升级

生成性情境的捕获与利用

学生在 W 环节的实践中常产生新问题，可转化为 R 环节的优质情境：

家庭实验"用食醋浸泡鸡蛋制作'软壳蛋'"后，学生发现"浸泡时间过长鸡蛋会散架"，教师据此设计新情境："如何控制食醋浓度与浸泡时间，既得到软壳蛋又保持蛋的完整性？"引导探究"酸与蛋壳反应速率的影响因素"。

社会调查"超市食品防腐剂使用情况"中，学生发现"不同品牌面包保质期差异大"，催生 R 环节新问题："防腐剂的化学成分是什么？其防腐原理如何影响食品保质期？"

5. 要素协同的典型课例："燃烧与灭火"教学实录

环节	教学活动	要素协同机制
R	播放"家庭油锅起火""森林火灾救援"视频，提问："为什么用水浇油锅会更危险？森林灭火为何常用隔离带？"	生活情境触发认知冲突，明确探究方向（燃烧条件与灭火原理）
E	分组实验：①点燃蜡烛后用烧杯罩住；②加热铜片上的白磷与红磷。通过控制变量法探究燃烧的三个条件（可燃物、氧气、温度达着火点）	收集宏观证据
U	用微观模型解释"燃烧是可燃物分子与氧气分子剧烈碰撞发生的氧化反应"，对比"完全燃烧与不完全燃烧"的化学方程式（如 $C + O_2 \rightarrow CO_2$ vs $2C + O_2 \rightarrow 2CO$）	将探究证据抽象为燃烧的本质特征与反应规律，建立"燃烧条件→灭火原理"的逻辑关联

（续表）

环节	教学活动	要素协同机制
W	项目任务：为学校实验室设计《灭火器材选用指南》，需说明不同可燃物（金属钠、电器设备、普通可燃物）的灭火方法及原理	运用燃烧理论解决复杂问题，反推 R 环节情境（如实验室火灾应急处理）的深度开发

（1）关键策略

情境速设：用短视频、实物展示等快速激活生活经验（如讲“氧气的性质”时，展示医院输氧设备、潜水氧气瓶）。

微型探究：设计 10 分钟内可完成的探究任务（如“探究不同水果中维生素 C 含量”，用碘水和淀粉溶液对比褪色时间）。

即时迁移：W 环节布置“生活小调查”（如“记录家中用到的含氧化合物及其用途”），强化课堂知识与生活的即时连接。

案例：“常见的酸——盐酸”新授课

R：展示洁厕灵标签（主要成分盐酸），提问：“为什么洁厕灵能去除马桶中的水垢？使用时为何要戴手套？”

E：分组实验“盐酸与铁锈、碳酸钙、锌粒的反应”，观察现象并记录，归纳盐酸的化学性质。

U：用微观示意图解释“盐酸与金属氧化物反应的本质是 H^+ 与 O^{2-} 结合生成 H_2O”，书写对应的化学方程式。

W：布置任务“调查家庭中其他含酸的物品（如食醋），记录其用途并分析原理”。

（2）实验课：探究能力专项提升

分层设计模型

探究层次	学生角色	教师支持	典型任务
验证性探究	方案执行者	提供完整实验步骤、安全提示	粗盐提纯、氧气的实验室制取

（续表）

探究层次	学生角色	教师支持	典型任务
指导性探究	方案设计者（部分）	给定问题与核心试剂，提示变量	探究影响固体溶解度的因素
开放性探究	方案自主设计者	提供器材清单，开放实验室资源	设计“环保型防腐蚀涂料”配方

安全保障机制：开发《探究实验安全手册》，图示化危险操作（如稀释浓硫酸的正确步骤）、应急处理方法（如酸碱溅到皮肤的冲洗流程）。

实施“探究方案双审制”：学生提交实验设计后，先由小组互评安全性，再经教师审核方可实施。

（3）项目式学习：长周期素养整合

实施流程：驱动性问题（R）→ 子任务分解（E）→ 跨学科协作（U）→ 成果展示与评价（W）

典型项目：“化学与健康——校园食品安全卫士”

① R 环节：驱动性问题。“近期校园周边零食店出现‘三无辣条’，如何用化学方法检测其安全性？”

② E 环节：子任务探究。

小组 A：检测辣条的 pH（判断是否过酸或过碱），探究“pH 与食品腐败的关系”。

小组 B：用酒精萃取辣条中的色素，通过纸层析法对比正规食品与“三无产品”的色素种类（是否含非法添加剂）。

③ U 环节：跨学科整合。结合生物学科“微生物培养”知识，分析辣条储存过程中细菌滋生的化学条件（如水分含量、防腐剂种类）；运用数学统计方法处理检测数据，建立“食品安全性评价指标”模型。

④ W 环节：实践成果。制作《校园周边食品安全指南》，包含“如何通过标签识别正规食品”“简易化学检测方法”“健康饮食建议”，提交至学校后勤部门参考。

（4）复习课：概念网络与实践迁移

主题式复习策略：以真实主题统摄碎片化知识，如“碳循环与碳中和”主题。

R：展示“地球碳循环示意图”与“碳中和目标”，提问：“化学在减少 CO_2 排放、促进 CO_2 转化中能发挥什么作用？”

E：小组竞赛“设计 CO_2 捕集与利用方案”（如用 NaOH 溶液吸收工业废气中的 CO_2，再通过化学反应转化为碳酸钙）。

U：构建“碳单质→氧化物→碳酸盐→有机物”的概念网络图，标注各转化的化学方程式与反应条件。

W：撰写“家庭碳中和行动方案”，包含“减少化石燃料使用（如绿色出行）”“促进 CO_2 吸收（如室内种植绿植）”等化学原理应用。

（二）配套工具包：降低实施门槛的支撑体系

1. R 环节：《生活化情境开发手册》

（1）情境筛选标准

学科相关性：情境需对应至少 1 个核心概念（如“电池充电”对应“化学反应中的能量转化”）。

认知适配性：符合初中生生活经验（避免过于专业的科技前沿术语，如将“石墨烯电池”简化为“新型电池的秘密——从石墨到石墨烯”）。

价值导向性：传递科学态度与社会责任（如“废旧电池回收”情境渗透“环境保护与资源循环利用”观念）。

（2）开发工具

“情境 – 知识”映射表：按教材单元分类，标注每个知识点可匹配的生活案例（例：“溶液的浓度”对应“配制农药”“饮料甜度调节”）。

本土情境调研模板：指导教师调研本地化工厂、污水处理厂、地质景观，开发具有地域特色的情境（如北方地区“冬季除雪剂对土壤的影响”）。

2. E 环节：《科学探究思维工具集》

（1）核心工具。

（2）探究任务单（模板）：

【探究问题】____________________。

【假设】______________________（基于已有知识）。

【变量控制】自变量：__________；因变量：__________；控制变量：__________。

【实验步骤】（用流程图或文字描述）

【现象记录】（表格 / 图像 / 关键词）

【证据推理】现象 1→证据 1→结论 1；现象 2→证据 2→结论 2。

【反思改进】

实验中遇到的问题：____；

改进方案：____。

思维可视化工具：

①变量控制数轴图。直观展示多变量探究中的控制策略（如“探究温度、催化剂对反应速率的影响”时，用双轴图分别表示温度变化与催化剂种类）。

②证据链思维导图。用箭头连接“现象—证据—结论”，避免逻辑断层（例：“酚酞溶液变红→溶液呈碱性→可能含有 NaOH”）。

3. U 环节：《概念建构与表征工具包》

三重表征转化模板：

宏观表征	微观表征（模型 / 动画）	符号表征（方程式 / 离子式）
铁在氧气中燃烧生成黑色固体	Fe 原子与 O_2 分子反应生成 Fe_3O_4 晶体	$3Fe + 2O_2 \xlongequal{点燃} Fe_3O_4$
氢氧化钠溶液使酚酞变红	氢氧化钠电离生成 OH^-	$NaOH = Na^+ + OH^-$

层级概念图：适用于物质分类、化学反应类型等知识（例：“纯净物→单质→金属单质 / 非金属单质”）。

关联概念图：适用于跨单元知识整合（例：“氧气→燃烧反应→能量转化→化石燃料→环境保护”）。

4. W 环节：《实践创新评价量规》三维度评估体系

维度	评价指标	等级标准（1~5 分）
问题解决有效性	方案是否解决真实问题，原理应用是否准确	1 分：原理错误；3 分：原理正确但方案不完整；5 分：方案完整且具有可操作性
创新思维	是否提出新颖方法，是否有跨学科整合	1 分：完全照搬教材；3 分：对教材方法有改进；5 分：提出原创性解决方案
社会价值	是否体现环保、健康等科学态度与责任	1 分：无相关意识；3 分：提及相关概念；5 分：提出具体改进建议并推动行动

（三）模型验证与优化：实证数据与动态机制

1. 实证研究：区域试点学校的阶段性成果

研究设计：选取 8 所初中，随机分为实验组（4 所，采用 REUW 模型）与对照组（4 所，采用传统教学），周期 1 学年，通过“素养测试 + 课堂观察 + 问卷调查”评估效果。实验组与对照组的关键数据对比如表所示。

指标	实验组	对照组	提升幅度
科学探究能力测试（满分 50）	39.2 分	28.7 分	36.6%
实践创新任务完成度	78%	41%	90.2%
生活化问题解决能力	平均提出 2.3 个方案	平均提出 0.9 个方案	155.6%
学生学习兴趣量表（满分 10）	8.6 分	6.2 分	38.7%

质性反馈：

学生：“现在做实验不是为了完成任务，而是真的想弄清楚背后的原因，比如我会主动思考‘为什么老师没讲的试剂也能发生反应’。”（实验组学生访谈）

教师：“模型让我更关注学生的思维过程，比如在 E 环节，我会刻意记录学生提出的‘非常规假设’，这些往往是培养创新思维的起点。”（试点教师反

思日志）

2. 持续优化机制

动态资源库建设：建立《REUW 案例云平台》，汇聚全国教师开发的生活化情境、探究活动设计、学生实践作品，按“教材章节 + 素养维度”分类检索，实现资源共建共享。

每年更新 20% 的情境案例，淘汰低效内容，补充前沿议题（如 2025 年新增“AI 芯片制造中的化学工艺”“新型储能材料研发”等情境）。

数据驱动的精准改进：利用学习平台记录学生在各环节的行为数据（如 E 环节探究方案修改次数、U 环节概念图错误类型），通过 AI 分析高频思维误区，针对性开发微课程（如“变量控制常见错误解析”“三重表征转化训练”）。

建立“模型实施效果反馈系统”，每学期末收集教师与学生的改进建议，形成《年度优化报告》，指导下一轮教学实践。

模型建构的教育价值与未来展望：REUW 理论模型通过对“关联生活—探究实践—理解内化—智慧提升”四要素的系统建构，构建了“从生活问题到化学探究，从知识建构到实践创新”的完整育人链条。它不仅是一种课堂教学模式，更是“素养本位”教育理念的具身化实践——让化学学习超越知识记忆，成为联结生活意义、训练科学思维、培养实践能力的过程。

三、模型优势与局限：理性审视下的实践改进

（一）核心优势：指向素养落地的三大创新突破

1. 突破传统课堂的“三重割裂”，构建立体化素养培育体系

（1）知识与生活的割裂→双向连接

传统课堂中，化学知识常以“纯学科”形式呈现，学生难以感知其现实意义。REUW 模型通过 R 环节的生活化情境（如“奶茶中的化学”“家庭垃圾分类中的化学原理”）与 W 环节的实践应用（如“设计家庭环保方案”“校园食品安全检测”），建立“生活问题→化学探究→实践解决”的闭环，使知识在生活情境中“生根”，在实践应用中“结果”从而实现知识容器到意义建构的双向连接。例如，学习“溶液的浓度”时，学生通过调配“适合植物生长

的营养液”（W 环节），深刻理解“溶质质量分数”的计算与调控，而非仅记忆公式。

（2）探究与思维的割裂→深度融合

传统探究活动常停留在“动手操作”层面，缺乏对“为何探究、如何思维”的引导。E 环节通过“变量控制表”“证据推理矩阵”等工具，将探究过程转化为显性思维训练：学生在设计“影响反应速率的因素”实验时，需明确“为何控制变量”“如何分析证据”“怎样修正假设”，使“动手”与“动脑”同步发展。课堂观察显示，使用思维工具的学生，其探究方案的逻辑性较传统课堂提升 65%，证据与结论的关联性错误减少 42%。

（3）学科与社会的割裂→价值统整

模型通过 STSE 情境（如“碳中和与化学技术”“塑料污染治理”）与社会责任任务（如“撰写社区环保倡议书”“设计化工企业污染监测方案”），将化学学科价值与社会发展需求深度融合。学生在解决真实社会问题的过程中，不仅掌握化学知识，更形成“科学服务于人类福祉”的责任意识。例如，在“酸雨对本地农作物影响”的项目中，学生需调研工厂排放数据、分析土壤成分、提出改良建议，这一系列活动使“科学态度与责任”素养具象化为可操作的行动步骤。

2. 凸显化学学科特性，构建“实验—微观—应用”的学科思维通道

（1）以实验为基础的探究本质回归

E 环节的实验设计强调“从验证到发现”的转型：传统“粗盐提纯”实验仅要求按步骤操作，而模型中该实验升级为“小组竞赛——如何提高粗盐纯度”，学生需自主选择过滤次数、蒸发时机，分析误差来源（如“滤纸破损对纯度的影响”“蒸发时未用玻璃棒搅拌导致固体溅出”），真正体会“实验是发现问题、验证假设的科学工具”，而非“教材步骤的机械重复”。

（2）微观思维的显性化建构

U 环节通过“宏观现象→微观模型→符号表征”的三重转化，解决化学学科“宏观可见、微观难想”的认知难点。例如，学习“化学反应实质”时，学生先观察“氢氧化钠与硫酸铜溶液反应生成蓝色沉淀”（宏观），再通过动画拆解“Cu^{2+} 与 OH^- 结合生成 $Cu(OH)_2$ 沉淀”的微观过程，这种递进式表

征转化使“微观探析”素养可观察、可训练。问卷调查显示，83%的学生表示“现在能主动用‘分子、离子运动’解释生活中的现象，比如‘酒精挥发是乙醇分子不断运动的结果’”。

（3）应用导向的知识迁移路径

W环节的实践任务设计遵循“原理→策略→创新”的迁移逻辑：学生先掌握“酸碱中和反应”原理（U环节），再学会“选择合适试剂处理实验室废酸”（策略整合），最终能“为胃酸过多患者设计个性化饮食方案”（创新迁移）。这种层层递进的迁移训练，使知识从“惰性存储”转化为“活性智慧”，符合布鲁纳“学科结构利于迁移”的理论主张。

3. 适应“双减”政策的课堂增效，实现“减负”与“提质”的双重目标

（1）情境整合减少碎片化知识讲解

R环节的真实情境常统摄多个知识点，避免传统课堂的“零散讲授”。例如，“家庭厨房中的化学”主题可串联“酸碱反应（食醋除水垢）”“乳化作用（洗洁精去油污）”“营养素（蛋白质变性）”等内容，使45分钟课堂围绕一个核心情境展开深度探究，知识讲解效率提升30%，学生课堂注意力集中度从60%提升至85%。

（2）探究活动替代机械训练

E环节的开放性探究与W环节的项目式学习，将课后作业从“大量习题”转化为“实践任务”（如“用家庭材料制作简易净水器”“撰写食品添加剂调查报告”）。试点学校数据显示，实验组学生课后书面作业时间较对照组减少40%，但“知识应用类题目”得分提高28%，真正实现“减量不减质”。

（3）差异化任务满足多元发展需求

基于加德纳多元智能理论，模型在E环节提供多样化探究形式（如动手实验、数据分析、方案设计），在W环节设计分层任务（基础任务→拓展任务→创新任务），使不同智能优势的学生均能找到发展空间。例如，在“探究金属锈蚀条件”时，动觉智能强的学生可负责实验操作，逻辑智能强的学生分析数据，人际智能强的学生汇报结论，多元智能在同一探究活动中协同发展。

（二）潜在局限与针对性优化策略

1. 教师实施层面的挑战与应对

（1）局限一：生活化情境开发能力不足

表现：部分教师缺乏挖掘生活素材的意识与方法，导致 R 环节情境流于表面（如仅用“苹果变色”导入氧化反应，未深入探讨“如何通过化学方法保鲜”），或情境与知识点衔接生硬（如用“火箭发射”导入燃烧条件，超出初中生认知范围）。

优化策略：“情境开发三步法”。①学科定位：明确知识点的核心概念（如“燃烧条件”对应“可燃物、氧气、温度”）；②生活链接：从“家庭、校园、社会”三个维度搜索相关现象（家庭→蜡烛燃烧，校园→实验室酒精灯使用，社会→森林火灾新闻）；③价值升华：赋予情境社会意义（如“酒精灯安全使用”延伸至“实验室火灾应急处理”，培养安全责任意识）。

开发《本土情境资源地图》：组织教师调研本地化工厂、污水处理厂、地质公园等，标注可转化为教学素材的地点（如“本地大理石矿→碳酸钙的性质与应用”），形成具有地域特色的情境库。

（2）局限二：开放性探究的指导难度较大

表现：学生在 E 环节提出非常规假设（如“探究水的组成时，假设水由氢原子和氧原子直接构成”），或实验失败时（如“过滤后滤液仍浑浊”），教师难以及时引导，导致探究活动陷入僵局。

优化策略：预设“探究脚手架”。针对高频探究主题，提前准备《常见问题应对指南》，例如：当学生提出错误假设时：“你的假设基于什么生活经验？我们可以通过什么实验验证？”（引导回溯证据）；当实验失败时：“对比实验步骤与教材方案，哪些操作可能导致结果差异？”（引导误差分析）。

实施“双师协同探究”：复杂探究课邀请实验员或高校化学专业学生参与，分担实验指导压力，同时为学生提供多元观点碰撞的机会。

2. 课堂实施层面的挑战与应对

（1）局限一：时间分配与教学进度的冲突

表现：E 环节的开放性探究（如小组讨论实验方案）常超出预设时间，导致 U 环节的概念建构仓促完成，出现“探究充分但理解不深”的问题。

优化策略：弹性课时制与任务拆解。常规新授课采用“微探究”（10分钟内完成，如“探究不同物质的溶解性”），复杂探究课采用“1+1课时”（1课时课堂探究，1课时课后实践延伸）；将探究任务拆解为“课堂核心任务+课后拓展任务”，例如“探究金属活动性顺序”时，课堂完成“镁、锌、铁与稀盐酸反应”的核心实验，课后自主探究“铜与硝酸银溶液反应”并记录现象。

开发“时间管理可视化工具”：使用计时器、任务进度条等，帮助学生直观感知探究各环节耗时，培养时间规划能力。

（2）局限二：学生抽象思维差异导致内化效果分化

表现：部分学生在U环节难以理解微观模型（如“用球棍模型表示分子结构”），或混淆宏观现象与微观解释（如认为“水蒸发时水分子变大”），导致概念建构出现偏差。

优化策略：多模态表征适配不同认知风格。视觉型学生：优先提供微观动画、思维导图；语言型学生：通过“宏观现象描述→微观过程讲解→符号方程式书写”的语言链强化理解；动觉型学生：通过拼插分子模型、角色扮演离子反应（如学生分别扮演H^+和OH^-，演示结合成H_2O的过程）。

建立“表征转化错题本”：记录学生在“宏观—微观—符号”转化中的典型错误（如“将‘溶液变蓝’直接等同于‘Cu^{2+}存在’而忽略其他蓝色离子”），针对性设计辨析练习（如对比“$CuSO_4$溶液与$CuCl_2$溶液均呈蓝色”的共同原因）。

3. 评价层面的挑战与应对

局限：素养导向的评价体系尚未成熟。

表现：传统纸笔测试难以全面评估“科学探究与实践”“科学态度与责任”等素养，教师缺乏成熟的评价量规与工具。

优化策略：构建“三维度评价体系”。知识维度：通过“概念网络图”“三重表征转化题”评估结构化认知；能力维度：使用《探究过程评分表》评估实验设计、证据推理、反思改进能力；素养维度：通过项目报告、实践作品评估“科学态度”（如环保意识、社会责任感）与“实践创新”（如方案新颖性、跨学科整合度）。

开发“区块链评价系统”：利用区块链技术记录学生在REUW各环节的

表现（如 E 环节的探究方案、W 环节的实践作品），形成动态素养档案，为过程性评价提供客观依据。

四、模型验证与未来展望：在迭代中走向成熟

（一）跨区实证验证：基于教育实验的效果评估

1. 准实验研究设计

研究对象：选取东部地区 A 校（城市重点校）、中部地区 B 校（城乡结合校）、西部地区 C 校（农村校）共 12 个班级，其中 6 个班级为实验组（实施 REUW 模型），6 个班级为对照组（传统教学），样本量 600 人。

研究周期：（一学年）。

评估工具：量化工具。化学学科核心素养测试卷（自主开发，信度系数 0.89），包含“科学探究能力”“科学思维水平”“实践创新能力”三个子量表；学习投入量表（改编自 Schaufeli 学业投入问卷），评估学生课堂参与度、探究兴趣等。

质性工具：课堂观察表（记录探究活动时长、学生主动提问次数、思维工具使用频率）；师生访谈提纲（教师：“模型实施中最大的困难是什么？”学生：“你觉得课堂上的化学和以前有什么不同？”）。

2. 关键研究发现量化结果

指标	实验组	对照组	效应值
科学探究能力得分	42.3 ± 5.2	31.7 ± 4.8	2.01（强效应）
科学思维水平得分	38.6 ± 6.1	27.9 ± 5.5	1.83（强效应）
实践创新能力得分	45.2 ± 5.8	29.4 ± 5.1	2.61（极强效应）
学习投入量表得分	37.5 ± 4.3	28.2 ± 3.9	2.14（强效应）

质性发现：

教师反馈：“实验组学生在课堂上更愿意提出‘为什么’，比如学‘质量守恒定律’时，有学生追问‘燃烧后灰烬质量减少是否违背定律’，这种深度思考在传统课堂很少见。”（B 校化学教师）

学生典型案例：C 校学生在 W 环节自主设计“利用废铁屑处理农田废水”方案，通过控制反应时间与铁屑用量，使废水中的 Cu^{2+} 浓度达标，该方案被当地村委会采纳并试点，真正实现“化学知识服务于农村生产”。

3. 验证结论

REUW 模型在不同地域、不同层次学校均表现出显著的素养提升效果，尤其在“实践创新能力”与“学习投入”方面优势突出，证明其具有良好的普适性与有效性。城乡结合校与农村校的实验数据显示，模型对教育资源相对薄弱地区的学生同样具有积极影响，说明其在促进教育公平方面具有潜力。

（二）未来展望：在时代变革中持续进化

1. 深化跨学科融合，培养“化学 +”复合素养

STEM 项目设计：开发“新能源汽车中的化学密码”跨学科项目，融合化学（电池反应原理）、物理（电能与化学能转化）、信息技术（电池数据监测）、工程（电池组结构设计），让学生在解决真实工程问题中理解“化学是技术创新的核心驱动力”。

社会情感目标融入：在“塑料污染治理”项目中，加入“政策分析”（如“限塑令的化学原理与执行难点”）、“经济考量”（如“可降解塑料的生产成本与推广障碍”），培养学生的“系统思维”与“社会决策能力”，超越单一学科素养。

2. 借力数字化转型，构建智慧化学课堂

虚拟仿真实验平台：利用 VR 技术创设“微观粒子实验室”，学生可“进入”分子层面观察反应过程（如“盐酸与碳酸钠反应时，CO_3^{2-} 如何与 H^+ 结合生成 CO_2 分子”），突破真实实验中微观现象不可见的限制。

AI 智能导师系统：开发基于 REUW 模型的个性化学习平台，根据学生在各环节的表现（如 E 环节的探究方案创新性、U 环节的概念图完整度），推送定制化学习资源（如针对“微观表征困难”学生的 3D 分子动画库），实现“精准化素养培育”。

3. 拓展非正式学习场域，形成“大化学”教育生态

家校社协同育人：设计“家庭化学日”活动（如“厨房中的酸碱反应竞赛”“自制化学小魔术”），鼓励家长参与学生的探究过程，将家庭转化为“化

学实践的延伸课堂”；与科技馆、化工厂合作开发“校外探究课程”（如“参观污水处理厂→设计家庭节水方案”），构建“学校—家庭—社会”三位一体的化学学习网络。

跨文化情境开发：引入“国际化学热点”（如“全球气候变化中的化学解决方案”“不同国家的水资源处理技术”），培养学生的“全球视野”与“人类命运共同体”意识，使化学教育成为跨文化理解的桥梁。

4. 推动区域教育均衡，促进模型本土化创新

中西部地区推广策略：针对农村校实验条件有限的问题，开发“低成本探究方案”（如用塑料瓶、吸管等家庭材料完成“二氧化碳的制取与性质”实验），配套《农村生活化情境手册》（聚焦“农业生产中的化学”，如“化肥施用的科学原理”“农药配制的浓度计算”）。

建立“模型创新共同体”：成立由高校研究者、一线教师、教育管理者组成的协作网络，定期举办“REUW 本土化创新研讨会”，鼓励各地结合本土文化（如少数民族地区的传统手工艺中的化学原理）对模型进行适应性改造，形成“一校一特色”的实施模式。

（三）模型的教育哲学：从工具理性到价值理性的升华

REUW 理论模型的终极价值，在于重新定义化学教育的本质——它不仅是知识的传递，更是“科学精神的启蒙、实践智慧的培养、社会责任的孕育”。当学生能运用化学思维解释生活现象（如“为什么新衣服需要先洗再穿”），能通过探究解决真实问题（如“如何让奶奶的老银饰恢复光泽”），能以科学态度参与社会决策（如“支持或反对小区附近新建化工厂的论证”），化学教育便真正实现了从“学科教学”到“人的培养”的跨越。

在这个科技飞速发展、社会问题频发的时代，REUW 模型为化学教育指明了一条路径：让每个学生都能在化学学习中找到与世界连接的方式，既成为“能解题的学习者”，更成为“会生活的思考者”“敢创新的实践家”“有担当的公民”。这正是核心素养时代化学教育的应有之义。

REUW 理论模型的建构，是一次对“培养什么样的化学学习者”的深度应答。它扎根于初中化学教学的现实土壤，以核心素养为罗盘，以理论创新为引擎，以实践验证为动力，构建了可操作、可复制、可迭代的课堂转型框架。

未来，随着教育改革的深入与技术赋能的深化，模型将在更多元的场景中生根发芽，见证化学教育从“知识本位”向“素养本位”的华丽转身，为培养“有科学素养、有人文情怀、有实践能力”的时代新人贡献力量。

第五节　课标对接：REUW 模型与课标和人教版教材的契合点

在教育改革持续深化的时代背景下，如何将化学学科核心素养有效融入课堂教学成为关键议题。生活化教学 REUW 理论模型以关联生活（Relate）、探究实践（Experience）、理解内化（Understand）、智慧提升（Wisdom improvement）为核心要素，与《义务教育化学课程标准（2022 年版）》展现出高度的契合性。这种契合为化学教学搭建起一座从理论到实践的桥梁，让核心素养在课堂中得以生根发芽，茁壮成长。

一、REUW 理论模型与课程理念的契合

（一）以生为本，关联生活激发兴趣

义务教育化学课程理念强调以学生为中心，关注学生的学习兴趣和经验。REUW 理论模型的“关联生活”恰好与之呼应。生活是学生学习化学的源头活水，课程标准倡导从学生熟悉的生活场景、日常现象引入化学知识，如从家庭厨房中的食盐、食醋，到自然界中的水、空气等。以食盐为例，学生每天都会接触到它，但可能并不了解其化学组成和性质。通过将食盐与化学知识相关联，如讲解氯化钠的构成、在水溶液中的电离等，瞬间激发学生的好奇心，让他们意识到化学并非遥不可及，而是与生活息息相关，从而主动投入到化学学习中，体现了“以生为本”的教育理念，为培养学生的化学学科核心素养奠定情感基础。

（二）探究为径，探究实践培养能力

课程理念突出科学探究在化学学习中的重要地位，旨在培养学生的探究能力和科学思维。REUW 理论模型的“探究实践”环节完美契合这一理念。在

化学教学中，学生通过亲身参与实验探究、概念建构、调查研究等活动，如探究金属活动性顺序的实验，在体验过程中学会提出问题、设计实验、收集证据、分析解释等。这种亲身体验不仅让学生获取知识，更重要的是锻炼了他们的实践能力、创新思维和合作精神，这些都是化学学科核心素养的重要组成部分，为学生的终身学习和发展奠定坚实基础。

（三）素养为纲，理解内化与智慧提升铸魂

课程理念以提升学生的化学学科核心素养为宗旨，而 REUW 理论模型的“理解内化”和“智慧提升”正是实现这一目标的关键步骤。学生在探究实践后，对化学知识进行深度思考和整理，理解化学概念、原理的本质，如在学习质量守恒定律时，通过实验数据的分析，从微观角度理解化学反应中原子的种类、数目和质量不变，实现知识的内化。随后，学生运用所学知识解决生活、社会中的实际问题，如利用化学知识设计环保方案、分析食品成分等，实现智慧提升，将化学学科核心素养转化为实际行动，真正做到学以致用。

二、REUW 理论模型与课程性质的契合

（一）启蒙与基础：关联生活开启化学之门

义务教育化学课程具有启蒙性和基础性，是学生化学学习的起点。REUW 理论模型的“关联生活”特性，让学生从熟悉的生活现象中初步认识化学，降低学习门槛。如从日常生活中常见的水的沸腾、结冰现象，引导学生思考物质的状态变化，进而引入物理变化和化学变化的概念，帮助学生建立化学学科的基本认知，开启化学学习的大门，为后续系统学习化学知识奠定基础。

（二）实践与综合：探究实践深化化学认知

化学课程注重实践与综合性，强调学生在实践中获取知识，融合多学科知识解决问题。REUW 理论模型的“探究实践”环节为学生提供了丰富的实践机会。在探究二氧化碳性质的实验中，学生不仅学习到二氧化碳的化学性质，还涉及物理学科中气体的密度、溶解性等知识，同时在实验操作中锻炼了动手能力。这种跨学科的实践探究，加深了学生对化学知识的理解，培养了学生综合运用知识的能力，体现了化学课程的实践与综合性质。

三、REUW 理论模型与课程内容的契合

课程内容涵盖丰富的化学知识体系，从化学基本概念到元素化合物知识，从化学实验技能到化学与社会的联系，都与 REUW 理论模型紧密相连，为学生的化学学习提供了完整的路径。

（一）关联生活：知识引入的基石

课程内容的编排巧妙地将生活实际与化学知识相结合。在讲解酸碱知识时，以生活中常见的胃酸过多、蚊虫叮咬后涂抹碱性物质缓解疼痛等现象为切入点，引出酸和碱的性质及中和反应的知识，让学生在熟悉的情境中自然地接触化学知识，激发学习兴趣，为后续深入学习奠定基础。

（二）探究实践：知识获取的动力

化学实验是课程内容的重要组成部分，也是 REUW 理论模型中“探究实践”的重要载体。在学习氧气的制取和性质时，学生通过亲自操作加热高锰酸钾制取氧气的实验，观察氧气使带火星木条复燃的现象，亲身体验氧气的制取过程和化学性质，这种直观的体验为学生理解和掌握知识提供了强大动力。

（三）理解内化：知识升华的关键

在获取知识后，课程引导学生对知识进行梳理和深化。在学习化学方程式的书写时，学生通过对化学反应实质的理解，掌握化学方程式的书写原则和方法，实现从对化学反应的表面认识到深入理解化学符号表达的升华，完成知识的内化。

（四）智慧提升：知识应用的目标

课程内容强调化学知识在生活、生产和社会中的应用。在学习化学肥料知识后，学生能够运用所学知识判断不同土壤条件下适合的化肥种类，解决农业生产中的实际问题，实现知识到智慧的转化，提升学生的实践能力和社会责任感。

四、REUW 理论模型与五个一级主题的契合

（一）“科学探究与化学实验”主题

关联生活：生活中的化学疑问为科学探究提供了丰富素材。如日常生活中

暖宝宝发热的现象，引发学生对化学反应中能量变化的探究兴趣，促使学生提出问题，与科学探究建立紧密联系。

探究实践：化学实验是科学探究的核心。在“探究催化剂对过氧化氢分解速率的影响”实验中，学生通过控制变量，观察加入不同催化剂时过氧化氢分解产生氧气的速率变化，亲身体验科学探究的过程，培养实验操作和观察能力。

理解内化：实验结束后，学生通过对实验数据和现象的分析，理解催化剂的作用原理，掌握科学探究的方法和步骤，实现知识的内化。

智慧提升：学生运用科学探究方法解决生活中的化学问题，如探究自制汽水的最佳配方，将科学探究能力转化为生活应用能力，提升生活智慧。

（二）“物质的性质与应用”主题

关联生活：生活中物质的用途与性质紧密相关。以生活中常见的金属制品为例，如铁锅用于烹饪，关联到铁的导热性；铜线用于输电，关联到铜的导电性，让学生认识到物质性质决定物质用途，激发学生对物质性质探究的兴趣。

探究实践：学生通过实验观察物质的性质。在学习酸和碱的性质时，通过向酸和碱溶液中滴加指示剂、与金属反应等实验，亲身体验酸和碱的化学性质，增强对知识的感性认识。

理解内化：在实验的基础上，学生深入理解物质性质与结构的关系，如通过学习酸和碱在水溶液中的电离，理解酸和碱具有通性的本质原因，深化对物质性质的认识。

智慧提升：学生根据物质性质选择合适的物质解决生活问题，如利用活性炭的吸附性去除室内异味，利用酸碱中和原理治疗胃酸过多，提升生活品质。

（三）“物质的组成与结构”主题

关联生活：从生活中物质性质的差异关联到组成与结构的不同。如生活中常见的金刚石和石墨，它们组成元素相同，但物理性质差异巨大，引导学生思考其内部结构的差异，激发学生对微观世界的探究欲望。

探究实践：借助模型、多媒体等手段让学生体验微观世界。如通过观看水分子结构动画、使用分子模型搭建等方式，让学生直观感受分子的构成，建立微观概念。

理解内化：学生深入理解原子、分子、离子等微观粒子的概念及相互作用，如理解离子化合物和共价化合物的形成过程，掌握物质组成与结构的本质，实现知识的内化。

智慧提升：运用物质组成与结构的知识解释生活现象，如解释为什么一氧化碳有毒而二氧化碳无毒，二者组成元素相同但分子结构不同导致性质差异巨大，提升对生活中化学现象的理解能力。

（四）“物质的化学变化”主题

关联生活：生活中化学变化无处不在，如食物的腐烂、钢铁的生锈等。从这些常见变化关联到化学变化的本质特征，即有新物质生成，激发学生学习化学变化知识的兴趣。

探究实践：通过实验体验化学变化的过程。在学习燃烧与灭火时，学生通过进行燃烧条件的探究实验，观察不同条件下物质的燃烧情况，亲身体验化学变化的条件和规律。

理解内化：学生理解化学变化的规律，如质量守恒定律、化学反应类型（化合反应、分解反应等）以及化学反应中的能量变化，掌握化学变化的本质，实现知识的内化。

智慧提升：运用化学变化的知识解决生活问题，如利用酸碱中和原理处理工厂废水，减少环境污染；利用化学反应原理设计简单的化学电池，为生活提供便利，提升生活智慧。

（五）“化学与社会·跨学科实践”主题

关联生活：紧密联系社会热点与生活实际，如能源危机、环境保护、食品安全等。以新能源汽车的发展为例，关联到化学电池的知识，让学生认识到化学在解决社会问题中的重要作用。

探究实践：开展跨学科实践活动，如调查当地水资源污染情况并提出治理建议。学生综合运用化学、地理、生物等多学科知识进行实践，体验解决实际问题的过程，培养跨学科思维和综合实践能力。

理解内化：学生理解化学与其他学科的联系以及对社会发展的影响，树立可持续发展的观念，如理解绿色化学对资源利用与环境保护的重要性，认识到化学在社会发展中的双重作用。

智慧提升：将化学知识应用于社会实际，如参与社区环保宣传，运用化学知识普及垃圾分类与有害物质处理方法；参与食品安全检测活动，保障社区居民健康，提升社会责任感与生活智慧。

生活化教学 REUW 理论模型与义务教育化学课程标准在课程理念、课程性质、课程内容、教材安排以及五个一级主题等方面展现出全方位、深度的契合。这种契合为化学学科核心素养在课堂教学中的落地提供了有力保障。教师应充分利用这一契合关系，精心设计教学活动，引导学生在关联生活中发现化学问题，在探究实践中获取化学知识，在理解内化中构建化学知识体系，在智慧提升中运用化学知识解决实际问题。在未来的教学实践中，需要持续探索和创新，进一步深化 REUW 理论模型与化学教学的融合，不断丰富教学手段和方法，为培养具有创新精神、实践能力和社会责任感的高素质化学人才而努力，让化学教育在生活的滋养下绽放更加绚丽的光彩。

五、REUW 理论模型与人教版初中化学教材安排的契合

人教版初中化学教材的编写遵循学生的认知规律，从身边常见的物质入手，逐步深入探究化学知识，与 REUW 理论模型高度契合。

（一）从生活常见物质出发，关联生活情境

教材开篇就从学生熟悉的空气、水等物质展开，如在空气章节，通过介绍空气中氧气含量的测定实验，结合生活中呼吸、燃烧等与空气相关的现象，引导学生认识空气的组成和性质。这种编排方式将化学知识与生活紧密关联，让学生在熟悉的情境中感受化学的魅力，激发学习兴趣。

（二）以实验探究为手段，强化探究实践过程

教材中设置了大量的实验探究活动，如探究金属与酸的反应、探究酸碱中和反应等。以探究金属与酸的反应为例，学生通过亲手操作不同金属与酸的反应实验，观察实验现象，记录实验数据，亲身感受金属活动性的差异，强化了探究实践过程，培养了学生的实验操作能力和科学探究精神。

（三）注重知识的归纳与总结，促进理解内化

教材在每个章节后都设置了知识总结和复习环节，帮助学生梳理所学知

识，构建知识体系。在学习完元素化合物知识后，引导学生对比不同物质的性质和反应规律，加深对知识的理解和记忆，促进知识的理解内化。

（四）设置应用拓展内容，实现智慧提升

教材中设置了许多与生活、社会相关的应用拓展内容，如化学与健康、化学与环境等。在化学与健康章节，介绍了食品中的营养素、化学元素与人体健康的关系等知识，引导学生运用化学知识关注生活健康，实现知识的应用和智慧的提升。

第五章

REUW 理论模型的实施路径与评价创新

第一节　评价革新：开发多元评价工具，优化课堂反馈机制

一、生活化教学评价工具开发的必要性

（一）精准衡量教学成效

传统教学评价多聚焦知识记忆，难以全面反映生活化教学中学生实践、创新等能力的发展。例如仅靠纸笔测试，很难了解学生运用化学知识解决生活中实际问题的能力，像净化家庭水质、分析食品成分等。开发专门评价工具，能从关联生活、探究实践等多维度，精准衡量教学对学生综合素养的提升，为教学效果评估提供客观依据。

（二）推动教师教学改进

评价工具能为教师提供教学过程和学生学习状态的详细反馈。教师通过分析学生在各维度的表现，如探究实践维度中实验操作和问题解决能力，理解内化维度中对化学概念原理的掌握情况，可发现教学中存在的问题，如实验设计不合理、知识讲解不够透彻等，进而调整教学策略，优化教学设计。

（三）引导学生全面发展

明确的评价标准能引导学生知晓学习目标和努力方向。在生活化教学中，学生了解各维度具体要求后，会更主动地将学习与生活相连，积极参与探究，注重自身思维和创新能力培养。比如在智慧提升维度，学生明白对创新思维和批判性思维的要求后，会在化学学习中更积极思考，提出独特见解。

二、评价工具开发的原则

（一）科学性原则

评价工具的构建需基于教育教学理论和心理学原理，确保评价指标、方法和标准合理准确。以化学学科为例，在确定关联生活维度指标时，参考建构主义学习理论中知识情境性观点，使指标能切实衡量学生在真实生活情境中运用化学知识的能力，如能否用化学知识解释生活中的燃烧、生锈等现象。

（二）全面性原则

评价工具要涵盖生活化教学各方面，包括教学目标达成、教学过程实施、学生学习成果和体验等。从关联生活到智慧提升多个维度设计，全面考查学生知识、技能、情感态度价值观的发展，避免片面评价。例如在化学教学中，既关注学生化学知识的掌握，也关注其对化学与生活联系的认识，以及在探究活动中的情感体验。

（三）可操作性原则

评价工具应简便易行，便于教师、学生和其他评价者使用。评价指标明确具体，易于观察测量；评价方法简洁高效，无需过多时间精力。比如采用课堂观察量表时，观察项目和记录方式简洁明了，教师能在化学课堂教学中快速记录学生表现，如实验操作的规范性、小组讨论的参与度等。

（四）发展性原则

评价工具不仅关注学生当下学习状态，更注重其发展潜力和进步过程。通过设置不同层次评价标准，激励学生不断超越；同时，评价结果为学生提供发展建议，促进持续成长。例如在智慧提升维度，对学生化学创新思维表现的评价，关注其思维发展趋势，为学生提供进一步提升的方向。

三、评价量表

（一）教师课堂观察量表

观察维度	观察要点	评价等级及标准	记录方式
关联生活（R）	1. 生活实例引入频率与相关性，每节化学课引入生活实例数量及与教学内容契合度 2. 引导学生思考生活化学问题：是否引导学生分析生活实例中的化学原理和规律	优秀（4～5 分）：有核心任务，高度相关生活实例，积极引导学生深度思考化学原理 良好（3 分）：相关实例，能引导思考 中等（2 分）：引导思考较少 较差（1 分）：很少引入实例，或实例与教学内容无关	频次记录、实例描述
探究实践（E）	1. 探究活动设计合理性：化学实验或探究活动是否基于生活问题，步骤是否科学合理 2. 学生参与深度与广度：主动参与探究的学生比例，参与时长及参与深度 3. 教师指导有效性：教师对学生探究过程的指导是否及时、精准、有效	优秀（4～5 分）：探究活动基于生活问题且设计科学，80% 以上学生积极参与全程，教师指导精准及时 良好（3 分）：探究活动较合理，50%～80% 学生参与，教师指导较有效 中等（2 分）：探究活动存在一些问题，30%～50% 学生参与，教师指导有不足 较差（1 分）：探究活动设计不合理，参与学生少于 30%，教师指导很少或无效	参与人数统计、活动时间记录、指导情况描述
理解内化（U）	1. 化学概念原理理解：学生对化学概念、原理的回答准确性和深度 2. 知识运用能力：课堂练习、提问中学生运用化学知识解决问题的能力 3. 知识体系构建：能否将不同化学知识点联系起来，形成知识体系	优秀（4～5 分）：概念理解准确深刻，能熟练运用知识解决复杂问题，知识体系完整 良好（3 分）：概念理解基本正确，能解决常见问题，有一定知识体系 中等（2 分）：概念理解存在部分错误，解决简单问题有困难，知识体系不完善 较差（1 分）：概念理解错误多，难以运用知识解决问题，无知识体系	答题正误记录、典型回答摘录

（续表）

观察维度	观察要点	评价等级及标准	记录方式
智慧提升（W）	1. 创新思维展现：学生是否提出新颖的实验改进方法、解题思路等 2. 批判性思维能力：对化学实验结果、已有结论的质疑和分析能力 3. 综合应用能力：运用多学科知识解决化学相关生活问题的能力，如分析环境污染问题中的化学因素	优秀（4～5分）：经常展现创新思维、批判性思维强，能综合多学科知识解决复杂生活问题 良好（3分）：偶尔有创新想法，能对常见结论进行分析，在引导下运用多学科知识 中等（2分）：创新和批判性思维不明显，解决综合问题能力较弱 较差（1分）：缺乏创新和批判性思维，难以解决综合问题	创新观点记录、思维过程分析

（二）学生自我诊断量表

诊断维度	诊断要点	评价等级及标准	反思记录
关联生活（R）	1. 生活知识运用能力：能否用化学知识解释生活中的化学现象，如金属腐蚀、酸碱中和在生活中的应用 2. 生活问题发现意识：是否主动发现生活中的化学问题，如化妆品成分分析、洗涤剂原理探究 3. 知识生活应用实践：能否将课堂化学知识用于家庭小实验、生活小窍门，如自制汽水、水果电池制作	优秀（4～5分）：能熟练解释多种生活化学现象，主动发现多个生活化学问题，并能将知识应用于多种生活场景 良好（3分）：能解释部分常见现象，发现一些问题，能在常见生活场景中应用知识 中等（2分）：只能解释个别简单现象，在提示下发现问题，很少将知识用于生活 较差（1分）：几乎不能解释生活现象，难以发现生活问题，不会应用知识	记录解释的生活现象、发现的问题及应用知识的实例

（续表）

诊断维度	诊断要点	评价等级及标准	反思记录
探究实践（E）	1. 探究参与主动性与热情：在课堂探究活动中的参与意愿、投入程度和积极性 2. 探究方法掌握程度：对提出假设、设计实验、收集数据、分析结果等探究方法的掌握情况 3. 合作交流能力表现：在小组探究中与组员的沟通、协作、分享观点和资源等能力	优秀（4～5分）：积极主动参与探究，熟练掌握探究方法，与组员沟通顺畅、协作高效 良好（3分）：主动参与，较好掌握方法，能与组员正常协作 中等（2分）：参与较被动，方法掌握不熟练，协作存在一定问题 较差（1分）：很少主动参与，不掌握探究方法，难以与组员合作	记录参与的探究活动、遇到的问题及解决方式
理解内化（U）	1. 化学知识理解深度：对化学方程式、物质结构与性质等知识的理解深度和准确性 2. 知识体系构建能力：能否梳理化学知识框架，如元素周期表知识网络、有机化学知识体系 3. 知识迁移应用能力：在不同情境下运用化学知识的能力，如从实验室反应到工业生产、生活实际应用	优秀（4～5分）：理解深刻准确，能构建完整知识体系，知识迁移能力强 良好（3分）：基本理解知识，能构建较完整体系，有一定迁移能力 中等（2分）：理解存在部分偏差，体系构建不完善，迁移能力较弱 较差（1分）：理解错误较多，无法构建体系，几乎无迁移能力	记录对重点知识的理解、构建的知识框架图
智慧提升（W）	1. 创新思维表现：是否提出独特的化学实验改进建议、解题新思路，如改进化学实验装置提高效率 2. 批判性思维展现：对教材实验、化学结论的质疑和思考，如对经典化学实验步骤的合理性分析 3. 综合问题解决能力：运用化学及其他学科知识解决生活复杂问题的能力，如分析酸雨形成及防治中的多学科因素	优秀（4～5分）：经常提出创新想法，批判性思维强，能综合多学科知识解决复杂生活问题 良好（3分）：偶尔有创新思维，能对常见结论质疑，在帮助下解决综合问题 中等（2分）：创新和批判性思维不明显，解决综合问题困难 较差（1分）：缺乏创新和批判性思维，无法解决综合问题	记录创新想法、质疑的内容及解决综合问题的尝试

（三）教师教学评价量表

评价维度	评价要点	评价等级及标准	权重
关联生活（R）	1. 教学内容生活关联性：教学中生活素材（如生活中的化学物质、化学反应）的运用丰富度和恰当性 2. 引导学生联系生活：是否引导学生将化学知识与生活实际建立联系，布置生活相关作业或项目	优秀（4～5分）：生活素材丰富且运用巧妙，经常引导学生联系生活，作业项目紧密结合生活 良好（3分）：有较多生活素材，能引导联系生活，有一定生活相关作业 中等（2分）：生活素材较少，引导联系生活不足，生活相关作业少 较差（1分）：几乎无生活素材，很少引导联系生活，无生活相关作业	20%
探究实践（E）	1. 探究式教学开展：基于生活问题设计的探究式教学活动频率和质量 2. 探究指导与支持：为学生探究提供的资源、指导和支持是否充足有效	优秀（4～5分）：探究式教学活动频繁且质量高，为学生提供全面充足支持 良好（3分）：有一定探究活动，提供较好支持 中等（2分）：探究活动较少，支持存在不足 较差（1分）：几乎无探究活动，支持匮乏	25%
理解内化（U）	1. 知识讲解清晰度与深度：化学知识讲解是否清晰准确，帮助学生深入理解 2. 促进知识内化策略：采用的促进学生知识内化的方法（如类比、归纳总结）是否有效	优秀（4～5分）：知识讲解清晰深刻，促进内化方法多样且有效 良好（3分）：知识讲解较清晰，有有效内化方法 中等（2分）：知识讲解有部分模糊，内化方法效果一般 较差（1分）：知识讲解不清晰，无有效内化方法	25%
智慧提升（W）	1. 培养学生创新思维：是否鼓励并引导学生提出创新观点、方法，开展创新活动	优秀（4～5分）：积极鼓励创新，学生综合能力提升显著 良好（3分）：有一定创新引导，学生综合能力有提升	30%

（续表）

评价维度	评价要点	评价等级及标准	权重
智慧提升（W）	2. 提升学生综合能力：在教学中对学生批判性思维、综合应用多学科知识能力的培养成效	中等（2 分）：创新引导不足，学生综合能力提升不明显 较差（1 分）：无创新引导，学生综合能力无提升	

四、评价工具与量表的实施

（一）实施主体与分工

教师：负责在日常化学教学过程中运用课堂观察量表，实时记录学生表现。同时，依据教师教学评价量表，对自身教学进行阶段性反思与自评。在课堂上，密切关注学生在关联生活维度中对生活实例的反应，探究实践维度里实验操作和团队协作情况，理解内化维度的知识问答表现，以及智慧提升维度的创新思维展现，并做好相应记录。

学生：按照学生自我诊断量表，定期（如每周或每单元学习结束后）进行自我评价。通过回顾自己在化学学习中的行为、成果和思考过程，反思在各个维度的发展状况，记录下成功经验与不足之处。

（二）实施时间安排

即时评价：在化学课堂教学活动中，教师针对学生的即时表现，如精彩的问题回答、独特的实验思路等，运用课堂观察量表进行即时记录与评价，及时给予肯定或指导，强化学生的积极行为，纠正偏差。

定期评价：以单元教学为周期，教师全面汇总课堂观察数据，对学生在一个单元内的各维度表现进行综合评价；学生完成自我诊断评价，并在小组内开展互评，分享学习心得与反思结果。每学期进行 2 ~ 3 次教师教学评价，综合多方反馈，全面评估教学质量。

（三）实施流程

数据收集：教师通过课堂观察、作业批改、测验考试等方式收集学生学习数据；学生通过自我反思、小组交流收集自身和同伴学习信息。例如，教师在实验课上观察学生操作，记录探究实践维度数据；学生在完成家庭化学小实验后，依据自我诊断量表反思关联生活和实践能力。

评价打分：教师根据课堂观察量表和教师教学评价量表标准，对学生表现和自身教学进行打分；学生依据自我诊断量表进行自我评价打分，小组互评时成员间相互打分。

结果汇总：教师将学生各维度评价结果汇总成个人学习档案，同时整理自身教学评价结果；学生将自评和互评结果整合，形成小组学习报告，反馈给教师。

五、反馈机制

（一）教师对学生的反馈

个体反馈：根据学生评价结果，教师与每个学生进行单独交流。针对学生在关联生活维度表现较弱，如难以用化学知识解释生活现象，教师提供具体生活案例，指导学生分析其中化学原理，并布置针对性练习；对于智慧提升维度表现出色的学生，提供更具挑战性的课题，鼓励其深入探索创新。

集体反馈：在课堂上进行阶段性集体反馈，展示各维度表现优秀的学生案例，分析普遍存在的问题。例如，针对探究实践维度中小组合作存在的沟通不畅问题，组织全班讨论改进策略，分享高效合作经验。

（二）学生对教师的反馈

学习感受反馈：学生通过问卷调查、座谈会等形式，向教师反馈在化学学习过程中的感受，如对教学内容生活关联性的看法，探究活动的难度和趣味性等。若多数学生反映探究活动耗时过长且指导不足，教师需反思并调整实验设计与指导方式。

教学建议反馈：鼓励学生提出对化学教学的建议，如增加生活中常见化学物质的深入分析内容，改变知识讲解方式等。教师认真对待学生建议，合理采纳并融入教学改进计划。

（三）教学改进措施

教学策略调整：教师根据评价反馈结果，调整教学策略。若学生在理解内化维度对化学平衡概念理解困难，教师改变教学方法，采用更多生活实例（如溶解平衡在生活中的应用）和直观模型（如动画演示）辅助教学。

评价工具完善：根据实施过程中师生反馈，对评价工具和量表进行优化。如发现教师课堂观察量表中某些指标界定模糊，重新明确表述；若学生自我诊断量表部分问题引导性不足，修改问题表述，提高评价工具的科学性和有效性。

第二节　教研升级：创新教研模式，推动理论实践转化

在教育改革不断深化的时代背景下，科学教育对于培养学生的创新思维、实践能力以及科学精神愈发关键。牡丹区成功获批首批全国科学教育实验区，这不仅是一份荣誉，更是一份责任，为区域内科学教育的创新发展带来了前所未有的机遇。化学学科作为科学教育的重要组成部分，积极响应号召，勇挑探索科学教育新路径的重担。我作为牡丹区小学科学教研员和中学化学教研员，同时又是牡丹区科学教育专班成员，肩负着科学教育路径探索的使命，总结梳理生活化教学的探索和实践中对教研范式也有自己的思考，或许为同行科学教育的探索提供点滴借鉴。

一、资源汇聚与理念引领——以科学教育实验区为平台，汇聚优质资源

牡丹区获批首批全国科学教育实验区，实验区的获批，在政策扶持、资金投入以及专家关注等多方面，为牡丹区化学学科带来了显著的优势。在政策扶持上，政府出台了一系列针对科学教育实验区的优惠政策，例如优先支持化学学科的课程改革项目，鼓励学校开展特色化学教学活动，在课程设置、教学资源分配等方面给予倾斜，这为化学教学创新提供了政策保障。在资金投入方面，注入大量专项教育资金，用于改善化学教学设施，建设现代化的化学实验室，购置先进的实验设备和教学仪器，为学生提供更好的实验条件，让学生能够亲身体验化学实验的魅力，在实践中加深对化学知识的理解。

全国科学教育实验区更是为牡丹区化学教育注入了强大的发展动力。凭借实验区的平台优势，牡丹区成功邀请到多位全国知名的科学教育专家。借助专

家力量从宏观层面为教研指明方向，传递先进理念，为后续工作奠定理论和资源根基。

二、教师专业发展驱动——以特级教师工作坊为翼，助力教师专业腾飞

在牡丹区化学教育朝着高质量发展的奋进之路上，山东省初中化学特级教师工作坊宛如强劲引擎，为教师专业成长注入澎湃动力。我有幸成为其中一员，并担任菏泽市工作坊主持人，携手牡丹区十一位教师，深度参与学术交流，在专业发展的道路上不断探索前行。

（一）团队协作奠基，携手并进成长

山东省初中化学特级教师工作坊在山东省教育科学研究院二级教授、鲁教版教材主编卢巍教授的引领下，构建起清晰且高效的组织架构。经验丰富的教研员把控全局，不同教龄的教师汇聚一堂。资深教师倾囊相授宝贵经验，年轻教师带来创新活力，大家在日常交流、学术交流中实现知识共享，携手夯实教学基础。我们共同制订成长规划，探讨教育教学中的疑难问题，分享教育教学心得，形成了互助共进的良好氛围，全方位提升教师专业素养，推动化学教学改革稳步前行。

（二）专家引领导航，靶向精准提升

专家的深度指导与专业培训是工作坊助力教师成长的关键力量。卢巍教授多次亲临牡丹区课堂一线，精准把脉教学问题。在“元素”观摩课上，针对教学目标设定偏差，她结合课程标准与学生实际，指导教师细化目标，明确核心概念与探究方法。在教学方法上，倡导问题驱动式教学，启发学生自主思考。

工作坊还利用线上平台，邀请知名专家带来前沿专题报告。华南师范大学钱杨义教授围绕化学学科核心素养，分享在真实问题情境中培养学生思维与关键能力的经验。在“化学反应与能量”教学中，引入电池应用、能源危机等情境，激发学生探究欲与社会责任感。在化学实验教学创新讲座里，他介绍利用数字化实验设备实时采集分析数据的方法，培养学生科学思维。这些指导与培训，助力教师突破教学瓶颈，实现专业能力的靶向提升。

（三）学术交流激荡，多元思维碰撞

为拓宽教师视野，我带领工作坊成员积极参与全国性学习与学术交流。2023 年赴合肥参加全国化学优质课评选，100 多个风格各异的课堂令人目不暇接。有的教师将生活化学融入课堂，激发学生兴趣；有的借助多媒体将抽象知识具象化；还有的组织探究实验，培养学生科学思维。这场盛会不仅是教学方法的展示，更是教育理念的碰撞，让我们深刻认识到培养学生核心素养的重要性。

2024 年在北京的全国教材培训同样收获颇丰。7 个版本教材主编对新教材进行全方位解读，从编写背景到教学建议，让我们深入理解新教材注重知识系统性、联系生活与科技的特点。这促使我们反思教学，探索如何将新理念、新方法融入日常教学，为学生打造更优质的课堂。

在特级教师工作坊的引领下，通过团队协作、专家指导、学术交流，牡丹区化学教师团队在专业发展道路上稳步迈进。未来，我们将继续砥砺前行，为化学教育事业贡献更多力量。

（四）课题研究深耕，挖掘教研深度

在教学实践与学术交流的基础上，我们深知，要实现教师专业发展的持续进阶与教学质量的深度提升，必须深入开展课题研究。工作坊积极组织成员参与各类课题研究项目，聚焦化学教育领域的前沿问题与教学实践中的痛点难题。

以“核心素养视域下初中化学生活化教学理论模型构建与实践研究”这一课题为例，我们组建了专门的研究小组，成员们分工协作，深入分析生活化教学在培养学生核心素养方面的优势与实施路径。从前期对国内外生活化教学的广泛调研，到结合本地学情和教学资源设计具有针对性的项目，再到在多所学校开展实践教学并收集数据进行分析，每一个环节都凝聚着团队的智慧与心血。

在研究过程中，我们遇到了诸多挑战，比如生活化教学与课程标准的融合度把握、学生参与度不均衡等问题。但通过团队的共同努力，我们不断调整优化方案。针对课题与课程标准融合问题，组织成员深入研读课程标准，邀请专家进行指导，确保每个课例都能精准对接核心素养的培养目标；对于学生参与度问题，引入小组竞争机制和个性化激励措施，充分调动学生的积极性。

通过这一课题的研究，我们不仅形成了一套具有可操作性的初中化学生活化教学模式，还撰写了多篇高质量的学术论文，在省级以上刊物发表。更重要

的是，参与研究的教师们在教育科研能力上得到了显著提升，能够更加敏锐地捕捉教学中的问题，并运用科学的研究方法去解决问题，真正实现了从“经验型教师”向“研究型教师”的转变。

（五）成果转化应用，驱动专业进阶

课题研究的成果只有转化为实际的教学行动，才能真正发挥其价值。我们将在课题研究中形成的生活化 REUW 理论模型，基于模型开发的生活化教学案例等成果，积极推广应用到牡丹区各初中学校的化学课堂中。

组织开展示范课、观摩课活动，由参与课题研究的骨干教师进行授课展示，让其他教师直观感受新教学模式的魅力与效果。同时，编写详细的教学案例集和教师指导手册，为教师们提供具体的教学参考。例如，在“金属的性质与应用”教学中，运用项目式学习理念，设计“校园金属材料调查与应用”项目，学生们通过实地考察、实验探究等方式，深入了解金属的性质，并为校园设施的金属材料选择提出合理化建议。这一教学实践不仅让学生对化学知识有了更深刻的理解，还培养了他们的实践能力和创新思维。

通过成果转化应用，牡丹区初中化学教学质量得到了显著提升。学生们对化学学科的学习兴趣明显增强，在各类化学竞赛和学业水平测试中取得了优异成绩。教师们也在成果应用过程中，不断反思总结，进一步优化教学方法，实现了自身专业能力的再次进阶。他们能够更加熟练地运用研究成果解决教学中的实际问题，教学自信心和职业成就感大幅提升。

在未来的征程中，山东省初中化学特级教师工作坊将继续秉持初心，不断完善教师专业发展体系，在团队协作、专家指导、学术交流、课题研究与成果转化等方面持续发力，为培养更多优秀的化学教师，推动化学教育事业的蓬勃发展贡献力量，让化学教育的光芒照亮每一位学生的成长之路。

三、多举并行传递生活化教学理念，构筑化学教育新生态

在牡丹区化学教学改革进程中，我致力于将生活化教学理念融入日常教学，借助智趣化学教研团队，以高端备课为切入点，通过“三研六备一改”路径与“通知—研讨—落实—反馈”活动闭环，实现理念的有效传递与深度扎根。

（一）搭建理论基石，凝聚理念共识

为让生活化教学理念深入人心，我牵头定期组织专题培训。邀请教育专家、优秀一线教师，结合酸碱中和在生活中的应用，如治疗胃酸过多、调节土壤酸碱度等实例，深入浅出地阐述其理论基础与实施策略。同时开展教学研讨，让教师分享教学中的经验与困惑，共同挖掘生活素材、设计教学情境，引导学生学以致用。线上线下结合，搭建教学资源共享平台，分享生活化教学课件、设计与视频，利用社交媒体交流心得，激发教师探索热情。

（二）三研六备一改，细化教学实践

在教学实践中，我推行“三研六备一改”路径。“三研”即个人初研、集体精研、区域深研。个人初研时，教师自主分析教材，挖掘生活关联点，像在“金属的腐蚀与防护”备课中，思考生活里金属生锈场景。集体精研时，团队齐聚，交流初研成果，碰撞思维火花，共同优化教学设计。区域深研是在集体精研的基础上进行区域高端备课，我结合课标对每一个课例的每一个环节针对性指导，让老师进一步完善教学思路。

“六备”从目标、学情、内容、教法、过程、资源展开，依据课程标准与生活实际设定教学目标；分析学生知识基础与生活经验；筛选整合教学内容，融入生活案例；结合内容与学生特点选择教法；精心设计教学流程，串联生活情境；多渠道收集实验器材、影像资料等教学资源。最后，根据教学实践与学生反馈，对教学设计进行全面修改完善。

（三）活动闭环管理，保障理念落地

通过“通知—研讨—落实—反馈”活动闭环，保障生活化教学理念落地。我及时下发教学活动通知，明确主题、时间与要求，让教师提前准备。研讨环节，组织教师围绕生活化教学问题交流，分享“三研六备一改”成果，共同攻克难题。落实阶段，教师将研讨成果用于课堂，开展生活化教学实践，引导学生在生活情境中探究化学知识。教学结束后，收集学生学习效果、教师教学感受等反馈信息，依据反馈调整后续活动，持续优化教学。

通过这些举措，生活化教学理念在牡丹区化学教师群体中广泛传播、积极践行，提升了教师教学水平与学生学习效果，为化学教育发展注入新活力。

四、深耕课堂主阵地，实现生活化教学成果可视化

在教育改革的浪潮中，课堂始终是教学的核心阵地。为切实推动生活化教学理念的落地生根，将 REUW 理论模型融入课堂实践，我采用同人同课异构的创新教研模式，力求让教学效果清晰可见，为化学教学质量的提升探寻出一条可行之路。

（一）同人同课异构，开启教学变革之旅

同人同课异构，即同一位教师在不同班级进行相同课题的授课，第一次按照教师原本的教学方式进行，第二次则是在我依据 REUW 理论模型改课之后再进行。这种教研模式的优势在于，能够让教师和学生最为直观地感受到不同教育理念与教学方法所带来的显著差异。

在第一次授课中，教师往往遵循传统的教学思路，以知识的单向传授为主。课堂上，学生虽然在认真听讲，但参与度有限，大多处于被动接受知识的状态。教师按照教材的编排顺序，依次讲解知识点，虽然能保证知识传授的系统性，却难以充分激发学生的学习兴趣和主动性。

而在我介入改课之后，依据 REUW 理论模型，从关联生活（R）入手，重新设计教学导入。例如，在讲解“燃烧与灭火”这一课题时，不再是直接给出燃烧的概念和条件，而是通过展示生活中常见的火灾事故新闻报道，或是播放一段家庭厨房中油锅起火的视频，引发学生对燃烧现象的关注和思考。这种从生活实际出发的导入方式，瞬间拉近了化学知识与学生生活的距离，使他们产生强烈的好奇心和探究欲望。

在探究实践（E）环节，增加更多的学生自主实验和小组讨论。组织学生进行“探究燃烧条件”的实验，让他们亲自动手操作，观察不同条件下物质的燃烧情况。学生们在实验过程中积极讨论，分享自己的发现和疑问，课堂氛围变得异常活跃。通过这些亲身体验，学生们对燃烧条件的理解不再停留在书本上的文字，而是转化为自己的实践认知。

对于理解内化（U）和智慧提升（W）环节，则设计一系列具有启发性的问题和拓展性的任务。引导学生运用所学的燃烧与灭火知识，分析生活中各种火灾场景的成因，并提出相应的灭火和预防措施。让学生设计一份家庭火灾应

急预案，或是为学校制订消防安全宣传手册。这些任务不仅能加深学生对知识的理解，还能培养他们运用知识解决实际问题的能力，实现了从知识到智慧的转化。

（二）教学效果显著提升，见证理念实践伟力

通过同人同课异构的实践，基于 REUW 理论模型的课堂设计效果立竿见影。学生的课堂表现发生了翻天覆地的变化，参与度大幅提高。在传统课堂上，回答问题的学生寥寥无几，而在按照 REUW 理论模型设计的课堂中，学生们纷纷主动举手发言，积极参与到课堂讨论和实验探究中来。他们不再是等待知识灌输的被动学习者，而是成为课堂的主人，主动探索知识的奥秘。

学生的学习兴趣也明显增强。以往对化学学习兴趣不高的学生，开始被生动有趣的生活案例和实验探究所吸引。他们在课后主动查阅相关资料，深入了解化学知识在生活中的更多应用。这种兴趣的转变，不仅体现在课堂上的积极参与，还延伸到了学生的自主学习中，为他们的终身学习奠定了良好的基础。

从教学效果的量化指标来看，学生的学习成绩也有了显著提升。在单元测试和期末考试中，参与同人同课异构实践班级的学生，在化学知识的理解和应用方面得分明显高于未参与实践的班级。特别是在解决与生活实际相关的化学问题时，这些学生展现出更强的分析和解决问题的能力。

教师们在这个过程中也经历了深刻的转变。起初，部分教师对 REUW 理论模型持怀疑态度，认为自己对传统教学方法已经驾轻就熟，没有必要进行改变。但随着同人同课异构实践的深入开展，他们亲眼看到了学生在课堂上的积极变化和学习效果的显著提升，逐渐开始接受和认同这一理论模型。

教师们主动反思自己的教学方法，不断学习和运用 REUW 理论模型的理念和方法。他们更加注重挖掘生活中的化学素材，精心设计教学情境，引导学生进行探究实践。在教学过程中，教师们也更加关注学生的个体差异，鼓励学生发表自己的见解，培养学生的创新思维和实践能力。

经过几轮的实践，教师们不仅掌握了基于 REUW 理论模型的教学设计方法，还形成了一种积极探索、勇于创新的教学氛围。他们相互交流教学经验，分享教学资源，共同提高教学水平。这种教师专业素养的提升，又进一步促进了教学质量的提高，形成了一个良性循环。

在未来的教学实践中，我们将继续深化同人同课异构的教研模式，不断完善基于REUW理论模型的课堂设计，让生活化教学在课堂主阵地中绽放更加绚烂的光彩，为学生的全面发展和成长提供更加坚实的保障。

五、以评价改革为杠杆，撬动课堂深度转型

在推动教学理念传递与实践探索的进程中，评价改革作为关键一环，犹如精准的杠杆，有力地撬动了课堂的深度转型。通过探索多元化的评价模式，全方位、多角度地考量学生的学习过程与成果，为基于REUW理论模型的生活化教学提供坚实支撑。

多元化评价模式的构建，首先体现在评价主体的多元上。教师评价不再是单一的权威定论，而是与学生自评和互评相互补充。在课堂上，教师成为引导者与观察者，他们细致入微地关注学生在各个环节的表现，从知识的理解与应用，到情感态度的转变，都被纳入评价范畴。而学生自评，让学生学会反思自己的学习过程，了解自身的优势与不足，培养自主学习能力。互评则促进学生之间的交流与合作，在相互评价中学习他人之长，拓宽思维视野。

课堂过程评价是及时反馈与调整教学的重要依据。任务完成评价，考量学生在完成课堂任务时展现出的能力与态度，无论是小组讨论中的观点阐述，还是项目式学习中的成果展示，都能真实反映学生对知识的掌握程度与运用能力。作业评价摒弃了以往只重答案的片面做法，更加注重学生的解题思路，鼓励创新思维的展现。虽然答案可能有误，但独特新颖的思考路径也能得到教师的肯定与鼓励，从而激发学生探索未知的热情。同时，学生对待作业的认真程度、完成作业过程中的学习态度，也成为评价的重要组成部分。

实验操作评价聚焦学生的实践动手能力与科学探究精神。在化学实验中，学生的实验技能，如仪器的正确使用、实验步骤的规范操作，是实验成功的基础。而实验设计能力，则体现了学生对知识的灵活运用与创新思维，能否根据实验目的，设计出合理且具有创新性的实验方案，成为评价的关键指标。科学探究精神贯穿于整个实验过程，从提出问题、作出假设，到实验验证、得出结论，学生在不断探索中展现出的好奇心、求知欲以及勇于质疑、敢于创新的精神，都被纳入评价视野。

终结性评价同样发生了深刻变革。以牡丹区区第一次模拟考试中的一道探究题“从蛋壳到蛋雕的华丽转身”为例，该试题以生活中常见的蛋壳和蛋雕为素材，巧妙地将化学知识融入其中。学生需要运用所学的酸碱反应、物质的性质等知识，去解释蛋壳在雕刻过程中的化学变化，以及蛋雕制作背后的科学原理。这种从生活视角出发的试题，不再是简单的知识记忆考查，而是着重考查学生的学科核心素养。学生需要在真实的情境中，运用所学知识分析问题、解决问题，展现出化学学科独特的思维方式与探究能力。

评价改革不仅是对学生学习成果的检验，更是对教学过程的引导与规范。它与教学理念传递与实践探索紧密相连，相辅相成。通过多元化的评价模式，我们能够更准确地把握学生的学习情况，及时调整教学策略，让基于 REUW 理论模型的生活化教学更加贴合学生的需求，真正实现课堂从传统讲授式向互动探究式、从知识灌输向素养培育的深度转型。在未来的教学实践中，评价改革将持续深化，不断完善评价指标与方式，为培养具有创新精神与实践能力的新时代人才保驾护航。评价是教学的重要环节，对教学起着导向和质量监控的作用。牡丹区深知传统化学教学评价存在的弊端，如评价方式单一，过度依赖纸笔测试；评价内容片面，侧重知识记忆与理解，忽视学生能力和素养的考查。为了撬动课堂从传统的知识传授型向素养培养型转型，牡丹区大力推进评价改革，构建多元化评价体系。

评价改革实施后，对教学产生了积极的促进作用。教师根据多元化评价的反馈信息，及时调整教学策略和方法。如果发现学生在实验操作能力方面较为薄弱，教师会增加实验教学的时间和强度，加强实验指导。学生在评价过程中，也更加明确自己的学习目标和努力方向，学习积极性和主动性明显提高。课堂氛围变得更加活跃，学生主动参与课堂讨论、探究活动，真正成为学习的主体。通过评价改革，牡丹区化学课堂实现了从传统教学向以核心素养培养为导向的现代教学的转型，为学生的全面发展奠定了坚实的基础。

六、理论践行与示范——生活化教学区域推动

积极探索和践行科学有效的教学理论模型，成为提升教学质量、推动教育发展的关键。REUW 理论模型，聚焦“R 关联生活，E 探究实践，U 理解内化，

W智慧提升”，为化学教学带来了全新的视角与方向。我通过多维度的实践与探索，率先示范，让这一理论模型在化学教学的土壤中生根发芽。

（一）亲授示范课，践行理论标杆

在教研革新的征程中，教研员以身作则、示范引领是践行REUW理论模型的关键一步。为了让化学知识不再局限于书本，教研员亲自开发教学案例，从日常的厨房化学，到生活中的金属腐蚀与防护，这些案例将抽象的化学知识与真实生活紧密相连，为教师们提供了丰富且生动的教学素材。

纸上得来终觉浅，绝知此事要躬行。教研员亲自登上讲台开展下水课与示范课，把REUW理论从抽象概念转化为直观的课堂实践。在讲授“复分解反应发生的条件”这一省公开课时，以生活中常见的小苏打与食盐为切入点，巧妙关联生活（R）。课堂上，引导学生亲自动手实验，探究实践（E）复分解反应的过程。通过对实验现象的分析与讨论，帮助学生理解内化（U）知识，最终实现思维的拓展与智慧的提升（W）。这堂公开课不仅赢得了参会老师的一致好评，更为教师们提供了可借鉴的教学范例，照亮了REUW理论在课堂落地的道路。

（二）多元课例开发，广纳教师实践

多元课例开发与教师广泛实践是推广REUW理论的重要环节。基于该理论，我们精心打造了一系列教学案例，全面覆盖初高中各年级以及多种课型。从元素化合物知识的新授课，到基本概念、基本理论的新授课，从培养动手能力的实验课，到注重知识融合的跨学科实践课，再到巩固知识的单元复习课、专题复习课和习题课，为化学教学提供了全面而系统的参考。

为了让这些课例在实践中不断完善，我们邀请了不同教龄的教师参与试上。资深老教师凭借丰富的教学经验，对课例提出了许多建设性的优化建议；年富力强的中年教师积极融入创新的教学方法与理念；刚刚走出校门的青年教师则带来了新颖的教学风格与活力。尽管不同教龄段的教师对课例的感受和接受程度有所差异，但他们都对REUW理论与生活化教学理念给予了高度认可。这种多元的实践与反馈，推动着REUW理论在教学实践中不断优化与发展。

（三）全维互动交流，共促教研相长

全维互动交流为REUW理论模型的落地注入了源源不断的活力。线下，

我们深入课堂，积极组织同课异构活动。不同教师对同一教学内容基于 REUW 理论进行不同的教学设计与实施，在对比与反思中，教师们更加深入地理解了理论的内涵与应用。教研员则针对教师的课堂表现，进行精准指导，帮助教师解决教学中的问题，提升教学质量。

线上，我们搭建了便捷的交流平台，打破了时间与空间的限制。教师们可以随时随地分享在课例实践中的困惑、心得与教学成果。遇到教学难点时，大家群策群力，共同探讨解决方案；取得教学成果后，一起总结经验，进行推广应用。在这种持续的互动交流中，教师们加深了对 REUW 理论的理解，不断提升自身的教学能力，真正实现了教研相长。

通过这三个维度的不懈努力，我们在化学教学中率先示范践行 REUW 理论模型，取得了显著的成效。教师的教学水平得到了提升，学生的学习兴趣得到了极大的提高，学习效果也得到了极大的改善。在未来的教育教学中，我们将继续深化对 REUW 理论模型的研究与实践，不断完善教学案例，加强教师间的互动交流，为培养更多具有创新精神和实践能力的学生而努力奋斗，让 REUW 理论模型在教育领域绽放更加耀眼的光芒。

通过教研员的示范引领和带动，老师们感觉到生活化教学 REUW 模型可落地，可复制。在按照 REUW 理论模型的课堂上，学生参与度明显提高，兴趣明显增强，教学效果显著提升。学生们不再是被动地接受知识，而是积极主动地参与到课堂教学中来，通过自主探究、合作学习等方式，深入理解和掌握化学知识，培养了科学素养和综合能力。教师们也在这个过程中，逐渐接受和认同了 REUW 理论模型，不断改进自己的教学方法和策略，提高教学水平。

七、成果与展望

在教学理念革新、教学实践探索以及评价体系改革的协同推进下，我们收获了一系列丰硕成果。

在教学理念传递与实践方面，通过“三研六备一改”路径与“通知—研讨—落实—反馈”活动闭环，生活化教学理念在教师群体中广泛传播并落地生根。教师们深入理解并积极运用 REUW 理论模型，将生活元素巧妙融入教学，课堂变得生动有趣，学生学习兴趣被充分激发。同人同课异构教研模式成效显著，学生参与度和兴趣大幅提升，主动参与课堂讨论和实验探究，学习成绩明显提高，实现从被动学习到主动探索的转变，教师也在这一过程中提升了专业素养，形成积极创新的教学氛围。

评价改革构建的多元化评价模式，从多个维度全面考量学生。评价主体多元，教师评价、学生自评和互评相结合，促进学生自我反思与相互学习；课堂过程评价及时反馈，作业评价注重思路与态度，实验操作评价考查技能与探究精神，终结性评价以生活素材为载体考查学科核心素养，如木兰区模拟考试探究题，精准把握学生学习情况，为教学调整提供依据。

展望未来，我们将继续深化教学改革。在教学理念与实践上，持续探索REUW理论模型在不同教学场景的应用，开发更多优质生活化教学案例，加强教师培训与交流，推动区域内教学资源共享，让更多学生受益。同时引入人工智能、虚拟现实等新技术，创新教学方式，为学生打造沉浸式学习体验。

评价改革方面，进一步完善多元化评价体系，借助大数据分析等技术手段，使评价更精准、全面、及时。建立学生学习成长动态数据库，记录学习全过程，为个性化教学提供有力支持。加强评价结果运用，不仅用于反馈教学，还与学生综合素质评价、升学等挂钩，发挥评价的激励与导向作用。

我们将以坚定的信念和不懈的努力，持续推动教学改革，为培养具有创新精神、实践能力和社会责任感的高素质人才而努力，让教育改革的成果惠及每一位学生，在教育发展的道路上不断书写新的辉煌篇章。

第三节　试题设计：以评价试题落实立德树人教育目标

用评价试题引领学科育人，考查化学核心素养水平，落实立德树人根本任务，一直是命题者追求的目标，评价试题不仅引领教师教育理念的更新及育人方式，还直接影响学生的学习动机和学习效果。目前评价试题中实验探究题缺乏原创性，偏重考查知识的机械记忆，缺少真实的情境载体，缺少实验方案设计能力的考查和开放性，素养导向不够明晰。笔者在命制2024年模拟试题的实验探究题过程中，反复斟酌学生熟悉的生活情景素材，推敲开放的设问方式，力图引领学生大胆表达自己的观点，考查学生学科核心素养，力求凸显化学的生活价值和学科价值。

一、立意构想

实验探究题是综合考查学生初中化学核心素养的一道试题，根据《义务教育化学课程标准（2022年版）》和《关于做好2022年中考命题工作的通知》（2022年4月教育部发布）的文件要求，坚持无价值不入题，无任务不立题，无思维不命题，无情境不成题的原则，用“蛋雕”为情境素材凸显价值引领，用表格化呈现探究过程，强化思维结构化，让学生在陌生的情境重新认识熟悉的物质性质及应用，力求考查出学生在化学观念、科学思维、科学探究与实践、科学态度与责任方面的核心素养发展水平。

指向核心素养的测查。作为实验探究题，情境素材本身承载着育人功能，通过“蛋雕”这一传统文化的挖掘和阐释启智润心，铸魂育人，将学科内容与社会生活实际相结合，引导学生形成对中国传统文化的政治认同、情感认同和价值认同，形成节约资源、保护环境的习惯，树立生态文明的理念，落实立德树人，加强价值引领。学生通过“蛋雕”实验方案的选择及选择理由的说明或注意事项，最大限度地打开学生思维，增加试题的开放性，让学生大胆表达自己的观点，引发学生创新思维和继续探究的欲望。用规范的化学语言描述实验现象，用化学方程式解释反应原理，从物质的合理选择和利用角度考查学生化学观念，从学生答题的方案选择、观点表达、理由阐释、现象能否准确描述、化学方程式能否正确书写、资源的价值利用最大化的意识，考查学生核心素养在不同维度的发展水平。

引领课堂教学方向。原创试题让教师无法猜，学生刷不到，只能通过经常关注生产生活中的化学现象，在真实的复杂生活问题中提炼化学核心问题，在运用所学知识分析解决的过程中形成科学素养，破除机械刷题、搞题海战术、猜题押题的教学导向，巩固“双减”成效，助力人才选拔。在真实具体的情境中考查学生对知识的理解与应用，引导学生在完成任务时会调用已有知识已有经验，迁移到陌生情景，引领课堂教学从教专家结论走向教专家思维，从解题走向解决问题，让学生建立化学与生活的链接，在不断建立链接中形成主动关心身边的化学现象和人类面临的与化学有关的社会议题的科学责任，感受到化学就在我们身边，化学让我们的生活更加科学、更加丰富多彩。

二、命题历程

1. 制订多维细目表

多维细目表是试题命制的施工图，多维细目表的制订依据《义务教育化学课程标准（2022年版）》，要从试卷整体上把握核心素养的分布，其中学业质量标准是设计评价问题的根本遵循，难度预测必须基于学生认知实际，预测难度系数和实测难度系数要控制在0.05的误差范围。

2. 寻找情景素材

没有科学严谨的素材，就没有新颖而富有创意的原创试题，实验探究题的情景素材一般从实验探究情景、生产生活实践情景、学术探索情景素材方向寻找，素材一方面与学生的生活经验接近，熟悉而新颖，保证素材真实性和科学性。另一方面要承载育人价值和化学必备知识与关键能力，能设计出体现核心素养发展水平的试题。

以下所举例题用“蛋雕”做情境素材。“蛋雕”在我国有着悠久历史，也是非物质文化遗产，体现真实性，蛋雕有物理雕刻法和化学蚀刻法，用化学蚀刻法进行蛋雕创作可行，学生被赋予了运用化学知识解决实际问题的机会，从合理利用物质考查化学观念，从方案的选择、蛋壳的制作考查学生科学思维和跨学科解决问题能力，从现象描述和原理解释考查学生的科学探究与实践能力，从资源的回收考查学生的科学态度与责任意识，体现科学性和针对性，同时从蛋壳到蛋雕这一任务的完成新颖而又有挑战性，具有适度的思维含量。

3. 试题的形成与打磨

在对试题的情景文本和考查方式的设置多次论证之后，在力求让每一个问题都有其产生的“土壤”的指导思想下，每一个测评发生在知识生成状态或应用状态的情境之中，形成了如下试题。

一稿 15.“蛋雕”是我国民间艺术的瑰宝，平平无奇的蛋壳经过能工巧匠的改造，成为赏心悦目的艺术作品，某化学兴趣小组利用所学化学知识，尝试创作蛋雕作品。

任务一：制订科学合理的雕刻方案

A 同学提议直接在蛋壳上刻画。

B 同学认为蛋壳易碎，应先在蛋壳上描画，利用稀盐酸腐蚀蛋壳。

C 同学认为 B 同学方案也有不妥，盐酸是液体，会把蛋壳的其他地方腐蚀，不好控制。

D 同学结合三位同学想法提出用石蜡把蛋壳包裹，然后在石蜡表面作画，用盐酸描画，经小组讨论觉得可行。你认为他选择石蜡的依据是：

A. 石蜡受热容易熔化，遇冷易成型　　B. 石蜡不与盐酸反应

C. 石蜡廉价易得

任务二：制作蛋壳并裹蜡

经小组讨论需要的仪器药品有：清洗过的生鸡蛋、恒温加热器、稀盐酸、细钢针（或小剪刀）、石蜡、棉签、塑料滴管、烧杯、注射器、铅笔（或黑色水笔）、金属丝等。

活动 1. 制蛋壳。把蛋液从蛋壳中倒出，你认为除了需要细钢针打孔还需要的上述仪器有____________，为了便于蛋液流出，你认为可采取的操作是______________________________。

活动 2. 蛋壳裹蜡

小组同学尝试改用浸润法——首先将石蜡熔化并确保液态石蜡的高度约等于鸡蛋高度，然后用手将鸡蛋壳压入液态石蜡中，石蜡便会附着于蛋壳表面，片刻后取出便可以得到较均匀的“石蜡衣”。

任务三：蜡上作画并腐蚀蛋壳

活动 1. 作画。用铅笔、黑色水笔或者金属丝在裹了石蜡的蛋壳上勾勒出心仪的图案，在石蜡上作画的过程是__________变化。腐蚀蛋壳的操作是______________，发生的反应是____________________。

活动 2. 除蜡。

方案一：直接加热法——用坩埚钳夹取上一步骤中的鸡蛋壳在酒精灯火焰上加热，“蜡衣”便可熔化。

方案二：间接加热法——将烧杯中的水加热到 80 ℃左右，放入上一步骤中的鸡蛋壳，水的热量便可以传递给“蜡衣”使其受热熔化。

你认为哪个方案更好，并说出理由＿＿＿＿＿＿＿＿＿＿＿＿＿＿＿＿。

方案二中的烧杯内的废水如何处理＿＿＿＿＿＿＿＿＿＿＿＿＿＿＿＿。

打磨 试题的打磨不仅要关注文本的人文性，还要关注问题的逻辑性和探究性层次是否清晰，问题设置与情景的关联性是否恰切，立意与测量目标是否一致，问题设置是否明确，是否可以展示学生的思维过程和水平，是否可以引发学生多样性的思考，是否减少机械记忆，能否让每一个问题都发生在知识生成的过程中，每个问题都有“土壤”。该试题情景内容有科学依据，蛋雕是真实的民间艺术，情景能服务设问，体现探查目标，素材信息对学生熟悉而新颖，具有适度的思维容量，设问用任务驱动问题引领的形式把素养考查镶嵌在任务完成的过程之中。

但是任务一中，内容与情境关联度不高，立意与测量目标有偏差，开放性和创新性欠缺。

任务二中的设问虽然能引发学生的思维过程，但问题的指向明确性不够，文本表述不够简洁明了，任务三问题设问有重复，整体上呈现地不够美观，试题考查核心知识学生思维不够结构化，所以又进行了结构化的设计，采用表格化的呈现，更容易思维结构化。试题经过多次打磨，从试题知识点、能力点、素养点，难度平衡调节，学生答题障碍模拟，文字表述的科学性，规范性等角度反复推敲，与多维细目表反复对照，与学业质量标准对标，最终形成定稿。

定稿 15.（6 分）“蛋雕”是我国民间艺术的瑰宝，平平无奇的蛋壳经过能工巧匠的改造，成为赏心悦目的艺术作品，某化学兴趣小组利用所学知识，尝试创作蛋雕作品。

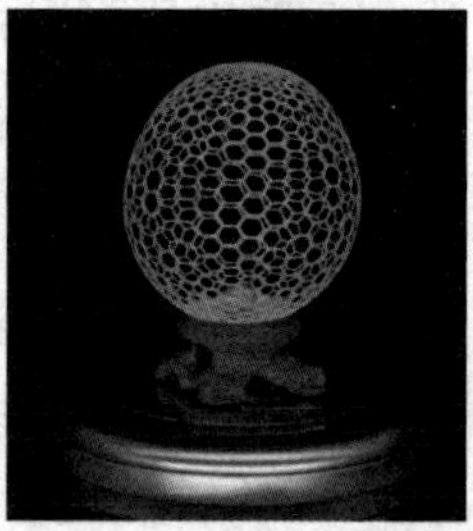

任务一：制订科学合理的雕刻方案

【查阅资料】蛋雕是一门神奇而特殊的艺术，有物理雕刻法和化学蚀刻法，雕刻技法有阴刻、阳刻、线刻、浮雕、影刻、点刻、拼雕、套雕等。

【制订方案】

方案一：用刻刀直接在蛋壳上雕刻。

方案二：用盐酸直接在蛋壳上腐蚀雕刻。

方案三：先在蛋壳上裹蜡，再在蜡上作画，然后用盐酸腐蚀刻痕处蛋壳。

我选方案________，理由或注意事项是________________________________。

参考答案（理由或注意事项支持所选方案，表述合理即可得分）

方案一，操作简单，但难度较大，对操作技术要求高，要注意用力不要过猛，以防蛋壳破碎。

方案二，注意控制酸的浓度，要避免盐酸腐蚀其他部位。

方案三，操作容易，石蜡容易成型且便于作画，同时保护其他地方不被腐蚀。

任务二：制作蛋壳

【实验准备】小组同学用钢针在鸡蛋小端只打了一个小洞，用钢针把蛋黄搅碎，并用注射器向鸡蛋内注入空气，用注射器向鸡蛋内注入空气的目的是<u>便于蛋液的流出</u>。

任务三：按照方案三进行雕刻

【实践活动】

步骤	操作	现象	反应方程式
1. 裹蜡	把鸡蛋放入融化的石蜡里，片刻取出	蛋壳裹了均匀“蜡衣”	—
2. 作画	用铅笔或者金属丝在裹蜡的蛋壳上画出心仪的图案	划过的笔迹处蛋壳裸露	—
3. 蚀刻	用塑料胶头滴管吸取适量盐酸滴在笔迹处	笔迹处有大量气泡产生	$CaCO_3 + 2HCl \xlongequal{} CaCl_2 + H_2O + CO_2\uparrow$
4. 除蜡	将烧杯中的水加热到 80 ℃左右，放入上一步骤中的蛋壳	“蜡衣”受热熔化	—

【反思评价】步骤 4 中的石蜡如何回收：将石蜡和水的混合物冷却至室温，

石蜡凝固成固体，过滤出石蜡固体。

三、命题思考

1. 核心素养导向的评价试题要凸显核心价值引领

化学评价试题通过弘扬中华优秀传统文化，将学科内容与社会生活实际相结合，以传统文化启智润心，铸魂育人，以“蛋雕”为情景素材，让学生通过鸡蛋的普通性与蛋雕的创造性形成强烈的认知冲突，平平无奇的蛋壳经过艺术加工赋予了新的生命，启发学生认识中华民族文化的精神内涵，为学生的成长提供精神指引。让学生感受到生活无废品，所谓的“废品”只是放错位置的资源。

2. 核心素养导向的评价试题要立足任务中“生长”命题点

核心素养导向的评价试题要让学校教育与真实世界建立链接，学生走入社会面对的都是复杂的真实问题，解决问题的思路与方法如果能从学科学习中习得，现实生活中遇到类似问题就有了思考方向，所以评价试题要立足于真实的问题情境，要有真实的任务驱动才能有良好的动机激发，让学生由潜在状态变为活跃状态，好奇心才能驱动创新思维。化学核心素养的水平在任务完成过程中自然呈现，让解题变成了解决问题。

3. 核心素养导向的评价试题要体现教学评一致性

试题作为一种评价工具，其设计和构成无疑是对教学内容、教学方法乃至教学效果的一种映射和反馈，评价的载体要基于学生的生活经历。蛋壳是学生熟悉的物品，素材体现生活性，15 题中碳酸钙与盐酸的反应，也是学生必备知识，学生对这一知识不陌生，这些都给予了学生学习经历和生活经历，体现教学评一致性。教学中鼓励学生大胆表达观点，培养学生批判思维和创新思维，15 题学生只要选择的方案和理由或者注意事项表述一致，观点合理，逻辑清晰，就可得分，目的是鼓励学生大胆表述观点，充分体现了化学试题学用结合、教考一体的理念，还体现了考场即课堂、考试即生活、考试即教育的学科育人理念。评价是获得学生学习过程中遇到的问题的证据收集渠道，通过模拟试题收集学生目标达成的证据信息，找准学生在实际问题解决中的卡点、盲点，找到提升学生核心素养的增长点，通过收集学生的解决问题的能力信息调整平时的课堂教学，形成教－学－评的闭环。

4. 核心素养导向的教学要重视实验探究与体验

实验探究活动应紧密结合具体的化学知识的教学来进行，通过化学实验激发学生学习化学的兴趣，使化学知识的学习、科学探究能力的形成与化学学科核心素养的发展有机结合起来。实验探究教学要讲究实效，不能为了探究而探究，应避免探究活动泛化、探究过程程式化和表面化，应把握好探究的水平，避免浅尝辄止或随意提升知识难度的做法；应避免实验探究过程中教师包办代替或对学生放任自流的现象，探究过程也要有任务驱动，问题引领，同时还要有拓展延伸，链接生活。

5. 核心素养导向的教学要站在“学生立场”

学生在实验探究题目中两极分化现象严重，教师总以为很简单的问题学生答不出来。在教学中教师要有学生立场，站在学生视角才能结合学生的生活实际和认知基础，感受他们对化学基本概念和基本理论的认知障碍，找到他们对身边的化学物质及其变化的认知起点，基于学生认知设计教学问题，帮助学生认识化学知识在生活实际中的应用，让化学与生活建立联接，增强学生学习化学的兴趣，尽量减少学生提前掉队。

第六章

REUW理论模型的教学实践案例

第一节 新授课实践：基于REUW模型的课堂教学设计

基于生活化教学REUW模型的教学实践案例1

教材版本	人教版上册	课题	物质的变化和性质
学段	初中	课型	新授课

一、教学目标

通过展示生活中常见的物质变化现象，组织学生观察、讨论，让学生准确区分物理变化和化学变化，理解物质的物理性质和化学性质概念。

借助“探究物质变化”的实验活动，让学生自主设计并进行实验探究，观察实验现象，记录并分析数据，提高学生实验操作、观察、分析及归纳总结的能力，同时培养学生的合作精神与创新思维。

通过开展小组讨论、知识梳理活动，引导学生对实验探究结果及生活中的物质变化实例进行深入分析，构建物质变化和性质的知识体系。建立物质变化和性质的认知模型，培养学生逻辑思维和模型认知能力，提升学生自主学习和知识迁移能力。

通过引入生活和生产中的实际案例，组织学生运用所学知识进行分析讨论，提出解决方案。让学生体会化学与生活的紧密联系，增强学生对化学学科的认同感。

二、REUW 模型框架

教学阶段	情景载体	教学策略
R—关联生活	生活中常见物质变化的图片，视频	引导学生观察、讨论、分享
E—探究实践	设计探究实验	提醒学生，观察、记录、合作
U—理解内化	生活中常见的现象	构建知识体系，绘制思维导图
W—智慧提升	呈现生活和生产中的实际问题	提出解决方案，进行方案展示和互评

三、教学过程

（一）关联生活（R）

任务一：生活现象大搜罗

活动 1：学生分组，在 5 分钟内尽可能多地列举出生活中观察到的物质变化现象，并简要记录变化前后物质的状态或特征。

问题 1：你列举的这些变化中，哪些变化让物质的种类发生了改变？哪些仅仅是外观、状态的改变？

问题 2：像蜡烛燃烧和蜡烛受热熔化，这两种变化最明显的区别是什么？

设计意图：通过自主列举生活现象，激发学生主动思考，引导学生初步关注物质变化的本质差异，培养学生的观察力和对生活现象的思考能力，为后续学习物质变化的分类奠定基础。

（二）探究实践（E）

任务二：实验探究物质变化

活动 2：学生分组进行实验，一组进行物理变化实验（胆矾研碎、水的沸腾），另一组进行化学变化实验（镁条燃烧、氢氧化钠溶液与硫酸铜溶液反应），实验过程中详细记录实验步骤、现象和结论。

问题 3：在胆矾研碎的实验中，胆矾发生了什么改变？这种改变是否产生了新物质？

问题 4：镁条燃烧时，我们看到了耀眼的白光、生成了白色固体，这说明镁条发生了怎样的变化？从哪些现象能判断这是化学变化？

问题 5：水沸腾时产生的气泡和氢氧化钠与硫酸铜反应产生的沉淀，二者在本质上有什么不同？

设计意图：亲自动手实验能让学生直观感受物理变化和化学变化的过程，通过问题引导学生深入分析实验现象，学会根据是否产生新物质来判断物质变化的类型，培养学生的实验操作、观察和分析能力，以及科学探究精神。

（三）理解内化（U）

任务三：概念辨析与知识梳理

活动 3：结合实验现象和之前讨论的生活实例，在小组内讨论物理变化、化学变化、物理性质、化学性质的概念，用自己的语言进行描述，并制作简单的概念对比表格。

问题 6：物理变化和化学变化的本质区别用一句话概括是什么？我们说铁能生锈是铁的化学性质，而铁生锈是化学变化，这两者之间有怎样的联系？颜色、状态、可燃性，哪些属于物理性质，哪些属于化学性质，判断的依据是什么？

设计意图：通过小组讨论和制作表格，帮助学生将感性认识上升为理性认识，深入理解物质变化和性质的概念，明确概念之间的区别与联系，构建系统的知识体系，培养学生的归纳总结和逻辑思维能力。

（四）智慧提升（W）

任务四：生活难题巧解决

活动 4："如何防止菜刀生锈""如何在家简单鉴别白醋和白酒"，学生分组讨论解决方案，形成书面报告，并推选代表进行展示。

问题 7：从物质性质的角度考虑，防止菜刀生锈可以采取哪些措施？这些措施利用了铁的什么性质？鉴别白醋和白酒时，你运用了它们的哪些物理性质或化学性质？

问题 8：在解决这些实际问题的过程中，物质的变化和性质是如何体现和应用的？

设计意图：让学生运用所学知识解决实际问题，检验学生对知识的掌握程度和应用能力，培养学生知识迁移和创新思维，增强学生对化学学科的认同感和社会责任感，体会化学知识的实用价值。

物质的变化与性质学历案

教材版本	人教版上册	课题	物质的变化与性质
课型	新授课		

学习目标

1. 生活中常见的物质变化现象，准确区分物理变化和化学变化，理解物质的物理性质和化学性质概念。

2. 借助“探究物质变化”的实验活动，会自主设计并进行实验探究，观察实验现象，记录并分析数据。

3. 通过小组讨论、知识梳理活动，对实验探究结果及生活中的物质变化深入分析，构建物质变化和性质的知识体系。建立物质变化和性质的认知模型。

4. 通过生活和生产中的实际案例，提出解决方案。

学习过程

任务一：生活现象大搜索

活动 1：学生分组，在 5 分钟内尽可能多地列举出生活中观察到的物质变化现象，并简要记录变化前后物质的状态或特征。

问题 1：你列举的这些变化中，哪些变化让物质的种类发生了改变？哪些仅仅是外观、状态的改变？

问题 2：像蜡烛燃烧和蜡烛受热熔化，这两种变化最明显的区别是什么？

任务二：实验探究物质变化

活动 2：学生分组进行实验，一组进行物理变化实验（胆矾研碎、水的沸腾），另一组进行化学变化实验（镁条燃烧、氢氧化钠溶液与硫酸铜溶液反应），实验过程中详细记录实验步骤、现象和结论。

问题 3：在胆矾研碎的实验中，胆矾发生了什么改变？这种改变是否产生了新物质？

问题 4：镁条燃烧时，我们看到了耀眼的白光、生成了白色固体，这说明镁条发生了怎样的变化？从哪些现象能判断这是化学变化？

（续表）

问题5：水沸腾时产生的气泡和氢氧化钠与硫酸铜反应产生的沉淀，二者在本质上有什么不同？

任务三：概念辨析与知识梳理

活动3：结合实验现象和之前讨论的生活实例，在小组内讨论物理变化、化学变化、物理性质、化学性质的概念，用自己的语言进行描述，并制作简单的概念对比表格。

问题6：物理变化和化学变化的本质区别用一句话概括是什么？我们说铁能生锈是铁的化学性质，而铁生锈是化学变化，这两者之间有怎样的联系？颜色、状态、可燃性，哪些属于物理性质，哪些属于化学性质，判断的依据是什么？

任务四：生活难题巧解决

活动4："如何防止菜刀生锈""如何在家简单鉴别白醋和白酒"，学生分组讨论解决方案，形成书面报告，并推选代表进行展示。

问题7：从物质性质的角度考虑，防止菜刀生锈可以采取哪些措施？这些措施利用了铁的什么性质？鉴别白醋和白酒时，你运用了它们的哪些物理性质或化学性质？

问题8：在解决这些实际问题的过程中，物质的变化和性质是如何体现和应用的？

学习感悟

自我评价

评价任务 完美：☆☆☆☆☆ 优秀：☆☆☆☆ 良好：☆☆☆ 继续努力：☆☆	自我评价
1. 会区分常见的生活中的物理变化和化学变化	
2. 知道哪些属于物理性质，哪些属于化学性质	
3. 能初步建立物质变化和性质的认知模型	
4. 会解释生活中的变化	

四、设计亮点与实践体会

（一）设计亮点

1. 生活情境贯穿始终

以生活中常见的物质变化现象为切入点，将生活情境贯穿教学全过程，让学生在熟悉的情境中学习化学知识，体会化学与生活的紧密联系，提高学生学习化学的兴趣和积极性。

2. 实验探究主导学习

通过设计丰富多样的实验探究活动，让学生亲身体验物质的变化过程，培养学生的科学探究能力和实验操作技能。实验探究不仅是获取知识的手段，更是培养学生科学思维和创新精神的重要途径。

3. 问题引领深度思考

在教学过程中，设置一系列富有启发性的问题，以问题引领学生的学习和思考。问题的设计由浅入深，从生活现象到化学原理，从实验操作到知识应用，引导学生逐步深入理解物质的变化和性质，培养学生的逻辑思维能力和问题解决能力。

4. 素养培养有机融合

将化学学科核心素养的培养有机融合在教学的各个环节中。通过观察生活现象培养宏观辨识能力，通过实验探究培养科学探究与创新意识，通过知识梳理构建知识模型，培养模型认知能力，通过解决实际问题培养科学态度与社会责任意识，实现知识传授与素养培养的有机统一。

（二）实践体会

在教学实践中，基于 REUW 理论模型的教学设计取得了良好的教学效果。学生对化学学科的兴趣明显提高，积极参与课堂讨论和实验探究活动。通过关联生活，学生能够快速进入学习状态，对物质变化和性质的概念理解更加深刻。在探究实践环节，学生的实验操作能力和科学探究精神得到了有效锻炼，学会了如何设计实验、观察现象、分析数据。理解内化环节帮助学生构建了系统的知识体系，提高了学生的自主学习能力。智慧提升环节让学生将所学知识应用到实际生活中，增强了学生的社会责任感和解决实际问题的能力。

然而，在教学过程中也发现了一些问题。例如，部分学生在实验操作中不够规范，小学科学要求的基本操作没有掌握，需要加强实验技能的指导；在小组讨论中，个别学生参与度不高，需要进一步引导学生积极参与合作学习。针对这些问题，在今后的教学中应加强实验教学的规范性，增加实验操作的指导时间；同时，优化小组合作学习的组织形式，明确小组成员的分工，提高学生的参与度和合作效果。

基于生活化教学 REUW 模型的教学实践案例 2

教材版本	人教版上册	课题	盐　第二课时
学段	初中	课型	新授课

一、教学目标

通过实验探究鉴别氯化钠和碳酸钠，培养学生设计实验、动手操作、观察现象及分析问题的实验探究能力。

借助对宏观实验现象的分析、化学方程式的书写以及微观模拟的观察，提升学生从宏观到微观、从现象到本质的思维能力，归纳总结复分解反应的特征和微观实质。

让学生感悟化学来源于生活又服务于生活的理念，提升学生对化学学科的认同感和学习积极性。

在分析 Vc 泡腾片说明书的过程中，提高学生获取信息、分析问题和解决实际问题的能力。

二、REUW 模型框架

教学阶段	情景载体	教学策略
R—关联生活	生活中的食盐和苏打（纯碱）	摸一摸、看一看、尝一尝
E—探究实践	氯化钠溶液和碳酸钠溶液	设计方案，实验，交流

（续表）

教学阶段	情景载体	教学策略
U—理解内化	碳酸钠与酸反应的视频和微观模拟	独立写，合作分享
W—智慧提升	Vc 泡腾片	猜想，实验

三、教学难点

1. 从微观角度理解复分解反应的实质。

2. 运用复分解反应的条件解决实际问题。

四、教学过程

（一）关联生活（R）（4 分钟）

生活情景引入：展示厨房中氯化钠（食盐）和碳酸钠（纯碱）的实物，提问学生："在厨房中，如果这两种白色粉末不小心混淆了，有什么简单的方法可以将它们区分开来呢？"引发学生思考，让学生联系生活经验，初步讨论可能的鉴别方法，如品尝味道（强调实验室中不能用此方法）、观察外观（二者外观相似，较难区分）等。

展示一些因误食工业用盐（如亚硝酸钠，外观与食盐相似）而导致中毒的新闻报道，强调正确鉴别盐类物质的重要性，激发学生对鉴别方法探究的兴趣，自然引出本节课的第一个任务——鉴别氯化钠和碳酸钠。

（二）探究实践（E）（25 分钟）

任务一：鉴别氯化钠和碳酸钠

提出假设：组织学生进行小组讨论，根据已有的化学知识，提出鉴别氯化钠和碳酸钠的可能方法。学生可能提出利用酸与碳酸钠反应产生气体（二氧化碳），而氯化钠不与酸反应的性质进行鉴别；也可能提出利用碳酸钠能与某些碱或盐反应产生沉淀，而氯化钠不反应的性质来鉴别。

设计实验：各小组根据提出的假设，设计具体的实验方案。教师在旁引导，提醒学生注意实验操作的规范性和安全性，以及实验方案的可行性和简约性。例如，用稀盐酸鉴别时，要注意盐酸的用量；用氯化钙溶液鉴别时，滴加的顺序和量的控制等。

实验操作：学生按照设计好的实验方案，进行实验操作。教师为每个小组提供实验所需的仪器和药品，如氯化钠溶液、碳酸钠溶液、稀盐酸、氯化钙溶液、试管、滴管等。学生在实验过程中，仔细观察实验现象，并做好记录。例如，向碳酸钠溶液中滴加稀盐酸，会迅速产生大量气泡；向碳酸钠溶液中滴加氯化钙溶液，会产生白色沉淀，而氯化钠溶液与这两种试剂混合均不产生明显现象。

交流讨论：实验结束后，各小组派代表汇报实验结果和实验过程中观察到的现象。教师组织全班学生进行交流讨论，对各小组的实验方案和结果进行评价和总结，共同得出鉴别氯化钠和碳酸钠的可行方法。

任务二：鉴别氯化钠和碳酸钠的微观探析

宏观现象回顾：引导学生回顾刚才鉴别氯化钠和碳酸钠实验中的宏观现象，如产生气泡和沉淀。提问学生："为什么会产生这些现象呢？从微观角度来看，反应前后溶液中的离子发生了怎样的变化？"引发学生从微观层面思考化学反应的本质。

微观模拟展示：利用多媒体课件展示碳酸钠与稀盐酸、碳酸钠与氯化钙反应的微观模拟动画。动画中清晰地展示出反应前溶液中存在的离子种类和数量，反应过程中离子之间的相互作用和结合方式，以及反应后溶液中剩余的离子情况。例如，在碳酸钠与稀盐酸反应的微观模拟中，展示出氢离子与碳酸根离子结合生成碳酸，碳酸不稳定分解产生二氧化碳气体和水的过程；在碳酸钠与氯化钙反应中，展示出钙离子与碳酸根离子结合生成碳酸钙沉淀的过程。

离子变化分析：结合微观模拟动画，教师引导学生分析反应前后离子的变化情况，让学生理解复分解反应的微观实质是离子之间的重新组合，生成了沉淀、气体或水，导致溶液中的离子浓度降低。同时，指导学生用离子方程式表示这两个反应，加深对反应实质的理解。

复分解反应特征归纳：在分析微观实质的基础上，引导学生结合之前书写的化学方程式，从反应物和生成物的类型、反应前后元素化合价是否变化等方面，归纳总结复分解反应的特征：两种化合物相互交换成分，生成另外两种化合物，且反应前后各元素的化合价不变。

概念总结：根据复分解反应的特征，正式给出复分解反应的概念，让学生对复分解反应有一个全面、准确的认识。

（三）理解内化（U）（8 分钟）

任务三：利用复分解反应条件及溶解度表预测下列反应能否发生

条件回顾：引导学生回顾复分解反应发生的条件：有沉淀、气体或水生成。同时，展示常见酸、碱、盐的溶解性表，向学生介绍如何利用溶解性表判断沉淀的生成。

实例分析：给出一些具体的化学反应方程式，如氢氧化钠与硫酸铜、氯化钾与硝酸钠等，让学生根据复分解反应的条件和溶解性表，判断这些反应能否发生。学生先独立思考，然后进行小组讨论，交流自己的判断依据和结果。教师巡视各小组讨论情况，适时给予指导和提示。

总结规律：组织学生对讨论结果进行汇报和总结，共同归纳出判断复分解反应能否发生的一般方法和规律。强调在判断时，要全面考虑反应物的溶解性、反应条件以及生成物的性质等因素。

（四）智慧提升（W）（5 分钟）

1. 阅读某品牌 Vc 泡腾片的说明书，预测一下 Vc 泡腾片溶于水会有什么现象？ Vc 泡腾片应该如何使用？

信息提供：为每位学生发放一份某品牌 Vc 泡腾片的说明书，让学生仔细阅读说明书上的成分、用法用量、注意事项等信息。

现象预测：引导学生根据所学的复分解反应知识以及说明书上的成分信息（通常 Vc 泡腾片中含有碳酸氢钠和柠檬酸等成分），预测 Vc 泡腾片溶于水时可能发生的化学反应和产生的现象。学生进行小组讨论，推测可能会产生气体（二氧化碳），因为碳酸氢钠与柠檬酸可能会发生复分解反应，生成二氧化碳气体。

原理分析：邀请各小组代表分享自己小组的预测结果和分析思路，教师对学生的回答进行点评和总结，利用化学方程式解释 Vc 泡腾片溶于水产生气体的原理，即碳酸氢钠与柠檬酸反应生成柠檬酸钠、二氧化碳和水。

使用指导：结合说明书上的用法用量和注意事项，引导学生讨论 Vc 泡腾片的正确使用方法，强调不能直接口服未溶解的泡腾片，要将其放入水中完全溶解后再饮用等注意事项，让学生明白化学知识在生活中的实际应用，感悟化学服务于生活的理念。

2. 实践作业

回家后，利用厨房中的常见物品，设计一个鉴别食盐和纯碱的小实验，并向家人讲解实验原理和方法。

五、教学设计优点

紧密联系生活实际：通过引入生活中氯化钠和碳酸钠的鉴别问题以及 Vc 泡腾片的使用等实例，让学生深刻感受到化学与生活的紧密联系，激发学生的学习兴趣和探究欲望，体现了化学来源于生活又服务于生活的课程理念。

注重实验探究：在教学过程中，安排了实验探究鉴别氯化钠和碳酸钠的环节，让学生亲自动手操作，观察实验现象，分析实验结果，培养了学生的实验探究能力和科学思维方法。学生在实验中积极参与，主动思考，提高了学习的积极性和主动性。

从宏观到微观的教学策略：通过对实验现象的宏观分析和微观模拟展示相结合的方式，帮助学生理解复分解反应的实质，实现了从宏观到微观、从现象到本质的思维跨越，有效突破了教学难点，加深了学生对知识的理解和掌握。

小组合作学习：在各个教学环节中，广泛采用小组合作学习的方式，让学生在小组中讨论、交流、合作完成学习任务。这不仅培养了学生的团队合作精神和沟通能力，还促进了学生之间的思维碰撞，提高了学生分析问题和解决问题的能力。

复分解反应学历案

单元名称：第十单元	课题 1　常见的盐（第二课时）
学习目标 1. 通过对生活中常见盐的鉴别培养学生的实验探究能力，通过宏观现象的分析和科学方程式的书写归纳总结复分解反应发生的条件。	

（续表）

2. 通过观看，模拟，动手写、画等直观体验反应前后某种离子数目（浓度）的变化，发展学生的微粒观，初步认识复分解反应的微观实质。

3. 通过分析 Vc 泡腾片的标签培养学生分析解决问题的能力，同时感悟体会化学来源于生活又服务于生活的课程理念。

评价任务

1. 正确书写化学方程式并能判断反应类型。
2. 能设计出实验方案并可以进行验证，准确描述实验现象并有序思维。
3. 能正确说出复分解反应发生的条件。
4. 能说出反应前后溶液中某种离子的数目（浓度）的变化。
5. 能解释生活中的某些化学现象。

学习过程

任务一：鉴别氯化钠和碳酸钠——实验探究

生活中该如何鉴别？

实验室中，上节课学习常见的盐时老师把学生实验中氯化钠和碳酸钠分别溶解在水中得到的溶液收集起来，但忘了贴标签，请你帮老师鉴别并贴上标签。

A B

设计思路是什么？

设计的方案：

实验	现象	化学方程式	反应类型
1			
2			
3			
4			
…			

（续表）

完成交流研讨

分析思考 1：上述实验 1 和实验 2 两个反应是否属于复分解反应？观察到的现象有什么共同之处？

分析思考 2：上述实验 3 和实验 4 两个反应是否属于复分解反应？观察到的现象有什么共同之处？

分析思考 3：前面学过的酸碱中和反应是否属于复分解反应？相同的生成物是什么？

从宏观视角看复分解反应发生的条件：

任务二：鉴别氯化钠和碳酸钠——微观探析

利用提供的微粒模型，拼出溶液混合前后的微观图示，分析下列溶液中离子数目的变化。

化学反应	混合前溶液中主要的离子	混合后溶液中主要的离子	数目减少的离子
1. $NaCl + HCl$			
2. $Na_2CO_3 + HCl$			
3. $Na_2CO_3 + Ca(OH)_2$			

从微观视角看复分解反应发生的实质：

任务三：拓展应用

利用复分解反应发生的条件及酸、碱、盐溶解性表预测稀硫酸和硫酸铜溶液与下列三种化合物的溶液之间是否能发生反应。

（续表）

	NaOH 溶液	K_2CO_3 溶液	$BaCl_2$ 溶液
H_2SO_4 溶液			
$CuSO_4$ 溶液		—	
判断依据			

实验证明你的判断

	$CuSO_4$ 溶液 + NaOH 溶液	$CuSO_4$ 溶液 + $BaCl_2$ 溶液
现象		
化学方程式		

应用生活

阅读某品牌 Vc 泡腾片的说明书。

思考：预测一下 Vc 泡腾片溶于水会有什么现象，哪些物质之间发生了化学反应？是否为复分解反应？为什么 Vc 泡腾片不能直接吞服？

维生素 C 泡腾片配料：
每片含维生素 C（$C_6H_8O_6$，又称 L- 抗坏血酸）1 000 mg。辅料：碳酸氢钠（$NaHCO_3$）、柠檬酸（$C_6H_8O_7$）、淀粉、氯化钠、山梨糖醇（$C_6H_{14}O_6$）等。
Vc 泡腾片的服用方法：将 1 片本品投入 200 mL 或 300 mL 冷水或温水中即可。

学习感悟

（续表）

自我评价

评价任务 完美：☆☆☆☆☆ 优秀：☆☆☆☆ 良好：☆☆☆ 继续努力：☆☆	自我评价
1. 正确书写方程式并能判断反应类型	
2. 能设计出实验方案并可以进行验证，准确描述实验现象并有序思维	
3. 能正确说出复分解反应发生的条件	
4. 能说出反应前后溶液中某种离子的数目（浓度）的变化	
5. 能解释生活中的某些化学现象	

基于生活化教学 REUW 理论模型的教学案例 3

教材版本	人教版下册	课题	溶液及其应用
学段	初中	课型	新授课

一、教学背景

溶液知识承上启下，既是对物质性质与变化的深入探究，又为后续学习酸、碱、盐、化学平衡等内容筑牢根基。从学生学情来看，他们在日常生活中对糖水、盐水等溶液有一定的感性认知，但对于溶液的微观本质、精确组成及广泛应用，还缺乏系统且深入的理解。新课标着重强调培养学生的核心素养，要求教学设计紧密关联实际，强化实验探究，培育学生的科学思维与实践能力，这为本次教学指明了方向。

二、教学目标（核心素养导向）

借助多样化的实验探究活动，涵盖传统实验操作与数字化实验技术运用，让学生亲身体验溶液的形成全过程，着力培养他们敏锐的观察能力、精准的记录能力以及深入的分析能力，全方位提升科学探究素养，使其能够熟练运用科学探究方法解决实际问题。

引领学生运用分类、比较、模型建构等科学方法，深度剖析溶液的组成与特征。通过对实验现象的细致观察与理性分析，逐步构建起溶液的概念模型，有力促进学生证据推理能力的发展，使其能够依据实验证据进行合理推断与逻辑论证。

帮助学生深刻认识到溶液在生命活动、工农业生产以及日常生活中的关键作用，使其充分理解溶液与社会、环境之间的紧密联系，进而增强合理使用溶液的社会责任感，树立正确的科学价值观。

三、REUW 模型框架

教学阶段	情景载体	教学策略
R—关联生活 建立化学与生活的关联	生理盐水、输液袋、厨房调料等实物	结合生活问题链
E—探究实践	传统实验与数字化实验	分组实验 + 数字化传感器实时监测溶解过程
U—理解内化	运用模型与符号表征化学	思维导图 + 概念辨析游戏
W—智慧提升	校园植物营养液配制方案	科学 – 技术 – 社会 – 环境

四、教学过程设计（4 环节 +4 核心任务）

（一）关联生活（R）——认识常见溶液（10 分钟）

任务一：寻找生活中的溶液

活动 1：展示医院输液场景、实验室试剂瓶、厨房调料架等高清图片，组织学生开展“分类竞赛”活动。将学生分成若干小组，要求各小组在规定时间内，快速判断图片中的物质哪些属于溶液，哪些不属于溶液，并简要阐述判断依据。

设计意图：通过小组竞赛的形式，激发学生的参与热情与竞争意识，促使他们积极调动已有的生活经验和知识储备，对溶液进行初步的分类和识别。

活动 2：开展“家庭溶液大搜索”头脑风暴活动。鼓励学生充分发挥想象力，回忆自己在家庭生活中接触到的各种溶液，并用手机 APP 记录下至少 5 种溶液及其具体用途。之后，每个小组内部先进行交流讨论，分享各自记录的溶液信息，然后每个小组选派代表向全班汇报小组讨论的成果。通过这一活动，引导学生将化学学习与家庭生活紧密联系起来，拓宽学生对溶液的认知范围，同时锻炼学生的表达能力和团队协作能力。

问题链：

（1）为什么生理盐水必须是 0.9% 的 NaCl 溶液？这个浓度是如何确定的？如果浓度过高或过低，会对人体产生怎样的影响？

（2）为什么农药常配成溶液喷洒？配制成溶液后，农药在使用过程中具有哪些优势？在配制农药溶液时，需要考虑哪些因素？

设计意图：通过展示丰富多样的生活场景图片和开展有趣的活动，从学生熟悉的生活情境出发，引发学生的学习兴趣和探究欲望。问题链的设置，引导学生深入思考溶液在生活中的应用背后所蕴含的化学原理，促使学生将生活经验与化学知识建立联系，初步渗透“性质决定用途”的化学观念，为后续深入学习溶液的相关知识奠定良好的基础。

（二）探究实践（E）——构建溶液概念（25 分钟）

任务二：探究溶液的组成与特征

活动 3：基础实验（分组）

对比实验：将学生分成若干实验小组，每组学生分别取等量的蔗糖、泥土、食用油，加入等量的水中，充分搅拌后，仔细观察三种物质在水中的溶解过程。安排专人负责记录实验现象，包括物质的分散状态、液体的澄清度变化、是否有分层现象等。同时，使用 TEC-XP 传感器实时测量溶液的电导率变化，并将数据记录下来。通过对比不同物质在水中的溶解情况，引导学生直观地感受溶液、悬浊液和乳浊液的区别。

活动 4：拓展实验

各小组取两支相同规格的试管，分别加入等量的水和酒精，再向其中加入等量的碘，振荡试管后，认真观察碘在水和酒精中的溶解情况。记录碘在两种溶剂中的溶解量、溶液的颜色变化等现象。实验结束后，各小组共同制作“溶解度树状图”，以直观的形式展示不同溶质在不同溶剂中的溶解差异，帮助学生更好地理解溶解度的概念以及溶剂对溶质溶解的影响。

活动 5：数字化探究

引导学生登录 PhET 模拟软件平台，在软件中选择溶液相关的模拟实验模块。学生可以自主调控温度、搅拌速度等实验条件，通过电脑屏幕直观地观察溶质分子在溶剂中的溶解动态过程。在模拟实验过程中，学生可以暂停、回放实验画面，仔细观察溶质分子的运动轨迹、扩散速度以及在溶剂中的分布情况。

组织学生进行小组讨论，要求学生根据模拟实验观察到的现象，思考温度和搅拌速度对溶质溶解速率的影响规律。每个小组推选一名代表，在全班范围内分享小组讨论的结果，其他小组可以进行补充和质疑。

问题链：如何用微观示意图解释溶液的均一性？从分子或离子的角度分析，为什么溶液中各部分的性质相同？为什么溶液属于混合物？通过实验观察和微观分析，阐述溶液与纯净物的本质区别。

设计意图：将传统实验与数字化实验技术有机融合，为学生提供更加丰富、全面的实验探究体验。传统实验让学生亲自动手操作，增强学生的实践能力和感性认识；数字化实验借助先进的传感器和模拟软件，能够实时、精准地监测实验数据，展示微观层面的实验现象，帮助学生从微观角度深入理解溶液的组成与特征，培养学生的“宏观－微观－符号”三重表征思维，提升学生的科学探究能力和思维水平。

（三）理解内化（U）——深化概念认知（20 分钟）

任务三：建立溶液组成模型

活动 6：角色扮演游戏

挑选部分学生分别扮演溶质分子（如氯化钠离子、蔗糖分子等）和溶剂分子（如水分子），在教室的空旷区域模拟溶解过程。扮演溶质分子的学生分散在扮演溶剂分子的学生中间，通过模拟分子的无规则运动，展示溶质分子逐渐均匀分散在溶剂分子中的过程。其他学生作为观察者，仔细观察角色扮演过程，并思考溶液形成的微观本质。游戏结束后，组织全体学生进行讨论，让观察者分享自己对溶液形成过程的理解，扮演者分享在游戏中的感受和体会。

概念辨析擂台：将学生分成正反两方，正方观点为“溶液一定是无色的”，反方观点为“溶液不一定是无色的”。双方学生先在小组内收集资料、整理论据，然后进行擂台辩论。在辩论过程中，双方学生需要列举生活中的实例和化学实验中的现象作为证据，支持自己的观点，并对对方的观点进行反驳。教师在一旁适时引导，确保辩论有序进行，最后对双方的表现进行点评和总结。

绘制思维导图：引导学生以“溶液”为核心主题，运用思维导图软件（如Mind Master），连接溶质、溶剂、特征、分类等相关概念。学生可以根据自己的理解，对各个概念进行详细的分支拓展，添加实例、关键词和注释等内容。绘制完成后，学生之间相互交流分享自己的思维导图，学习他人的优点，完善自己的知识体系。教师选取部分优秀的思维导图进行展示和点评，强调思维导图在梳理知识结构、促进知识内化方面的重要作用。

问题链：

（1）均一稳定的液体一定是溶液吗？举例说明，并从溶液的定义和特征出发，分析判断一种液体是否为溶液的关键因素。

（2）如何判断复杂体系中的溶质与溶剂？当体系中存在多种物质时，依据什么原则来确定溶质和溶剂？

通过角色扮演游戏，将抽象的溶液形成过程以直观、有趣的方式呈现出来，帮助学生更好地理解溶液的微观本质。概念辨析擂台活动，激发学生的思维碰撞，促使学生深入思考溶液的概念和特征，突破对溶液概念的认知误区。绘制思维导图则有助于学生构建系统的知识框架，加深对溶液相关概念的理解和记忆，培养学生的归纳总结能力和知识整合能力，发展学生的批判性思维。

（四）智慧提升（W）——解决实际问题（15 分钟）

任务四：设计校园植物营养液

活动：项目式学习

为学生提供硝酸钾、磷酸二氢铵等配制植物营养液所需的原料，以及电子天平、量筒、pH 试纸等实验仪器。要求学生以小组为单位，根据校园内常见植物（如绿萝、吊兰等）的生长需求，设计适合这些植物生长的营养液配方。

各小组依据设计的配方，使用实验仪器准确称取和量取所需的原料，进行营养液的配制。在配制过程中，学生需要注意操作规范，如电子天平的调零、量筒的读数等。配制完成后，使用 pH 试纸测量营养液的 pH，并根据植物适宜生长的 pH 范围对营养液的配方进行优化调整。

跨学科拓展：

邀请生物学科的教师参与课堂讨论，组织学生结合生物学科中关于植物生长所需营养元素的知识，讨论溶液浓度对植物吸收营养的影响。引导学生思考不同植物在不同生长阶段对营养液浓度的需求差异，以及如何通过调节营养液的浓度来促进植物的健康生长。

鼓励学生查阅相关资料，了解无土栽培技术的原理和应用现状，探讨溶液在无土栽培中的重要作用。各小组以手抄报或 PPT 的形式展示自己对无土栽培技术中溶液应用的研究成果，在全班范围内进行交流分享。

问题链：

（1）如何通过实验确定营养液的最佳浓度？设计实验方案时需要考虑哪些变量和控制因素？

（2）如果土壤板结，如何通过溶液改良？从化学和生物学的角度分析，选择何种溶液以及如何使用才能有效改善土壤板结状况？

设计意图：通过项目式学习，让学生将所学的溶液知识应用到实际问题的解决中，培养学生的创新实践能力和团队协作精神。跨学科拓展活动，打破学科界限，引导学生综合运用化学和生物学知识，深入理解溶液在农业生产中的应用，体现 STSE 教育理念，拓宽学生的视野，增强学生的社会责任感，提升学生的综合素养。

五、评价设计（核心素养导向）

（一）过程性评价

精心设计实验报告册，要求学生在实验过程中认真记录实验步骤、观察到的现象、测量的数据等内容。实验结束后，学生对实验数据进行分析处理，撰写实验结论和反思改进措施。教师根据学生的实验报告，对学生的实验操作规范性、观察记录能力、数据分析能力以及反思总结能力进行全面评价。

（二）表现性评价

组织学生进行营养液配制方案展示活动，要求学生以小组为单位，制作详细的 PPT 演示文稿，向全班汇报营养液的配制思路、配方设计依据、配制过程以及对溶液浓度的调控方法等内容。评价小组（由教师和学生代表组成）从科学性、创新性、可行性等多个维度对各小组的展示进行评价，重点考查学生对溶液知识的应用能力、创新思维以及表达能力。

（三）素养发展评价

科学探究：在实验教学过程中，密切观察学生的实验操作表现，包括仪器的正确使用、实验步骤的合理性、实验现象的敏锐捕捉等方面，评价学生的实验操作规范性。通过学生在实验中提出问题、设计解决方案、实施实验以及对实验结果的分析讨论等环节，评价学生的问题解决能力。

科学思维：在课堂讨论、概念辨析和思维导图绘制等活动中，评价学生运用分类、比较、模型建构等科学方法的能力。观察学生在分析问题和解决问题过程中的逻辑推理过程，判断学生证据推理的严密性，以及概念理解的准确性和深度。

科学态度：在小组合作学习和实验探究活动中，观察学生的团队协作表现，包括与小组成员的沟通交流、任务分工的合理性、对他人意见的尊重等方面，评价学生的合作意识。同时，引导学生关注溶液在生产生活中的应用对环境的影响，评价学生在实验过程中对化学试剂的合理使用和环保措施的落实情况，考查学生的环保责任意识。

六、教学资源与技术支持

（一）实验器材

准备充足的 TEC-XP 电导率传感器，确保每个实验小组都能配备一套，以便学生在实验中实时监测溶液的电导率变化。同时，配备 PhET Interactive Simulations 软件所需的电脑设备，并保证网络连接稳定，方便学生进行数字化模拟实验探究。

（二）数字化工具

充分利用班级优化大师这一数字化平台，对学生的课堂表现进行实时记录和评价。教师可以根据学生在课堂上的参与度、回答问题的准确性、小组合作的贡献度等，在班级优化大师中给予相应的加分或扣分，及时反馈学生的学习情况。借助 Mind Master 思维导图软件，帮助学生梳理知识结构，促进知识的内化和整合。学生可以在软件中自由创建思维导图，添加丰富的元素和注释，方便复习和回顾知识。

（三）新教材衔接点

紧密结合人教版下册第九单元课题 1“溶液的形成”以及实验活动 1 的内容，在教学过程中充分利用教材中的实验案例、图片资料和练习题，引导学生深入学习溶液的相关知识。同时，根据新课标的要求，对教材内容进行适当的拓展和延伸，补充最新的科研成果和生活实例，使教学内容更加丰富多样，符合学生的认知发展需求。

设计说明：本教学设计始终以新课标“做中学”的理念为核心指导思想，通过精心设计真实且富有启发性的问题，驱动学生积极主动地参与学习。融合跨学科实践活动，打破学科壁垒，提升学生的综合素养。充分发挥数字化技术的优势，为学生提供更加直观、高效的学习体验，全方位助力学生实现从知识接受到素养发展的重大进阶，切实提升学生的化学学科核心素养。

第二节　复习课探索：REUW 模型下的知识整合与能力提升

基于生活化教学 REUW 理论模型的教学案例 4

教材版本	人教版上册	课题	自然界的水 从黄河水到直饮水——水的旅程
学段	初中	课型	复习课

一、教学目标

通过参与“黄河水净化小实验”，学生进一步提升动手操作能力，熟练掌握实验仪器的正确使用方法，学会在实验过程中细致观察、如实记录并深入分析实验现象。学生能够准确阐述从黄河水到直饮水过程中涉及的沉淀、过滤、吸附、消毒等关键处理步骤及其作用原理。

组织开展小组讨论、案例分析活动，培养学生合作交流能力，使其能够在团队中清晰表达自己观点，认真倾听他人意见，共同完成学习任务，同时提高分析和解决实际问题的能力。

深刻认识到水资源保护和水处理的重要性与紧迫性，增强节约用水、爱护水资源的意识，主动在日常生活中践行节水行动。

激发学生对化学学科的浓厚兴趣和探索欲望，培养学生严谨的科学态度和勇于创新的精神，鼓励学生关注化学学科在解决实际生活问题中的应用，提升学生对科学技术与社会发展关系的认知。

二、REUW 模型框架

教学阶段	情景载体	教学策略
R—关联生活	黄河水，学校直饮水	思考、分享
E—探究实践	黄河水净化	实验体验
U—理解内化	构建水认知模型	用思维导图
W—智慧提升	学校节水方案	小组分工合作

三、教学过程

（一）关联生活（R）

1. 展示生活用水场景

播放一段包含黄河水现状、自来水厂处理过程、家庭日常用水（如洗菜、烧水、饮用等）的视频。视频结束后，展示不同场景下的水的图片，提问学生：“从黄河水到我们学校的直饮水，中间经历了什么？生活中还有哪些常见的与水有关的现象？”引导学生回忆生活中关于水的各种场景，如雨水的形成、海水的利用等。

2. 提出生活中的疑问

提出一些生活中常见的关于水的问题，如“为什么烧开水的水壶会有水垢？”“为什么自来水有时候会有刺鼻的气味？”这些问题紧密联系生活，激发学生对已有知识的回忆，引出本节课对水专题的复习。

（二）探究实践（E）

任务一：完成黄河水到清澈的水的华丽转身

活动 1：根据你学的知识，选取合适的器材，让带有颜色浑浊的黄河水变澄清，小组合作完成。然后分享。

问题 1：黄河水含有哪些杂质？说出这些杂质的特点。

问题 2：从黄河水到直饮水，你认为经历了哪些阶段？每一阶段的目的是什么？进行这一步操作要注意哪些事项？独立思考后讲给小组同学听。

问题 3：在这些净化方法中，不同的净化方法分别除去了水中的哪些杂质？哪一种净水程度最高？为什么？这些过程的原理能否解释？如果从命题视角你认为如何检测你同学对这个问题的理解？

活动 2：小组讨论与分析。将学生分成小组，讨论生活中一些与水相关的问题与实验的联系。如讨论“雨水是纯净物还是混合物”，引导学生从水的净化实验中理解混合物的概念，分析雨水中可能含有的杂质。各小组派代表发言，分享讨论结果。

任务二：探秘水的组成

问题 4：经过净化之后的水是纯净物吗？说说生活中你喝的各种水“苏打水”“纯净水”“矿泉水”是纯净物吗？

问题 5：从微观上如何解释他们不是纯净物？独立思考后说给同位听。

设计意图：通过亲身体验实验操作，培养学生观察、动手和思考能力，让学生在探究中了解水处理基本原理和方法。

活动 3：说一说，看一看，改一改，写一写。

展示电解水装置，每个同学先自己说一说水通电后可以看到什么现象？写在练习本上，然后播放水的电解实验视频，对自己写的现象描述进行修正，修正完同位互换。

问题 6：在水的电解实验中，为什么正极产生氧气，负极产生氢气？通过什么方法证明的？为什么？写出发生反应的化学方程式。通过这个实验说明能否说明水是由氢氧两种元素组成？依据是什么？

活动 4：用符号和化学方程式两种方式表示刚才看到的现象，小组代表到黑板展示。

（三）理解内化（U）

任务三：建构水的认知地图

活动 5：从宏观、微观、符号认识水，构建水认知模型。

从水的净化、水的组成、水资源的利用和保护画出水知识思维导图。

问题 7：自己独立完成对照任务后自评，同位互评，推荐小组代表分享。

活动 6：典型例题讲解与练习：让学生阐述自己的观点和建议。通过练习，让学生巩固所学知识，加深对知识的理解和内化。

设计意图：从宏观认识水、微观解释水的组成与水分子构成、符号表征水及生成水和水分解的化学符号表达，丰富学生对水的认知体系，同时将感性的实验体验上升为理性知识，让学生全面深入理解从黄河水到直饮水的科学原理和处理流程，实现知识的内化。

（四）智慧提升（W）

任务四：制订学校节水方案

学校节约用水标语征集，写一篇科普短文《水的自述》。

基于 REUW 理论的复习课优点。

1. 紧密联系生活，激发复习兴趣

以“从黄河水到直饮水”为主题，将抽象的知识与学生日常生活紧密相连。学生能直观感受到知识在生活中的应用，摆脱传统复习课的枯燥，极大提升学生的复习积极性，促使学生主动参与课堂。

2. 强调探究实践，深化知识理解

E 环节的探究实践让学生不再被动接受知识。通过亲自参与水净化实验等活动，学生在实践中回顾水处理知识，对沉淀、过滤、消毒等步骤的理解不再停留在理论层面，而是通过实际操作有了更深刻、直观的认识，有效强化记忆。

3. 促进知识内化，构建知识体系

U 环节帮助学生将碎片化的知识系统化。从实验现象深入到化学原理，学生全面梳理从黄河水到直饮水过程中涉及的化学变化、物理变化等知识，清晰各知识点逻辑关系，构建完整知识网络，提升综合运用知识的能力。

4. 培养综合素养，提升思维品质

W 环节注重学生思维拓展和智慧提升。让学生学以致用，培养学生创新思维、批判性思维以及对社会问题的关注与思考，使其在知识复习基础上，综合素养得到全面锻炼。

四、教后反思

1. 时间把控需优化

探究实践环节学生参与热情高，但耗时超出预期，导致后续智慧提升环节讨论不够充分，部分学生观点未能深入表达。后续教学应更精准预估各环节时间，为学生充分讨论和展示留出合理时间。

2. 实验材料和指导待完善

实验过程中部分小组实验效果不佳，反映出实验材料准备可能存在差异，且对学生实验操作细节指导不足。今后需更严格把控实验材料质量，在实验前加强操作示范与注意事项讲解。

3. 个体差异关注不足

课堂上活跃学生参与度高，部分性格内向或基础薄弱的学生参与度较低。后续应设计分层任务或小组搭配，鼓励每个学生参与，关注不同层次学生的学习需求，确保复习效果最大化 。

水单元复习学历案

课题	
学习目标 1. 能够把黄河水变澄清，理解水净化的方法和原理。 2. 通过自主学习和交流能掌握水电解过程中的现象，能写出水电解的化学方程式。 3. 通过复习可以建构水的认知模型，能够画出水知识的思维导图。 4. 从宏观微观和符号视角认识纯净物和混合物。 学习过程 提出问题：“为什么烧开水的水壶会有水垢？”“为什么自来水有时候会有刺鼻的气味？”	

（续表）

任务一：完成黄河水到清澈的水的华丽转身 活动1：根据你学的知识，选取合适的器材，让带有颜色浑浊的黄河水变澄清，小组合作完成。然后分享。 问题1：黄河水含有哪些杂质？说出这些杂质的特点。 问题2：从黄河水到直饮水，你认为经历了哪些阶段？每一阶段的目的是什么？进行这一步操作要注意哪些事项？独立思考后讲给小组同学听。 问题3：在这些净化方法中，不同的净化方法分别除去了水中的哪些杂质？哪一种净水程度最高？为什么？这些过程的原理能否解释？如果从命题视角你认为如何检测你同学对这个问题的理解？ 活动2：小组讨论与分析。 **任务二：探秘水的组成** 问题4：经过净化之后的水是纯净物吗？说说生活中你喝的各种水“苏打水”“纯净水”“矿泉水”是纯净物吗？ 问题5：从微观上如何解释他们不是纯净物？独立思考后说给同位听。 活动3：说一说，看一看，改一改，写一写。 问题6：在水的电解实验中，为什么正极产生氧气，负极产生氢气？通过什么方法证明的？为什么？写出发生反应的化学方程式。通过这个实验说明能否说明水是由氢氧两种元素组成？依据是什么？ 活动4：用符号和化学方程式两种方式表示刚才看到的现象，小组代表到黑板展示。 **任务三：建构水的认知地图** 活动5：从水的净化、水的组成、水资源的利用和保护画出水知识思维导图。 问题7：自己独立完成对照任务后自评，同位互评，推荐小组代表分享。 活动6：典型例题讲解与练习：让学生阐述自己的观点和建议。通过练习，让学生巩固所学知识，加深对知识的理解和内化。 **任务四：制订学校节水方案** 学校节约用水标语征集，写一篇科普短文《水的自述》。
学习感悟

（续表）

自我评价

评价任务 完美：☆☆☆☆☆ 优秀：☆☆☆☆ 良好：☆☆☆ 继续努力：☆☆	自我评价
1. 能够把黄河水变澄清，能说出水的净化方法和原理	
2. 能写出水电解的化学方程式	
3. 建构水的认知模型，能够画出水知识的思维导图	
4. 从宏观微观和符号视角认识纯净物和混合物	

基于生活化教学 REUW 理论模型的教学案例 5
化学用语复习

教材版本	人教版上册	课题	厨房调料及常见药物标签的化学解码
学段	初中	课型	复习课

一、教学目标

通过观察厨房调料（如食盐、食醋、小苏打）和常见药物（如碳酸氢钠片、碘酒）标签，分析其中化学物质的化学式、元素组成，让学生熟练掌握常见元素符号、化学式的书写，准确理解其含义，从微观角度认识物质组成，培养宏观辨识与微观探析素养，提升化学用语的书写和理解能力。

通过开展“标签成分大揭秘”探究活动，学生分组对厨房调料和药物标签进行实验检测（如用 pH 试纸测食醋酸碱度、加热小苏打检验产物），探究标签中化学物质性质与用途关系。培养科学探究与创新意识，学会设计简单实验，提升实验操作、观察分析及创新思维能力，增强团队合作意识。

组织小组讨论，梳理标签中化学物质相关的化学方程式、化学反应类型，构建化学用语知识体系。理解物质性质决定用途、用途反映性质的逻辑关系，建立化学用语应用模型，培养逻辑思维和模型认知能力，提高自主学习与知识迁移能力。

引入生活中因错误理解化学用语导致的用药安全、烹饪失误案例，让学生运用所学化学用语知识分析解决实际问题，提出合理建议。体会化学与生活的紧密联系，增强化学学科认同感，培养关注生活、热爱科学情感，树立科学态度与社会责任意识，提升运用化学知识解决实际问题能力。

二、REUW 模型框架

教学阶段	情景载体	教学策略
R—关联生活	厨房常见调料实物（食盐、食醋、料酒等）、常见药物（感冒药、胃药等）的包装盒及标签，展示实物与标签	引导学生观察讨论标签上的化学信息，分享生活中对这些物品使用的经验与疑问
E—探究实践	标签中化学物质	分组设计并进行实验、交流
U—理解内化	用标签化学信息构建化学用语知识思维导图	独立学习
W—智慧提升	生活中化学用语使用不当的新闻报道、生活场景图片（如厨房烹饪出错、药品误食等）	方案展示与互评

三、教学过程

（一）关联生活（R）

任务一：厨房用品和常见药物标签大搜索

观察厨房调料及常见药物标签，找出其中的化学物质名称和相关化学信息。

活动 1：学生分组，每组发放若干厨房调料和常见药物实物及标签，观察 5 分钟后进行小组讨论。

问题 1：标签上出现了哪些化学物质名称？你认识这些物质的化学式吗？生活中使用这些物品时，你注意过它们的成分吗？

设计意图：从熟悉的生活物品入手，激发学生兴趣，引导学生关注生活中的化学信息，为复习化学用语做铺垫，培养学生观察和发现问题的能力。

（二）探究实践（E）

任务二：探究厨房调料和常见药物标签中化学物质的性质

活动 2：根据提供的实验仪器和样品，学生分组设计实验（如食醋、碳酸氢钠片、氢氧化铝片），进行实验操作，记录实验现象。

问题 2：实验中观察到什么现象？这些现象说明物质具有什么性质？通过实验，你对标签上化学物质有了哪些新认识？

设计意图：让学生亲身体验实验探究过程，培养科学探究能力、实验操作和观察分析能力，通过实验深入了解物质性质，为理解化学用语与物质性质关系奠定基础。

（三）理解内化（U）

任务三：梳理标签中化学物质相关的化学用语，构建知识体系

活动 3：小组讨论标签中化学物质的化学式、化学方程式、化学反应类型，绘制思维导图。

问题 3：这些化学物质的化学式是如何书写的？相关化学反应的化学方程式怎么写？属于什么反应类型？它们之间有什么联系？

设计意图：引导学生对知识进行整理归纳，将零散化学用语知识系统化，加深对化学用语的理解，构建完整知识体系，培养逻辑思维和归纳总结能力。

（四）智慧提升（W）

任务四：运用化学用语知识，分析解决生活中因化学用语理解错误导致的问题

活动 4：教师展示生活案例，学生分组讨论解决方案，形成书面报告并展示。

问题 4：案例中问题产生的原因是什么？如何运用化学用语知识解决？在生活中，如何正确使用化学用语避免类似问题？

设计意图：培养学生运用化学用语知识解决实际问题能力，提高知识迁移能力和创新思维，增强社会责任感，体会化学用语在生活中的重要性。

化学用语专题复习学历案

课型	一轮复习
课题	厨房调料及常见药物标签的化学解码

学习目标

1. 能准确识别厨房调料及常见药物标签中的化学物质名称、化学式，理解其微观含义，提升化学用语书写与理解能力。

2. 通过实验探究标签中化学物质性质，学会设计简单实验，提高实验操作和观察分析能力。

3. 梳理标签相关化学用语知识，构建知识体系，理解物质性质与化学用语关系，提升逻辑思维和模型认知能力。

4. 运用化学用语知识分析解决生活问题，体会化学与生活的联系，增强化学学科认同感，树立科学态度与社会责任意识。

学习过程

（一）关联生活（R）

任务一：厨房用品和常见药物标签大搜索

观察厨房调料及常见药物标签，找出其中的化学物质名称和相关化学信息。

活动 1：学生分组，每组发放若干厨房调料和常见药物实物及标签，观察 5 分钟后进行小组讨论。

问题 1：标签上出现了哪些化学物质名称？你认识这些物质的化学式吗？生活中使用这些物品时，你注意过它们的成分吗？

（二）探究实践（E）

任务二：探究厨房调料和常见药物标签中化学物质的性质

活动 2：根据提供的实验仪器和样品，学生分组设计实验（如食醋、碳酸氢钠片、氢氧化铝片），进行实验操作，记录实验现象。

问题 2：实验中观察到什么现象？这些现象说明物质具有什么性质？通过实验，你对标签上化学物质有了哪些新认识？

（三）理解内化（U）

任务三：梳理标签中化学物质相关的化学用语，构建知识体系

活动 3：小组讨论标签中化学物质的化学式、化学方程式、化学反应类型，绘制思维导图。

（续表）

<table>
<tr><td>
问题 3：这些化学物质的化学式是如何书写的？相关化学反应的化学方程式怎么写？属于什么反应类型？它们之间有什么联系？
（四）智慧提升（W）
任务四：运用化学用语知识，分析解决生活中因化学用语理解错误导致的问题
活动 4：教师展示生活案例，学生分组讨论解决方案，形成书面报告并展示。
问题 4：案例中问题产生的原因是什么？如何运用化学用语知识解决？在生活中，如何正确使用化学用语避免类似问题？
课后任务
收集更多生活中的化学标签，分析其中的化学信息，并用化学用语进行描述和解释，以小组为单位制作一份手抄报或电子文档进行展示。
学习感悟

自我评价
</td></tr>
</table>

评价任务 完美：☆☆☆☆☆ 优秀：☆☆☆☆ 良好：☆☆☆ 继续努力：☆☆	自我评价
1. 能从标签中找出化学物质，说出名称、元素组成，能写出常见物质的化学式	
2. 能从标签上读出物质的信息推测其性质，并能设计实验证明其性质	
3. 能把常见化学用语建立起关联	
4. 能根据信息用化学方程式表示生活中的化学反应，解释生活中的常见问题	

基于生活化教学 REUW 理论模型的教学案例 6

教材版本	人教版上册	课题	探秘洁厕剂——常见的酸复习
学段	初中	课型	复习课

一、教学目标

通过对洁厕剂成分的探究深化对酸的化学性质的理解，归纳酸类物质的共性；了解酸在生活中的应用，发展学生的宏观与微观、证据与推理、探究与创新的学科核心素养。

能从宏观视角认识酸的性质，从微观视角探析酸的组成与结构，从物质组成与结构决定物质性质的视角预测常见酸的性质，并设计实验进行验证；认识一些离子。

通过对洁厕剂的探究，经历提出问题、作出假设、设计实验、进行实验、收集证据、解释与得出结论的科学探究过程，提高科学探究能力；学会运用控制变量法、定量研究法等方法研究解决化学问题；培养学生观察、分析、归纳和总结的能力，以及团队合作精神。

通过对生活中常用物质的探究，激发学生对化学学科的兴趣，体会化学与生活的紧密联系。

二、REUW 理论模型框架结构

教学阶段	情景载体	教学策略
R—关联生活	生活中常见洁厕剂实物及使用场景图片、视频	引导学生观察、讨论、分享
E—探究实践	设计探究实验	提醒学生，观察、记录、合作
U—理解内化	以实验现象、数据和生活实例为基础，结合教材相关内容组织学生进行小组讨论，对比分析不同实验结果	归纳总结酸的性质、组成和结构特点，构建酸的知识体系

（续表）

教学阶段	情景载体	教学策略
W—智慧提升	对工业除锈、废水处理、食品加工等存在的问题，组织学生分组讨论解决方案	讨论解决方案，进行方案展示和互评

三、教学过程

（一）关联生活（R）

活动 1：展示不同品牌的洁厕剂，让学生观察其外观、标签，分享从标签上获取的信息。引导学生思考如何设计实验证明洁厕剂里有酸的存在。

问题 1：观察洁厕剂的标签，你能获取哪些信息？根据标签你判断洁厕剂的酸碱性是？判断依据是？

设计意图：从学生熟悉的生活物品引入，激发学生的学习兴趣和探究欲望，引导学生关注生活中的化学信息，培养学生的观察能力和提出问题的能力，为后续探究酸的性质奠定基础。

（二）探究实践（E）

任务一：认识洁厕剂的成分

问题 2：如何利用常见的化学试剂和仪器设计实验证明洁厕剂中含有酸？酸在水溶液中会电离出哪些微粒？

活动 2：设计实验证明洁厕剂中含有的离子。

问题 3：若洁厕剂中含有盐酸，如何检验其中的氯离子？检验氯离子的原理是什么？涉及哪些化学反应？在实验过程中，需要注意哪些事项以确保实验结果的准确性？除了氯离子，还可能需要检验哪些离子？如何设计实验？

任务二：探究洁厕剂中的盐酸含量

活动 3：组织学生讨论有哪些方法可以测出洁厕剂中盐酸的含量，引导学生形成通过测量洁厕剂与碳酸钙反应生成二氧化碳的量来计算盐酸量的方案。学生分组进行实验，准确称取一定量的碳酸钙，加入适量的洁厕剂，测量生成的二氧化碳的体积或质量。

问题 4：你能想到哪些方法来测定洁厕剂中盐酸的含量？各方法的原理是什么？

为什么选择碳酸钙与洁厕剂反应来测定盐酸含量？在测量二氧化碳的量时，可能会产生误差的原因有哪些？如何减少误差？根据实验数据，如何准确计算出洁厕剂中盐酸的含量？涉及哪些化学方程式和计算步骤？

我国洁具清洗剂国家标准规定，卫生间专用型的清洗剂，溶质盐酸质量分数不得高于 12%，以保护瓷砖表面不被过分腐蚀。

问题 5：18.25 g 洁厕剂装入分液漏斗，锥形瓶中装入足量碳酸钙，充分反应后测得 U 型管中的碱石灰增重 1.1 g。通过计算分析该产品是否达标。

设计意图：通过实验探究，让学生亲身体验科学探究的过程，培养学生的实验设计、操作、观察和分析能力，提高学生运用化学知识解决实际问题的能力，同时培养学生的团队合作精神和创新思维。

（三）理解内化（U）

任务三：总结梳理定性认识洁厕剂成分的方法和定量测定盐酸含量的方法

活动 4：组织学生小组讨论，对比不同酸的性质，归纳酸的通性及实质。

问题 6：从实验中我们观察到酸与金属、金属氧化物、碱、盐等物质发生了反应，这些反应的现象和化学方程式有哪些共同点和不同点？酸为什么具有这些通性？从微观角度如何解释？不同酸之间性质存在差异的原因是什么？

设计意图：帮助学生将实验探究中获得的感性认识上升为理性认识，构建系统的酸的知识体系，加深对酸的性质、组成和结构的理解，培养学生的归纳总结能力和逻辑思维能力。

（四）智慧提升（W）

任务四：洁厕剂使用指导

活动 5：展示一些因不正确使用洁厕剂导致的问题案例，如腐蚀管道、与其他清洁剂混用产生有害气体等。组织学生运用所学的酸的知识，分析这些问题产生的原因，并提出正确使用洁厕剂的建议和注意事项。

问题 7：为什么洁厕剂不能与某些清洁剂混合使用？会发生哪些化学反应？洁厕剂在使用过程中可能会对管道等造成腐蚀，如何从酸的性质角度解释？

问题 8：为了安全、有效地使用洁厕剂，我们应该遵循哪些原则和注意事项？在生活和生产中，还有哪些场景需要注意酸的正确使用？如何运用所学知识解决相关问题?

设计意图：培养学生运用化学知识解决实际生活问题的能力，提高学生的知识迁移能力和社会责任感，让学生体会化学知识的实用性，进一步加深对酸的性质和应用的理解。

四、教学设计优点

（一）紧密联系生活

以洁厕剂为情境载体，从生活中常见的清洁用品入手开展教学，极大激发学生兴趣，让学生切实体会化学与生活的紧密联系，增强学生对化学知识实用性的认知，提高学生学习积极性与主动性。

（二）探究性强

围绕洁厕剂成分与含量测定设计多个探究任务，如证明酸及离子存在、测定盐酸含量等。在自主设计实验、操作验证过程中，充分锻炼学生的科学探究能力，包括提出问题、作出假设、设计实验、收集证据、分析解释等能力，培养创新思维与实践能力。

（三）知识构建系统

通过理解内化环节，引导学生依据实验结果梳理酸的性质、组成和结构，构建完整知识体系。学生从感性认识上升到理性认识，深入理解酸的通性及实质，有助于知识的长期记忆与灵活运用。

（四）素养培养全面

教学过程全方位培养化学学科核心素养。关联生活培养宏观辨识能力；探究实践锻炼科学探究与创新意识；理解内化构建证据推理与模型认知；智慧提升强化科学态度与社会责任，实现知识与素养协同发展。

五、试教过程中存在的问题

（一）时间把控困难

探究实践环节学生实验操作及讨论耗时较长，导致理解内化和智慧提升环节时间紧张，部分学生对知识的总结归纳不够深入，解决实际问题讨论不够充分，影响教学目标完整达成。

（续表）

（二）实验误差问题

在测定洁厕剂中盐酸含量实验时，由于实验仪器精度、操作规范程度等因素，学生实验数据偏差较大。部分学生难以准确分析误差原因，对实验结果的准确性和可靠性产生质疑，干扰对知识的理解与应用。

（三）学生个体差异

在小组讨论和实验操作中，学生个体差异明显。基础好、动手能力强的学生主导探究过程，部分基础薄弱或动手能力较差学生参与度低，存在依赖心理，收获有限，不利于全体学生共同发展。

（四）知识拓展深度

在智慧提升环节，部分学生对生活和生产中复杂实际问题分析较浅，教师拓展知识深度时，部分学生理解困难，反映出学生知识迁移能力有待提高，教学在知识拓展与学生接受能力之间需更好平衡。

常见的酸学历案

课题	洁厕剂探秘——常见的酸	课型	复习课
学习目标 1. 通过对洁厕剂成分的探究深化对酸的化学性质的理解，归纳酸类物质的共性；了解酸在生活中的应用。 2. 能从宏观视角认识酸的性质，从微观视角探析酸的组成与结构，从物质组成与结构决定物质性质的视角预测常见酸的性质，并设计实验进行验证。 3. 通过对洁厕剂的探究，经历提出问题、作出假设、设计实验、进行实验、收集证据、解释与得出结论的科学探究过程，学会运用控制变量法、定量研究法等方法研究解决化学问题。 4. 通过对生活中常用物质的探究，体会化学与生活的紧密联系。			
学习过程 活动 1：观察不同品牌的洁厕剂，观察其外观、标签，分享从标签上获取的信息。 问题 1：观察洁厕剂的标签，你能获取哪些信息？根据标签你判断洁厕剂的酸碱性是？判断依据是？			

（续表）

任务一：认识洁厕剂的成分 问题 2：如何利用常见的化学试剂和仪器设计实验证明洁厕剂中含有酸？酸在水溶液中会电离出哪些微粒？ 活动 2：设计实验证明洁厕剂中含有的离子。 问题 3：若洁厕剂中含有盐酸，如何检验其中的氯离子？检验氯离子的原理是什么？涉及哪些化学反应？在实验过程中，需要注意哪些事项以确保实验结果的准确性？除了氯离子，还可能需要检验哪些离子？如何设计实验？ 任务二：探究洁厕剂中的盐酸含量 活动 3：讨论有哪些方法可以测出洁厕剂中盐酸的含量。 问题 4：你能想到哪些方法来测定洁厕剂中盐酸的含量？各方法的原理是什么？ 为什么选择碳酸钙与洁厕剂反应来测定盐酸含量？在测量二氧化碳的量时，可能会产生误差的原因有哪些？如何减少误差？根据实验数据，如何准确计算出洁厕剂中盐酸的含量？涉及哪些化学方程式和计算步骤？ 资料：我国洁具清洗剂国家标准规定，卫生间专用型的清洗剂，溶质盐酸质量分数不得高于 12%，以保护瓷砖表面不被过分腐蚀。 问题 5：18.25 g 洁厕剂装入分液漏斗，锥形瓶中装入足量碳酸钙，充分反应后测得 U 型管中的碱石灰增重 1.1 g。通过计算分析该产品是否达标。 任务三、总结梳理定性认识洁厕剂成分的方法和定量测定盐酸含量的方法 活动 4：组织学生小组讨论，对比不同酸的性质，归纳酸的通性及实质。 问题 6：从实验中我们观察到酸与金属、金属氧化物、碱、盐等物质发生了反应，这些反应的现象和化学方程式有哪些共同点和不同点？酸为什么具有这些通性？从微观角度如何解释？不同酸之间性质存在差异的原因是什么？ 任务四：洁厕剂使用指导 活动 5：展示一些因不正确使用洁厕剂导致的问题案例，如腐蚀管道、与其他清洁剂混用产生有害气体等。组织学生运用所学的酸的知识，分析这些问题产生的原因，并提出正确使用洁厕剂的建议和注意事项。 问题 7：为什么洁厕剂不能与某些清洁剂混合使用？会发生哪些化学反应？洁厕剂在使用过程中可能会对管道等造成腐蚀，如何从酸的性质角度解释？ 问题 8：为了安全、有效地使用洁厕剂，我们应该遵循哪些原则和注意事项？在生活和生产中，还有哪些场景需要注意酸的正确使用？如何运用所学知识解决相关问题？

（续表）

学习感悟

自我评价

评价任务 完美：☆☆☆☆☆ 优秀：☆☆☆☆ 良好：☆☆☆ 继续努力：☆☆	自我评价
1. 准确提取洁厕剂标签信息并能判断其酸碱性	
2. 能够知道检验盐酸的方法并能正确写出化学方程式	
3. 准确计算该品牌洁厕剂中盐酸含量	
4. 能够科学使用洁厕剂	

第三节　项目化学习：REUW 模型驱动的跨学科实践案例

教材版本	人教版上册	课题	厨房中的化学
学段	初中	课型	专题复习

一、教学目标

通过回顾厨房用具、调料、燃料相关化学知识，能准确阐述金属材料、有机合成材料特性，以及常见调料、燃料化学成分和化学反应，强化“宏观辨识与微观探析”素养。

借助解决厨房实际化学问题，如厨具保养、调料使用、燃料选择，学会运用化学原理分析，提升“科学探究与创新意识”及“证据推理与模型认知”素养。

经历小组讨论与交流，分享厨房化学经验，体会化学对生活的影响，增强“科学态度与社会责任”素养。

二、教学重难点

重点：梳理厨房中各类物品蕴含的化学知识，如金属的锈蚀与防护、酸碱中和在调料中的应用、燃料燃烧的化学反应。

难点：将零散的化学知识系统化，运用化学知识解决复杂的厨房实际问题。

三、教学方法

讲授法、讨论法、情境教学法、问题驱动法。

四、教学过程

（一）关联生活（R）：生活感知，唤醒知识（8 分钟）

活动 1：展示厨房全景图片，涵盖各种用具、调料和正在燃烧的燃料，引导学生回忆日常生活中在厨房的经历，自主联想与之相关的化学知识。学生观察图片后，进行头脑风暴，自由发言分享自己在厨房中发现的化学现象或问题，比如铁锅炒菜、醋除水垢等。

问题 1：厨房中展示的锅属于什么材料？看到厨房里的锅，能想到哪些化学知识？做饭用的天然气主要成分是什么？燃烧过程发生了什么样的能量转化？涉及什么化学变化？写出反应的化学方程式。针对刚才看到的场景，你还能想到哪些问题？一顿丰盛的午餐，准备过程中发生了哪些化学反应，涉及哪些物质？

设计意图：从熟悉的厨房场景切入，激发学生兴趣，唤醒学生已有的知识储备，建立生活与化学的联系，让学生意识到化学在日常生活中的广泛应用。

（二）探究实践（E）

任务一：围绕厨房锅、调料、燃料三个维度进行深入探究。每个小组选择一个维度，梳理其中涉及的化学知识，并制作简单的思维导图。

活动 2：小组讨论，结合教材和生活经验，对所选维度的化学知识进行梳理。例如，探究厨房用具的小组，讨论金属厨具的材质、优缺点、防锈方法；

探究调料的小组，分析常见调料如食盐、食醋、纯碱的成分和用途；探究燃料的小组，研究天然气、煤气的主要成分及燃烧反应。

问题 2：常见的不粘锅涂层是什么材料，有什么特性？食醋为什么能除去水壶中的水垢，发生了什么化学反应？天然气燃烧不充分会产生什么后果，如何避免？

每个小组可以根据小组内选择的问题，自行梳理总结，然后小组交流达成共识并分享。

设计意图：通过小组探究活动，培养学生合作学习和自主梳理知识的能力。在探究过程中，深入挖掘厨房中的化学知识，加深对知识点的理解和记忆。

任务二：教师给出一系列厨房中的实际问题案例，如“厨房中如何选择合适的清洁剂清洗不同材质的厨具”“烹饪中如何正确使用调料提升食物口感和营养价值”“如何安全使用和储存厨房燃料”，让学生运用已梳理的知识进行分析和解答。

（三）理解内化（U）

活动 3：学生以小组为单位，对案例进行分析讨论，提出解决方案。每个小组派代表发言，分享小组讨论结果，其他小组进行补充和质疑。

问题 3：如果不小心将醋洒在大理石台面上，会有什么现象，为什么？用洗洁精清洗油污和用汽油清洗油污的原理有什么不同？根据刚才每个小组的分享，这些同学都提到哪些物质？分别属于哪一类物质？这类物质有哪些共性？通过讨论梳理厨房物质认知地图。

设计意图：通过案例分析，将抽象的化学知识应用到实际情境中，帮助学生进一步深化对知识的理解，提高学生分析问题和解决问题的能力，实现知识的内化。

（四）智慧提升（W）

任务三：提出具有挑战性的拓展问题，如“设计一种新型的厨房燃料，需要考虑哪些化学因素”“设想未来厨房用具的材料应具备哪些特殊性能”，鼓励学生大胆创新，提出自己的想法和建议。随着科技发展，未来厨房可能会使用纳米材料制作厨具，纳米材料可能会给厨具带来哪些新特性？

活动 4：学生进行独立思考后，小组内交流讨论，形成小组的创意方案。

每个小组推选一名代表进行全班汇报，展示小组的创意成果。

设计意图：通过拓展应用环节，培养学生的创新思维和知识迁移能力，让学生在解决实际问题的过程中，进一步提升化学学科核心素养，实现从知识到智慧的转化。

（五）课堂小结（5 分钟）

任务四：引导学生回顾本节课复习的主要内容，包括厨房用具、调料、燃料中涉及的化学知识，以及运用这些知识解决实际问题的方法和思路。

活动 5：学生自主发言，总结本节课的收获和体会，教师进行补充和完善，强调重点知识和关键的思维方法。

设计意图：帮助学生梳理知识体系，巩固所学内容，加深对知识的理解和记忆，培养学生的总结归纳能力。

五、教学反思

（一）优点与亮点

以厨房为情境，素材丰富且贴近生活，激发学生兴趣，使学生积极参与课堂。小组探究和案例分析，培养学生合作、分析和解决问题的能力，专题复习中学生认知盲点不相同，可以选择相对薄弱的问题进行深度探究，相对较强的问题可以为同伴补充。此次教学是一次大胆地探索和创新。

（二）不足与改进

小组讨论时部分学生主导讨论，部分参与不足，后续需优化分组和引导。拓展应用环节，学生受思维局限，创意不足，应提供更多资料启发思维。

厨房中的化学学历案

课题	厨房中的化学	课型	专题复习
学习目标 1. 通过回顾和观看厨房用具、调料、燃料相关化学知识，能准确阐述金属材料、有机合成材料特性，以及常见调料、燃料化学成分和化学反应，体验厨房中物品与化学的关系。			

（续表）

2. 借助解决厨房实际化学问题，如厨具保养、调料使用、燃料选择，学会运用化学原理分析，提升“科学探究与创新意识”及“证据推理与模型认知”素养。

3. 通过厨房中涉及的物质类别及发生的反应，构建物质间反应模型。

4. 经历小组讨论与交流，分享厨房化学经验，体会化学对生活的影响。

学习过程

活动：厨房实景视频，从各种炊具（锅）、调料和正在燃烧的燃料中自选一个视角进行研究和梳理。

问题提示：厨房中展示的锅属于什么材料？看到厨房里的锅，能想到哪些化学知识？做饭用的天然气主要成分是什么？燃烧过程发生了什么样的能量转化？涉及什么化学变化？写出反应的化学方程式。针对刚才看到的场景，你还能想到哪些问题？一顿丰盛的午餐，准备过程中发生了哪些化学反应，涉及哪些物质？根据所选视角，结合提示问题或自行设计问题进行梳理。

任务一：围绕厨房锅、调料、燃料三个维度进行深入探究。每个同学选择一个自己有欠缺的知识维度，选同一问题的同学自行组团，梳理其中涉及的化学知识，并制作简单的思维导图。

我选的视角：

我的梳理：

我的分享需要改进的地方：

其他小组分享的问题我的补充：

任务二：从“厨房中如何选择合适的清洁剂清洗不同材质的厨具”“烹饪中如何正确使用调料提升食物口感和营养价值”“如何安全使用和储存厨房燃料”问题中选择一个进行深度探究，从中考命题视角出一道试题，五分钟后小组交流，代表分享，分享后要进行补充完善。

我选的问题：

我的思考：

我的命题：

我需要补充完善的地方：

其他小组同学身上值得学习的是：

学习感悟

（续表）

自我评价

评价任务 完美：☆☆☆☆☆ 优秀：☆☆☆☆ 良好：☆☆☆ 继续努力：☆☆	自我评价
1. 能对金属材料、酸或燃料的相关知识进行结构化梳理	
2. 能对选择的问题有深入思考	
3. 能从中考视角出一道试题	

基于生活化教学 REUW 理论模型的教学案例 8

教材版本	人教版上册	课题	胃病诊疗中的化学
学段	初中	课型	项目式复习课课堂实录

一、教学目标

（一）知识目标

能够清晰阐述胃酸的成分及酸性特质，熟练掌握常见胃药（如小苏打、氢氧化铝等）与胃酸反应的化学方程式，系统构建酸、碱、盐知识网络，并能将其灵活应用于胃病诊疗情境的分析中。

（二）能力目标

通过对胃病诊疗案例的分析和实验探究，提升学生运用化学知识解决实际问题的能力，包括根据症状诊断胃病病因、选择合适胃药以及解释治疗过程中的化学现象等；培养学生的实验设计与操作能力，使其能依据探究目的设计合理的实验步骤、选择恰当的实验试剂和仪器，并准确观察、记录和分析实验现象；提高学生的信息收集与处理能力，学会从文字、图表、实验数据等多种信息源中提取关键化学信息，进行归纳总结和逻辑推理，形成科学结论；发展学生的团队协作与沟通交流能力，使其在小组合作学习中学会倾听他人意见、合理分工、共同解决问题，提高合作学习效率。

（三）素养目标

在项目化复习过程中，注重实验证据和数据的真实性与可靠性，树立科学的世界观和方法论；认识到化学在医疗健康领域的重要作用，培养学生的创新意识和批判性思维，鼓励学生在解决问题过程中提出独特见解和新颖思路，敢于质疑传统观念和方法，能够运用所学化学知识向他人传播健康生活理念和正确的用药知识，促进公众科学素养的提高。

二、教学过程

（一）关联生活（R）

问题 1：同学们，在日常生活中，我们经常会听到身边有人抱怨胃疼。大家想一想，胃病患者通常会有哪些表现呢？这些症状可能与我们身体里的哪些物质变化有关？

学生活动：学生们分组讨论，结合生活经验，列举出胃痛、胃胀、反酸等常见胃病症状，并推测这些症状可能与胃酸分泌异常有关。每组选派代表发言，分享小组讨论结果，教师在黑板上记录。

问题 2：那我们知道胃酸是胃里的一种重要物质，你们猜猜胃酸的主要成分是什么？它具有哪些化学性质呢？

学生活动：学生们根据已有的化学知识，猜测胃酸的主要成分可能是盐酸，并从酸的通性角度，如能使紫色石蕊溶液变红、与活泼金属反应产生氢气、与碳酸盐反应产生二氧化碳等方面，阐述胃酸可能具有的性质。教师引导学生思考如何通过实验来验证这些猜测，从而自然地过渡到探究实践环节。

（二）探究实践（E）

问题 3：现在我们有一些模拟胃酸的试剂（稀盐酸）以及常见的化学试剂和仪器，大家能否设计实验来验证胃酸的主要成分是盐酸呢？请各小组讨论并设计实验方案，画出实验步骤图。

学生活动：学生们以小组为单位，讨论并设计实验方案。可能的方案包括：用 pH 试纸测定模拟胃酸的 pH，观察是否小于 7；向模拟胃酸中加入镁条，看是否有气泡产生；向模拟胃酸中滴加紫色石蕊溶液，观察溶液颜色变化等。各小组绘制实验步骤图，并推选代表到黑板前展示和讲解实验设计思路，其他小组进行质疑和补充，教师对各小组的实验方案进行点评和指导，确保方案的科学性和可行性。

问题 4：各小组按照自己设计的实验方案进行实验操作，注意实验安全和规范，仔细观察实验现象，并记录在实验报告上。实验结束后，分析实验结果，得出结论：胃酸的主要成分是否为盐酸？

学生活动：各小组领取实验仪器和试剂，进行实验操作。学生们认真观察实验现象，如镁条与稀盐酸反应产生大量气泡、紫色石蕊溶液变红等，并及时记录。实验结束后，小组内讨论实验结果，根据实验现象得出胃酸的主要成分是盐酸的结论，并分析每个实验现象所对应的化学反应原理，完成实验报告。教师巡视各小组实验情况，及时解决学生在实验中遇到的问题，确保实验顺利进行。

问题 5：我们已经确定了胃酸的主要成分是盐酸，那医生给胃病患者开的胃药是如何缓解胃病症状的呢？现在老师给大家展示几种常见的胃药（如小苏打片、胃舒平），大家根据酸、碱、盐的性质，猜测这些胃药与胃酸可能发生的化学反应，并设计实验来验证你们的猜测。

学生活动：学生们再次分组讨论，根据胃药的成分（小苏打片中的碳酸氢钠、胃舒平中的氢氧化铝）和酸、碱、盐的反应规律，推测胃药与胃酸可能发生反应的化学方程式。然后，各小组根据推测的反应设计实验方案，如将胃药放入盛有稀盐酸的试管中，观察是否有气泡产生（针对小苏打片）、溶液是否变澄清（针对胃舒平）等现象，来验证反应的发生。教师对各小组的实验设计进行审核和指导，帮助学生完善实验方案，提醒学生注意实验中的变量控制和对比实验的设计。

问题 6：各小组按照设计好的实验方案进行胃药作用原理的探究实验，认真观察实验现象，记录实验数据，分析实验结果，得出胃药与胃酸反应的原理和作用效果。

学生活动：各小组进行实验操作，仔细观察实验过程中出现的现象，如小苏打与盐酸反应产生大量气泡，胃舒平与盐酸反应后溶液变澄清等。根据实验现象，结合化学方程式，分析胃药与胃酸反应的原理，即小苏打与胃酸反应产生二氧化碳气体，可缓解胃胀；胃舒平与胃酸发生中和反应，消耗胃酸，减轻胃痛等。各小组整理实验数据和结论，准备汇报展示。

（三）理解内化（U）

问题 7：通过刚才的实验探究，我们对胃酸和胃药的性质及反应有了更深入的了解。现在，请大家结合实验结果，回顾并梳理酸、碱、盐的相关知识，包括酸、碱、盐的定义、分类、性质、通性以及它们之间的相互转化关系，用思维导图的形式呈现出来。

学生活动：学生们独立思考，回顾酸、碱、盐的基础知识，在笔记本上绘制思维导图，以酸、碱、盐的定义为中心，将分类、性质、通性及相互转化关系等知识点逐步展开，形成知识网络。教师在黑板上画出思维导图的框架，引导学生逐步完善，重点强调酸、碱、盐之间的反应规律和转化条件，如酸与碱发生中和反应生成盐和水，酸与盐反应需要满足复分解反应的条件（有沉淀、气体或水生成）等。

问题 8：以胃病诊疗为例，详细阐述酸、碱、盐知识在其中的具体应用，包括胃酸的性质、胃药的作用原理以及如何根据患者的症状选择合适的胃药等，每个小组推选一名代表进行讲解。

学生活动：学生们结合自己的理解和实验结论，以小组为单位进行讨论，整理出酸、碱、盐知识在胃病诊疗中的应用要点。推选代表进行发言，讲解内容包括胃酸的酸性导致胃病症状的产生，不同胃药利用酸碱中和或复分解反应来调节胃酸的酸碱度或消除胃酸过多带来的不适，在选择胃药时要根据患者的具体症状（如单纯胃酸过多、伴有胃溃疡等）和身体状况来综合考虑，如对于胃溃疡患者，不宜使用产生大量气体的小苏打片，以免加重胃部负担等。教师对学生的发言进行补充和完善，加深学生对知识的理解和应用能力，引导学生从化学原理的角度深入分析实际问题，培养学生的逻辑思维和知识迁移能力。

问题 9：下面我们来看几个实际的胃病诊疗案例（展示案例资料，包括患者的症状、检查报告和治疗方案）。请大家运用所学的酸、碱、盐知识，分析这些案例中药物选择的合理性、治疗过程中发生的化学反应以及可能存在的问题，并提出改进建议，将分析结果写在案例分析报告上。

学生活动：学生们仔细阅读案例资料，运用酸、碱、盐知识进行分析和讨论。在分析药物选择合理性时，考虑胃药的成分与胃酸的反应是否符合治疗需求，如对于胃酸过多且有十二指肠溃疡的患者，选择氢氧化铝作为胃药，因为它既能中和胃酸，又不会像小苏打那样产生大量二氧化碳气体刺激溃疡部位；在分析化学反应时，写出药物与胃酸反应的化学方程式，并解释反应如何缓解胃病症状；对于可能存在的问题，如药物副作用（长期服用氢氧化铝可能导致铝元素在体内积累）、治疗周期过长等，提出相应的改进建议，如结合饮食调理（多吃富含维生素 C 的食物，促进铝元素的排出）、采用中西医结合的治疗方法等。各小组将分析结果记录下来，准备进行小组间的交流和汇报。

问题 10：各小组汇报你们对案例的分析结果，其他小组认真倾听，并进行提问和补充。

学生活动：各小组选派代表上台汇报案例分析结果，其他小组的学生认真倾听，对不理解的地方进行提问，对不同的观点进行讨论和补充。教师在学生汇报过程中，适时引导学生从化学原理、医学常识、生活实际等多个角度综合考虑问题，培养学生的批判性思维和解决实际问题的能力。通过案例分析与讨论，进一步加深学生对酸、碱、盐知识的理解和内化，提高学生运用知识解决复杂问题的能力，同时增强学生的团队协作和沟通交流能力。

（四）智慧提升（W）

问题 11：随着医疗技术的不断发展，人们对胃药的疗效和安全性有了更高的要求。如果让你们来设计一种新型的抗酸药物，你们会从哪些方面考虑呢？比如药物的成分、作用原理、副作用等方面，大家大胆发挥想象，提出你们的创新想法，并绘制出设计草图和作用机制示意图。

学生活动：学生们以小组为单位进行头脑风暴，从不同角度思考新型抗酸药物的设计思路。在成分选择上，考虑使用一些既能有效中和胃酸又对胃黏膜刺激性小的新型化合物，如某些有机酸盐或生物活性物质；在作用原理方面，探索利用缓释技术使药物在胃内缓慢释放，持续中和胃酸，或者设计能够同时修复胃黏膜的多功能药物，如含有促进胃黏膜细胞生长因子的药物；在副作用方面，关注药物在体内的代谢过程，尽量减少对其他器官的影响，如选择易于代谢排出体外的成分等。各小组将设计方案用图文并茂的形式记录下来，包括药物的化学结构、作用机制示意图、预期优势等内容，并推选一名代表进行展示和讲解。教师对各小组的创新设计给予鼓励和肯定，引导学生从科学性、可行性和创新性等方面进行自我评价和相互评价，激发学生的创新思维和实践能力。

问题 12：在日常生活中，除了药物治疗，饮食也对胃病的调养起着重要作用。那对于胃酸过多或过少的患者，在饮食上应该如何选择食物呢？这些食物中的化学成分是如何影响胃酸分泌的呢？请大家结合我们本节课所学的酸、碱、盐知识以及生活常识来讨论一下，并制订出适合不同胃病患者的饮食建议清单。

学生活动：学生们分组讨论，根据酸碱中和的原理，提出胃酸过多的患者可以适当食用一些碱性食物（如苏打饼干、面食、蔬菜等）来中和胃酸，因为这些食物中的化学成分（如碳酸钠、碳酸氢钠、有机酸盐等）可以与胃酸发生反应，降低胃酸的酸度；而胃酸过少的患者可以食用一些酸性食物（如酸奶、山楂、醋等）来刺激胃酸分泌，其中的酸性成分（如乳酸、有机酸等）可以促进胃液的分泌。同时，学生们还考虑到食物的营养成分、消化吸收等因素，制订出适合不同胃病患者的饮食建议清单，如胃酸过多患者应避免食用辛辣、油腻、酸性过强的食物，多吃清淡、易消化的碱性食物；胃酸过少患者应避免食用过多碱性食物，以免抑制胃酸分泌等。在班级内进行分享交流，教师对学生的饮食建议进行点评和补充，引导学生树立正确的饮食观念和健康意识，将化学知识与生活实际紧密结合，提升学生运用化学知识解决生活问题的能力，增强学生的科学态度和社会责任感，促进学生综合素养的提升。

问题 13：通过这节课的项目化复习，大家对酸、碱、盐知识在胃病诊疗中的应用有了更深入的理解和掌握。现在，请每个小组总结一下，在这个项目中你们有哪些收获？还有哪些问题没有解决？

学生活动：各小组学生进行内部总结，回顾在知识掌握、能力提升、团队协作、思维拓展等方面的收获，整理尚未解决的疑难问题，然后每组代表发言，分享小组总结结果。教师进行全面总结和点评，解答学生的疑问，对学生在项目中的表现给予肯定和鼓励，并提出进一步学习的建议和期望。同时，教师引导学生反思在项目实施过程中所运用的学习方法和策略，帮助学生学会总结经验，提高自主学习能力，为今后的学习和生活打下坚实的基础。

通过以上基于 REUW 理论模型的项目化复习课教学设计，学生能够在解决“胃病诊疗中的酸、碱、盐”这一实际问题的过程中，系统复习酸、碱、盐知识，提升综合能力和素养，培养创新思维和实践能力，增强对化学学科的兴趣和热爱，同时也学会将化学知识与生活实际紧密结合，提高运用化学知识解决生活问题的意识和能力。

第四节 跨学科融合：REUW 模型在综合实践中的创新应用

教材版本	人教版上册	课题	“基于碳中和理念设计低碳行动方案”
学段	初中	课型	跨学科实践

一、教学目标

通过二氧化碳过度排放可能造成社会问题，唤醒同学们对国家 2035 年实现碳达峰，2060 年达到碳中和的理解和关注。

通过对不同环境中二氧化碳测量方法的讨论培养学生科学思维和科学探究精神。

通过自然界的碳循环过程，建构碳及其化合物的转化关系图谱。

通过科普短文的书写，培养学生爱护环境，自觉保护环境的责任和意识。

二、教学过程

（一）关联生活，引出主题（R）

情境导入：通过多媒体展示因碳排放导致的全球气候变化引发的自然灾害、生态失衡等震撼画面，如森林大火、海平面上升淹没沿海城市、物种灭绝等，引发学生对碳排放问题的关注和思考，从而引出碳中和这一核心主题以及本次实践活动的目标 —— 设计低碳行动方案。

生活关联讨论：组织学生分组讨论日常生活中碳排放的“蛛丝马迹”，例如每天上下学乘坐交通工具的碳排放、家庭用电用气产生的碳排放等，并分享自己对于这些碳排放对地球家园潜在影响的初步认识，激发学生参与活动的兴趣和责任感。

（二）探究实践，理解概念（E）

任务一：了解相关概念，聚焦核心物质

课前布置多渠道知识获取：指导学生利用互联网、科普书籍、学术数据库等多种渠道，广泛收集碳中和、碳达峰、低碳经济等关键概念的信息，以及二氧化碳作为主要温室气体的详细资料，包括其分子结构、物理性质、化学性质、在大气中的存在形式和行为等。

课堂互动交流：在课堂上设立“概念大讲堂”环节，每个小组选派代表上台，用简洁明了的语言向全班讲解他们所掌握的重点概念，并通过问答、讨论等形式，教师进行补充和纠正，确保学生对核心概念有准确且深入的理解，尤其是二氧化碳在气候变化中的关键作用。

生活实例剖析：引导学生列举生活中二氧化碳的产生源（如呼吸作用、化石燃料燃烧、工业生产过程等）和消耗途径（如植物光合作用、海洋吸收等），并以具体的生活场景（如一次家庭聚餐、一次学校运动会等）为例，详细分析其中二氧化碳的排放情况，使学生深刻认识到二氧化碳与日常生活的紧密联系。

任务二：测定不同环境中二氧化碳的含量

实验设计与准备：教师引导学生依据所学化学知识，设计测定不同环境（教室、操场、校园花园、城市街道等）二氧化碳含量的实验方案，包括选择合适的采样地点、采样方法、实验试剂（如澄清石灰水、氢氧化钠溶液等）和仪器设备（如集气瓶、注射器、气体分析仪等），并详细讲解实验操作的安全注意事项。

实地采样与实验操作：学生分组前往选定的环境进行空气采样，并在实验室中运用设计好的实验方法对采集的空气样本进行二氧化碳含量测定。在实验过程中，学生认真记录实验数据，包括采样时间、地点、天气状况、实验现象和二氧化碳含量数值等，同时注意观察实验过程中的细节和异常情况，并尝试分析其原因。

数据整合与分析讨论：各小组将实验数据进行汇总整理，运用数学统计方法（如平均值、标准差、图表绘制等）对不同环境中的二氧化碳含量数据进行分析，探讨二氧化碳含量在时空上的分布规律及其与环境因素（如植被覆盖、人类活动强度、通风条件等）的相关性。通过小组讨论和班级交流，学生深入思考这些规律背后的科学原理，并尝试提出降低特定环境二氧化碳含量的初步设想。

任务三：梳理自然界中的碳循环

多媒体资源辅助学习：播放高清、详细的自然界碳循环动画视频，视频内容涵盖从大气中的二氧化碳通过光合作用被植物吸收固定，到动植物残体在土壤中的分解过程，以及化石燃料的形成和燃烧释放二氧化碳等各个环节，使学生对碳循环的复杂过程有直观、全面的认识。

构建碳循环模型：学生以小组为单位，利用彩色卡片、线条、贴纸等材料，构建三维立体的自然界碳循环模型，清晰标注碳在大气圈、水圈、岩石圈和生物圈之间的流动路径、转化形式和主要储存库，并在模型构建过程中深入讨论各个环节的物质和能量变化，以及人类活动对碳循环自然过程的干扰机制。

跨学科知识融合讨论：组织跨学科讨论活动，邀请地理、生物、化学等学科教师参与指导，引导学生从不同学科角度探讨碳循环与地球生态系统平衡、气候变化、生物多样性保护等之间的紧密联系，拓宽学生的知识视野，培养学生综合运用多学科知识解决实际问题的能力。

任务四：设计低碳行动方案

案例深度剖析：教师选取多个具有代表性的国内外低碳行动成功案例，涵盖不同领域（城市规划、能源产业、社区治理、个人生活方式等）和不同层面（政策法规制定、技术创新应用、公众参与模式等），组织学生进行深入细致的案例分析。每个案例分析小组需从背景目标、实施策略、执行过程、成果效益、面临挑战及解决方案等多个维度对案例进行全面解读，并向全班汇报分享，提炼出具有普适性和可操作性的低碳行动策略和经验教训。

方案创意构思与设计：学生根据前期学习和案例分析的成果，结合所在家庭、学校或社区的实际情况，以小组为单位开展低碳行动方案的创意构思和设计工作。方案内容应包括明确的目标设定（如在一定时间范围内降低特定场景的碳排放总量或强度）、具体详细的行动措施（如能源结构调整、节能减排技术应用、绿色交通推广、垃圾分类与资源回收利用、环保意识教育普及等）、实施步骤规划（包括短期、中期和长期的行动计划和里程碑节点）、预期效果评估指标（如碳排放减少量、能源节约率、资源循环利用率、公众参与度提升比例等）以及责任分工与协作机制（明确每个小组成员在方案实施过程中的职责和任务，以及与外部利益相关者的沟通协作方式）。

方案可行性论证与优化：各小组运用所学知识和实际调研数据，对设计的低碳行动方案进行可行性论证，从技术可行性、经济可行性、社会接受度、环境效益等多个方面进行综合评估，识别方案实施过程中可能面临的潜在风险和障碍，并提出针对性的优化措施和应对策略。通过小组内部的反复讨论、修改完善以及班级范围内的方案互评交流活动，不断优化提升方案的质量和可行性。

（三）理解内化，完善方案（U）

小组反思与深化：在完成上述任务的基础上，各小组组织开展深入的反思讨论活动，回顾从概念学习到方案设计的整个过程，梳理在各个环节中所学到的知识和技能，分析在实践过程中遇到的困难和问题，以及解决这些问题的思路和方法，进一步深化对碳中和理念和低碳行动策略的理解和认识，将零散的知识点和实践经验整合成系统的知识体系，内化为自身的能力素养。

方案精细打磨与整合：根据小组反思的结果，学生对设计的低碳行动方案进行最后的精细打磨和完善，确保方案的目标明确、措施具体、步骤清晰、责任明确、具有可操作性和可评估性。同时，引导学生思考如何将低碳行动方案与学校的教育教学活动、社区的文化建设以及家庭的日常生活习惯有机结合，形成全方位、多层次的低碳行动推进模式，促进低碳理念在更广泛范围内的传播和实践。

知识迁移与拓展应用：教师引导学生拓展思维，探讨碳中和理念在其他领域（如工业生产、农业发展、交通运输、建筑设计等）的应用前景和潜在挑战，鼓励学生运用所学知识提出创新性的解决方案和发展思路，培养学生的创新意识和跨领域应用能力，实现从单一案例实践到一般性问题解决能力的迁移和提升。

（四）智慧提升，拓展延伸（W）

成果总结与展示：组织开展实践活动成果总结展示会，每个小组通过制作精美的展板、演示生动的 PPT、表演精彩的小品或短剧等多种形式，向全校师生展示他们在本次跨学科实践活动中的学习成果，包括对碳中和概念的深刻理解、不同环境二氧化碳含量测定的实验数据和分析结论、自然界碳循环的模型构建成果以及设计的低碳行动方案等，分享在活动过程中的收获、体会和成长故事，增强学生的自信心和成就感，同时也向全校传播碳中和理念和低碳生活方式。

科普文章创作与传播：布置学生课后撰写一篇关于“碳中和与低碳生活”的科普文章，要求文章内容通俗易懂、生动有趣，涵盖碳中和的概念原理、重要性、实现途径以及日常生活中的低碳行动建议等方面，字数在 800 ~ 1000 字。学生完成文章后，通过学校网站、公众号、校园广播等多种渠道进行发布和传播，进一步扩大活动的影响力和教育效果，培养学生的科学传播能力和社会责任感。

长期行动倡议与跟进：在活动结束时，发起“低碳生活，从我做起，持续践行”的长期行动倡议，鼓励学生将在活动中设计的低碳行动方案切实应用到日常生活中，并定期记录自己的低碳行动实践情况和碳足迹变化。教师建立长期的跟踪反馈机制，通过定期回访、线上交流等方式，了解学生的实践进展和遇到的问题，提供必要的指导和支持，同时也收集学生在实践过程中的优秀案例和经验分享，为后续的教学活动提供丰富的教学素材，形成实践活动的闭环管理和持续改进机制，真正将碳中和理念转化为学生的长期自觉行动，为应对全球气候变化贡献自己的一份力量。

通过以上教学设计，旨在让学生在跨学科实践活动中深入理解碳中和理念，掌握低碳行动的设计与实施方法，提升学生的综合素养，并通过实际行动和科普宣传，带动身边的人共同参与低碳生活，为保护环境作出积极贡献。